E-Learning für Hochschulen und öffentliche Verwaltungen

Europäische Hochschulschriften

Publications Universitaires Européennes
European University Studies

Reihe V
Volks- und Betriebswirtschaft

Série V Series V
Sciences économiques, gestion d'entreprise
Economics and Management

Bd./Vol. 3322

PETER LANG

Frankfurt am Main · Berlin · Bern · Bruxelles · New York · Oxford · Wien

Heiko Witt

E-Learning für Hochschulen und öffentliche Verwaltungen

Qualifizierung für das neue öffentliche
Haushalts- und Rechnungswesen auf
Basis der Doppik unter besonderer
Berücksichtigung des Web-based-Trainings
„EL-ÖHR"

PETER LANG
Internationaler Verlag der Wissenschaften

Bibliografische Information der Deutschen Nationalbibliothek
Die Deutsche Nationalbibliothek verzeichnet diese Publikation
in der Deutschen Nationalbibliografie; detaillierte bibliografische
Daten sind im Internet über <http://www.d-nb.de> abrufbar.

Zugl.: Hamburg, Univ., Diss., 2008

Gedruckt auf alterungsbeständigem,
säurefreiem Papier.

D 18
ISSN 0531-7339
ISBN 978-3-631-58602-0

© Peter Lang GmbH
Internationaler Verlag der Wissenschaften
Frankfurt am Main 2009
Alle Rechte vorbehalten.

Printed in Germany 1 2 3 4 5 7

www.peterlang.de

Geleitwort

E-Learning wird in Deutschland für die Qualifizierung und Ausbildung sowohl im universitären Bereich als auch für die praktische Weiterbildung in öffentlichen Verwaltungen bisher noch ausgesprochen unzulänglich eingesetzt. Dies wirkt umso schwerwiegender, da angesichts der derzeitigen grundlegenden Reform des öffentlichen Haushalts- und Rechnungswesens ein Qualifizierungsbedarf für die derzeitigen und die zukünftigen Mitglieder öffentlicher Verwaltungen besteht, der in der notwendigen Fundierung nur durch einen umfassenden und systematischen Einsatz von E-Learning gedeckt werden kann. Ohne Nutzung des Potentials von E-Learning dürfte die erfolgreiche Implementierung der Reform noch schwieriger werden und sich weiter verzögern. Hier setzt die vorliegende innovative Arbeit von Heiko Witt an, mit einem auf Praxisgestaltung ausgerichteten Wissenschaftsverständnis im Sinne einer Theorie geleiteten Praxis einerseits und einer Praxis geleiteten Theorie andererseits.

Es geht Witt darum, die theoretischen Erkenntnisse und das bisherige Wissen über E-Learning mit den praktischen Anforderungen und Bedingungen der Reform des öffentlichen Haushalts- und Rechnungswesens in Einklang zu bringen. Die Potentiale von E-Learning, dessen Erfolgsbedingungen aber auch Grenzen werden systematisch analysiert und Praxis bezogen am Qualifizierungsbedarf auf dem Gebiet des neuen Haushalts- und Rechnungswesen geprüft und bewertet. Unter Auswertung bisheriger Erfahrungen und empirischer Tests des WBT „E-Learning im öffentlichen Haushalts- und Rechnungswesen (EL-ÖHR)" erfolgt dann die Erarbeitung Gestaltungsempfehlungen für dessen Weiterentwicklung und für den erfolgreichen Einsatz von Blended Learning sowohl in der Hochschulausbildung als auch für die Qualifizierung von Verwaltungsmitgliedern auf dem Gebiet des neuen Haushalts- und Rechnungswesens.

Die vorliegende Arbeit ist für jeden Verantwortlichen in Wissenschaft und Praxis dringend zu empfehlen, der sich nicht nur der Reformnotwendigkeit des tradierten kameralen Haushalts- und Rechnungswesens verpflichtet fühlt, sondern dem auch bewusst ist, dass ohne eine fundierte und systematische Qualifizierung der Verwaltungsmitglieder diese Reform nur Stückwerk bleiben wird. Dies würde dann auch die Gefahr mit sich bringen, dass Unwissenheit, Dilettantismus und Oberflächlichkeit den derzeitigen Versuch der Reformgegner, sich noch einmal zu formieren, verstärken könnten.

Hamburg im September 2008

Prof. Dr. Dr. h.c. Dietrich Budäus

Danksagung

Mein besonderer Dank geht zunächst an meinen Doktorvater Prof. Dr. Dr. h.c. Dietrich Budäus für seine weit über die Doktorarbeit hinausgehende Unterstützung und Förderung während meiner Tätigkeit am Arbeitsbereich Public Management der Universität Hamburg. Meinem Zweitgutachter Prof. Dr. Alexander Bassen danke ich ebenso wie Prof. Dr. Horst Zündorf und Prof. Dr. Michael Zerres für die Mitwirkung an meinem Promotionsverfahren und ihre Anregungen.

Heidrun Kaiser und Birgit Wilkens danke ich für ihre außerordentliche Hilfsbereitschaft in administrativen und organisatorischen Angelegenheiten am Arbeitsbereich Public Management. Meinen dortigen „WiMi-Kollegen" Dr. Birgit Grüb und Dr. Dennis Hilgers bin ich insbesondere für die immer konstruktive Arbeitsatmosphäre dankbar.

Hervorheben möchte ich auch Dr. Thomas Lambertz vom Studieninstitut Duisburg, Hartmut Scholl, Peter Budny, Martin Lukas und Marcel Gipmans von der reflact AG, Prof. Dr. Martin Richter (Universität Potsdam), Prof. Dr. Reinbert Schauer (Johannes Kepler Universität Linz) und Prof. Dr. Rolf Schulmeister (Universität Hamburg), Hans Hinrich Coorssen, Hans-Joachim Fläschner und Volker Wiedemann von der Finanzbehörde Hamburg, Ulrich Potthast von der Kommunalen Gemeinschaftsstelle für Verwaltungsmanagement, Gudrun Gehen sowie Helga Bechmann vom Multimadia Kontor Hamburg und nicht zuletzt meine gegenwärtigen Mitarbeiter im eLearning-Büro der Fakultät Wirtschafts- und Sozialwissenschaften der Universität Hamburg. Ohne ihre engagierte Mitwirkung hätte sich das Kooperationsprojekt EL-ÖHR so nicht entwickeln können.

Das gleiche gilt für die zahlreichen Studierenden, die sich als Hilfskräfte oder Teilnehmer der EL-ÖHR Projektseminare ebenso motiviert wie konstruktiv mit dem Thema E-Learning befasst haben oder dies heute noch tun. Stellvertretend für sie sei an dieser Stelle Henner Will genannt, dessen tatkräftige Hilfe mir bis heute außerordentlich nützt. Inken Ernst danke für die Vermittlung eines wertvollen Kontakts zum richtigen Zeitpunkt.

Schließlich danke ich meiner Familie und hier vor allem meiner Frau Mareike für ihre Liebe und ihr Vertrauen.

Hamburg im Oktober 2008

Heiko Witt, M.A.

Inhaltsverzeichnis

Abbildungsverzeichnis

Tabellenverzeichnis

Abkürzungsverzeichnis

a.a.O.	am angegebenen Ort
a.o.	außerordentlich
AfA	Abschreibung für Abnutzung
BMBF	Bundesministerium für Bildung und Forschung
BMWA	Bundesministerium für Wirtschaft und Arbeit
BWL	Betriebswirtschaftslehre
CBT	Computer-based-Training
DIN	Deutsches Institut für Normung e.V. (resp. „Deutsche Industrie-Norm")
EL-ÖHR	E-Learning im öffentlichen Haushalts- und Rechnungswesen
EN	Europäische Norm
FHöV	Fachhochschule für öffentliche Verwaltung
ISO	International Organization for Standardization
IT	Informationstechnologie
IuK	Informations- und Kommunikationstechnologien
KGSt	Kommunale Gemeinschaftsstelle für Verwaltungsmanagement
KLAR	Kosten- und Leistungsrechnung
NKF	Neues Kommunales Finanzmanagement
o.S.	ohne Seitenangabe
o.O.	ohne Ortsangabe
o.V.	Ohne Verfasserangabe
PPP	Public Private Partnership
u.a.m.	und andere/s mehr
WBT	Web-based-Training

1 Einleitung

1.1 Problemstellung und Forschungsstand

Im Zuge der weltweiten Entwicklung von der bürokratischen zur management-orientierten Verwaltungssteuerung, die sich unter der Bezeichnung *Public Management* bzw. *New Public Management* vollzieht, befindet sich das öffentliche Haushalts- und Rechnungswesen in Deutschland aktuell in einem grundlegenden Wandel. Die derzeitige Reform des öffentlichen Haushalts- und Rechnungswesens zielt darauf ab, mit einem neuen Informationssystem erstmals systematisch die tatsächliche Vermögens- und Schuldensituation sowie den jeweiligen Ressourcenverbrauch einer Gebietskörperschaft zu erfassen, die Kosten und Leistungen der Verwaltungsaktivitäten einander gegenüber zu stellen und Informationen über die zu erwartende Ertragskraft und Leistungsfähigkeit einer Gebietskörperschaft zu erhalten.[1] Letztlich sollen so verantwortungsvolle, „generationengerechte" politische Entscheidungen und wirtschaftliches Verwaltungshandeln begünstigt werden.[2]

Die klassische Grundlage des öffentlichen Haushalts- und Rechnungswesens, die Kameralistik, erfasst nur Einnahmen und Ausgaben sowie die Geldschulden. Damit dokumentiert die Kameralistik umfassend den Geldverbrauch, doch sie enthält keine Informationen über den tatsächlichen Ressourcenverbrauch sowie über Verbindlichkeiten, sofern diese keine Geldschulden darstellen. Ein anschauliches Beispiel für derartige Verbindlichkeiten sind die in Zukunft zu zahlenden Pensionen für die Beamten. Diese Pensionen tauchen in der klassischen Kameralistik nicht auf. Das Beispiel illustriert anschaulich, weshalb die Kameralistik „[…] in Wissenschaft und Praxis als Basis für das Informationssystem eines modernen Staatswesens als nicht mehr leistungsfähig und obsolet [gilt]"[3]. Ein reformiertes Haushalts- und Rechnungswesens gilt heute als wesentliches Element, wenn nicht als Voraussetzung für den Erfolg der generellen Verwaltungs-

---

1 Für einen anschaulichen Überblick über die Reform des öffentlichen Haushalts- und Rechnungswesens in Deutschland vgl. etwa Budäus (2006b) sowie Hilgers (2007); grundlegend dazu Lüder (2001); zur internationalen Entwicklung Lüder/Jones (2003).

2 Die Idee der Generationengerechtigkeit und in diesem Zusammenhang relevante Auswirkungen von Finanzpolitik skizziert Becker (2003).

3 Budäus (2006c), S.23. Vgl. dazu auch Budäus/Hilgers (2007), S.20. Anschaulich dazu auch z.B. die Unterrichtung des Deutschen Bundestags und der Bundesregierung durch den Bundesrechnungshof mit dem „Bericht nach § 99 BHO über die Modernisierung des staatlichen Haushalts- und Rechnungswesens" vom 17.08.2006: „Wegen der systembedingten Defizite der Kameralistik besteht in der Wissenschaft inzwischen weitgehend Konsens, dass eine grundlegende Neuordnung des öffentlichen Haushalts- und Rechnungswesens erforderlich ist" (Bundesrechnungshof (2006), S.3).

1

reform, die in Deutschland seit Beginn der 1990er Jahre stattfindet.[4] Parallel zur konzeptionellen und inhaltlichen Reform des Haushalts- und Rechnungswesens ergibt sich nunmehr ein erheblicher, flächendeckender Qualifizierungsbedarf in öffentlichen Verwaltungen und in Hochschulen.

Zur Bewältigung der in Verbindung mit dem Haushalts- und Rechnungswesen stehenden Problemfelder und Anwendungssituationen müssen in den öffentlichen Verwaltungen neue berufspraktische Kompetenzen aufgebaut werden. Dies gilt etwa hinsichtlich Bewertungsfragen, Fragen der Bilanzpolitik, Kostenerfassung und -zurechnung, Leistungs- bzw. Produktdefinition etc. Hinzu kommt ein neuer Informationsbedarf der politischen Entscheidungsträger, die in Zukunft die Haushaltsentscheidungen auf Basis des neuen Haushaltswesens treffen müssen.

Dieser umfassende quantitative und qualitative Qualifizierungsbedarf in öffentlichen Verwaltungen ist nun keineswegs auf eine einheitliche Zielgruppe in Form von „Verwaltungsmitgliedern" ausgerichtet, sondern muss inhaltlich stark differenziert werden; unterschiedliche Gruppen von Verwaltungsmitgliedern – sowohl Fach-, als auch Führungskräfte – benötigen entsprechend ihrer unterschiedlichen Tätigkeitsfelder bedarfsgerechte Qualifizierungsangebote, d.h. sie benötigen auf unterschiedliche Aufgaben und Tätigkeiten ausgerichtetes Wissen und jeweils bestimmte Kompetenzen.[5] So identifiziert die KGSt in Verwaltungen sechs Zielgruppen mit spezifischem Qualifizierungsbedarf sowie als besondere Gruppe Rats- und Kreistagsmitglieder.[6]

In öffentlichen Verwaltungen ist die Bedarfssituation zudem dadurch gekennzeichnet, dass die Qualifizierung der einzelnen Verwaltungsmitarbeiter je nach individuellem Aufgabengebiet in unterschiedlichen Phasen des jeweiligen lokalen Reformprozesses stattfinden muss.[7] Auch sollte die Qualifizierung, sobald sie über die thematische Einführung hinausgeht, nicht auf „Vorrat" erfolgen.[8] Detaillierte Kenntnisse, etwa zu Buchungssätzen, Kontierungen oder gesetzlichen Bestimmungen) werden vergessen, wenn sie nicht relativ schnell im Arbeitsalltag

---

4   Vgl. Budäus (2006b), S.187f. Vgl. zum notwendigen Wechsel von der Kameralistik zu einem neuen öffentlichen Haushalts- und Rechnungswesen auch aktuell die sog. „Hamburger Thesen": Berens/Budäus/Buschor (2007).
     Die Diskussion und praktische Ausgestaltung der Verwaltungsreform geht in Deutschland zurück auf das so genannte Neue Steuerungsmodell der Kommunalen Gemeinschaftsstelle für Verwaltungsvereinfachung (KGSt); das Konzept findet sich in KGSt (1993). Vgl. zum Neuen Steuerungsmodell auch aktuell Bogumil/Grohs/Kuhlmann et al. (2007).

5   Vgl. KGSt (2003), S.18-33 und die Ausführungen weiter unten.
6   Vgl. a.a.O., 20-25; darauf wird unten detailliert eingegangen.
7   Vgl. KGSt (2003), S.18-33.
8   Vgl. a.a.O., S.4.

angewendet werden können.[9] „Das bedeutet: Der größte Teil der Fortbildung für das neue Haushalts- und Rechnungswesen muss vor, nach und während der Einführung relativ zügig erfolgen"[10]. Insofern ist ein Angebot erforderlich, das es ermöglicht, innerhalb einzelner Gebietskörperschaften zeitlich gestufte bzw. zeitversetzt parallel stattfindende Qualifizierungsmaßnahmen durchzuführen. Die Anforderungen an die zeitliche Flexibilität bei der Qualifizierung steigen noch dadurch, dass bezüglich des Haushalts- und Rechnungswesens ein permanenter Bedarf nach berufsbegleitender Weiterbildung existiert. Die KGSt betont, alle Beschäftigten müssten sich auch nach einer Grundausbildung permanent auf dem Laufenden halten, etwa über Rechtsänderungen, die heute noch nicht bekannt sind. Fortbildung werde selbstverständlich sein müssen, auch wenn das „neue" System später einmal Alltag geworden ist.[11]

Weiterhin ist zu berücksichtigen, dass sich der Reformstand auf den drei föderalen Ebenen Bund, Länder und Gemeinden bzw. Kommunen wesentlich unterscheidet. Beispielsweise lässt sich hinsichtlich der Rechnungssysteme derzeit eine sehr große Heterogenität erkennen.[12] Auf Bundesebene beschränken sich die Reformaktivitäten bislang weitgehend auf die Kosten- und Leistungsrechnung; das führende System bleibt die Kameralistik.[13] Dagegen sind einzelne Bundesländer wesentlich weiter mit der Reform vorangeschritten.[14] Allerdings ist festzustellen, dass es hier an einem koordinierten und einheitlichen Vorgehen fehlt.[15]

---

9 Vgl. ebd.

10 Ebd.

11 Vgl. a.a.O., S.10.

12 Vgl. Hilgers (2007), S.20f.

13 „Durch den Einsatz der Kosten- und Leistungsrechnung soll das Geldverbrauchskonzept durch ergänzende Informationen über die Leistungen und den tatsächlichen Ressourcenverbrauch ergänzt werden" (Budäus/Hilgers (2007), S.21). In jüngster Zeit fordert der Bundesrechnungshof dezidiert eine wesentlich weiter gehende Reform bis hin zur Doppik (unter dem Begriff „Doppik" wird in der Praxis das neue öffentliche Haushalts- und Rechnungswesen diskutiert; er steht für „Doppelte Buchführung in Konten"). Mit Blick auf den Bund konstatiert der Bundesrechnungshof: „Insgesamt herrscht […] in der Verwaltung weiter eine am Input und am Geldverbrauch ausgerichtete Denk- und Verfahrensweise vor, die betriebswirtschaftliche Daten und Ansätze zu wenig berücksichtigt. Kostentransparenz und Steuerung konnten noch nicht durchgreifend verbessert werden" (Bundesrechnungshof (2006), S.3).

14 Die Länder Hessen, Bremen, Hamburg und Nordrhein-Westfalen haben umfassende und auch sehr konkrete Maßnahmen unternommen, um das öffentliche Haushalts- und Rechnungswesen zu reformieren; vgl. Budäus/Hilgers (2007), S.20.

15 Vgl. a.a.O., S.28: „Insgesamt lässt sich festhalten, dass auf Staatsebene die Länder vergleichsweise weiter in der Reformentwicklung sind als der Bund. Allerdings fehlt es hier an einer koordinierten und einheitlichen Vorgehensweise sowie an einem systematischen Informationsaustausch. Tendenziell scheint jedes Land für sich quasi ‚das Rad neu erfinden' zu wollen".

Auch auf kommunaler Ebene mangelt es an Einheitlichkeit und Standardisierung, wenngleich der Reformprozess hier relativ koordiniert und insgesamt im Vergleich zur staatlichen Ebene wesentlich weiter fortgeschritten ist.[16] Es wird davon ausgegangen, dass in Deutschland in Zukunft selbst auf kommunaler Ebene kein einheitliches öffentliches Haushalts- und Rechnungswesen existieren wird, da für die kommunale Ebene in den einzelnen Bundesländern alternative Konzepte vorgegeben werden bzw. Optionsmodelle existieren.[17] Zwar unterscheiden sich die Reformprojekte nicht in dem grundsätzlichen Bedarf zur Fortbildung.[18] Aus der Heterogenität der praktizierten Reformkonzepte ergibt sich jedoch die Notwendigkeit nach einem Qualifizierungsangebot, das mit möglichst geringem Aufwand an inhaltliche Spezifika (Prozesse, Regelwerke, Methoden etc.) angepasst werden kann.

Der Qualifizierungsbedarf zum neuen öffentlichen Haushalts- und Rechnungswesen in Deutschland betrifft nicht nur die Mitarbeiter öffentlicher Verwaltungen; Studierende an Universitäten stellen als potenzielle Nachwuchskräfte in öffentlichen Verwaltungen eine zusätzliche Zielgruppe dar.[19] Inhaltlich ist somit nicht nur ein Lernangebot erforderlich, mit dem Verwaltungsmitarbeiter entsprechend ihrer individuellen beruflichen Aufgaben jenes deklarative und prozedurale Wissen[20] erwerben können, welches sie für die Anwendung des neuen Systems im beruflichen Alltag benötigen. Zusätzlich wird ein hochschulspezifisches Angebot für die Integration in ein wirtschaftswissenschaftliches Studium benötigt. Hierbei sind die Lehrziele der Bildungsinstitution Universität zu berücksichtigen.

Die aktuelle europaweite Hochschulreform (Bologna-Prozess) führt zu gestuften Studiengängen, in deren erstem Abschnitt dezidiert beruflich qualifiziert werden soll, bevor anschließend – wie im bisherigen Studium – das wissenschaftliche Arbeiten im Mittelpunkt steht. Ob ein auf die berufliche Aus- oder Weiterbildung von Verwaltungsmitarbeitern abgestimmtes Schulungskonzept jedoch ohne Einschränkungen für den Einsatz an Universitäten geeignet ist, wird erst zu diskutieren sein. Insgesamt besteht ein quantitativ und qualitativ hoher Bedarf nach in-

---

Vgl. dazu auch die Leitlinien der Innenministerkonferenz [Innenministerkonferenz (2003)]. Es ist allerdings festzuhalten, dass diese Leitlinien gleichwohl nicht zur Vereinheitlichung des Haushalts- und Rechnungswesens auf kommunaler Ebene geführt haben, sondern im Gegenteil, diese die Heterogenität eher verursacht haben dürften.

16 Vgl. Budäus/Hilgers (2007), S.20.

17 Vgl. a.a.O., S.31-36.

18 Vgl. KGSt (2003), S.11.

19 Die Notwendigkeit eines universitären Forschungs- und Ausbildungsschwerpunktes Public Management, in dem das öffentliche Haushalts- und Rechnungswesen besondere Berücksichtigung findet, hat Budäus anschaulich begründet; vgl. Budäus (2006a). Darauf wird in Abschnitt 2.3.1 eingegangen.

20 Deklaratives Wissen bezeichnet das Wissen über Fakten, während mit prozeduralem Wissen handlungsorientiertes Wissen gemeint ist.

haltlich differenzierten Qualifizierungsangeboten, die sich flexibel bereitstellen und nutzen lassen müssen.

Vor dem Hintergrund des skizzierten Bedarfs und der heutigen Bedeutung moderner Informations- und Kommunikationstechnologien (IuK) – und hier insbesondere des Internets – in modernen Wissensgesellschaften ist es geboten, die Potenziale des E-Learning[21] für die Gestaltung und Bereitstellung adäquater Qualifizierungsangebote zum neuen Haushalts- und Rechnungswesens zu analysieren und diese ggf. systematisch einzubeziehen. E-Learning gilt im Vergleich zu herkömmlichen Unterrichtsformen beispielsweise als flexibler: Es ermöglicht nicht nur technologiebedingt ein weitgehend orts- sowie zeitunabhängiges Lernen[22], sondern eignet sich darüber hinaus für die Bereitstellung von Lernangeboten, mit denen Lernende entsprechend ihres individuellen Lerntempos vorgehen können.[23] Flexibel auf individuelle Bedürfnisse abgestimmt, lassen sich auch spezifische Lernziele verfolgen und entsprechende Inhalte bereitstellen, etwa mit Hilfe digitaler Lernerfolgskontrollen[24]; bei Nichterreichen bestimmter Lehrziele können Lernende so Teile wiederholen, wodurch ein hoher und homogener Wissensstand innerhalb einer Lerngruppe gefördert werden kann.[25]

E-Learning werden noch eine Reihe spezifischer didaktischer Potenziale zugesprochen. So soll durch die multimediale Aufbereitung von Lerninhalten (Text, Bild/Grafik, Video/Animation, Ton) ihre (mentale) Aufnahme und Verarbeitung gefördert werden können.[26] Dabei gelten multimediale Systeme als Lehrmittel, die einen besonders hohen Grad der inhaltlichen Auseinandersetzung und eine entsprechende Verarbeitungsintensität fördern, wenn sie einen hohen Interaktivitätsgrad aufweisen.[27] Ein besonderes didaktisches Potenzial von E-Learning besteht darin, dass Interaktivität hier im Gegensatz zur sozialen Interaktion frei von

---

21 Der Begriff E-Learning wird in der vorliegenden Arbeit in einem vergleichsweise weiten Sinne verstanden als Lehren und Lernen mit digitalen Medien bzw. entsprechenden Instrumenten. E-Learning umfasst in diesem Sinne auch jede didaktisch motivierte und digital vermittelte Kommunikation (z.B. mittels E-Mail, Internetforen etc.).
    Als Schreibweise des Begriffs kommt hier jene mit einem Bindestrich zur Anwendung; die alternative Schreibweise „eLearning" wird nur innerhalb von Zitaten oder bei der Nennung von Quellenverweisen wiedergegeben, sofern der Begriff dort entsprechend verwendet wird.

22 Vgl. etwa Buschor (2005), S.208, und Seufert/Euler (2005), S.13f.

23 A.a.O., S.13.

24 Ebd.

25 Vgl. Buschor (2005), S.208.

26 Vgl. Seufert/Euler (2005), S.13.

27 Die Bedeutung des Interaktivitätsgrads multimedialer Lernangebote für das Erreichen didaktischer Ziele hat insbesondere Schulmeister hervorgehoben und veranschaulicht; vgl. Schulmeister (2005c), die grundlegenden Ausführungen in Ders. (2002), S.43-50, sowie weiterführend die a.a.O. benannte Literatur.

Bewertungen und ohne soziale Konsequenzen ist. Bestimmte Angebote für die rein selbst gesteuerte und sanktionsfreie Kompetenzerprobung in virtuellen, realitätsnahen Szenarien sind allein im E-Learning möglich.[28]

Zusätzlich ergeben sich mit digitalen Kommunikationsmitteln wie E-Mail, Foren, Chats und Video-Konferenzsystemen bzw. so genannten *Virtual Classrooms*[29] neue Kommunikations- und Kooperationsmöglichkeiten. Sie erlauben neue Formen der Interaktion zwischen Lernenden sowie zwischen ihnen und Kursleitern. Durch die Einbeziehung der digitalen Kommunikationsmittel ergeben sich neue didaktische Gestaltungsoptionen für kollaboratives Lernen und die Organisation von Gruppenarbeiten.[30] Kursleiter können Lernende während Selbststudienphasen intensiver betreuen. Zusätzliche, externe Kommunikationspartner wie etwa schwer zugängliche Experten oder Praxispartner lassen sich hinzuziehen.

Für die flächendeckende Qualifizierung zum neuen öffentlichen Haushalts- und Rechnungswesen bietet sich E-Learning besonders an, da ein großer Anwenderkreis angesprochen ist. Ein großer Anwenderkreis gilt wegen der oftmals hohen Kosten für die Entwicklung und Administration von E-Learning-Angeboten nicht nur als Voraussetzung für einen *Return on Investment*. Bei einer großen Nutzerzahl werden darüber hinaus „massive Kosteneinsparungen"[31] im Vergleich zu konventionellen Lernformen versprochen, da digitale Lernprogramme in diesem Fall relativ kostengünstig aktualisiert und modernisiert werden können.[32] Das Potenzial von E-Learning, verteilte Lerninhalte zentral zu administrieren und so eine – etwa im Vergleich zu gedruckten Lehrmaterialien – höhere Aktualität bei niedrigeren Aktualisierungskosten zu erreichen, kann so am ehesten ausgeschöpft werden.[33]

Kostenersparnisse sind in Anbetracht der angespannten öffentlichen Finanzlage dringend erforderlich. Deshalb fordert die KGSt auch dazu auf, „[...] ergänzend

---

28 Vgl. Schulmeister (2002), S.49-50. In diesem Kontext tragen Kritiker gelegentlich die Befürchtung vor, individuelles Lernen in Online-Lernumgebungen führe zu sozialer Isolation. Dabei wird jedoch übersehen, dass in der Diskussion und Praxis zum E-Learning soziale Gestaltungsmerkmale wie Kommunikation, Kollaboration und tutorielle Begleitung immer wieder gefordert und zunehmend auch umgesetzt werden.

29 Vgl. dazu aktuell Clark/Kwinn (2007) und Hyder/Kwinn/Miazga u.a. (2007).

30 Vgl. Seufert/Euler (2005), S.13. Vertiefend dazu auch z.B. Jaques/Salmon (2007).

31 Vgl. Buschor (2005).

32 Vorausgesetzt, die technische Konzeption eines E-Learning-Angebots ist ebenfalls auf eine kostengünstige Administration ausgerichtet. Ansätze wären hier beispielsweise die zentrale Verteilung von Inhalten über Netzwerke, die Einhaltung verbreiteter Standards und die Trennung von Inhalt und Design (etwa mittels Auslagerung von Inhalten in so genannte XML-Dateien. Sie können ohne besondere Kenntnisse geändert werden, wodurch Kosten für die Beauftragung von Dienstleistern entfallen können).

33 Vgl. Seufert/Euler (2005), S.13.

zu Fortbildungskursen für das neue Haushalts- und Rechnungswesen das Selbstlernen außerhalb der Arbeitszeit (durch Lesen von Fachliteratur, Nachbearbeiten
von Unterrichtsstoff, Übungsaufgaben etc.) zu thematisieren, und zwar stärker als
bisher in den Kommunen üblich".[34] Auch hierfür eignet sich E-Learning, weil es
das Potenzial bietet, entsprechende Lehr- und Lernformen zu generieren; für das
begleitete Selbststudium ergeben sich mit E-Learning erweiterte, didaktische Gestaltungsoptionen, insbesondere für die gestufte Heranführung an die Selbststeuerung von Lernprozessen.[35] Die KGSt teilt die Einschätzung, dass das eigenständige Lernen durch E-Learning unterstützt werden kann; darauf hat sie die Kommunen explizit hingewiesen.[36]

Mithin lässt sich festhalten, dass mit E-Learning erweiterte Gestaltungsoptionen
für flexibel nutzbare und zielgruppenspezifische Lernangebote zum neuen öffentlichen Haushalts- und Rechnungswesen bereit stehen. Diese Gestaltungsoptionen
dürfen nicht außer Acht gelassen werden, wenn ein zeitgemäßes Angebot geschaffen werden soll, das mögliche Effektivitäts- und Effizienzpotenziale nutzt.
Auch für die lernwirksame Auseinandersetzung mit Lerninhalten und die didaktisch motivierte Kommunikation und Zusammenarbeit Lernender bieten sich
neue Möglichkeiten durch E-Learning. Ein überaus positiv zu bewertender Ne-
beneffekt der systematischen Integration von E-Learning in ein Qualifizierungsangebot zum neuen öffentlichen Haushalts- und Rechnungswesen könnte sein,
dass ein „[…] natürlicher ‚Harmonisierungsgrund' für die großräumige Lehrmit-
telkoordination"[37] und damit letztlich für eine Angleichung der in der Praxis angewandten Reformkonzepte entstünde.

Der Forschungsstand zu den in der vorliegenden Arbeit angesprochenen Fragen
stellt sich aktuell wie folgt dar: Das neue öffentliche Haushalts- und Rechnungswesen ist unter der Bezeichnung einer Integrierten Verbundrechnung auf Basis
der Doppik inzwischen konzeptionell durchstrukturiert und inhaltlich vollständig
entwickelt.[38] Dabei geht es inhaltlich nicht – wie häufig angenommen – um eine
plakative Übertragung von Ansätzen aus dem privaten Unternehmensbereich auf
öffentliche Verwaltungen. Vielmehr sind die neuen Konzepte so umzusetzen,
dass sie den Anforderungen und Besonderheiten des öffentlichen Sektors gerecht
werden. In den meisten Bundesländern muss das neue öffentliche Haushalts- und
Rechnungswesen auf kommunaler Ebene innerhalb der nächsten fünf Jahre eingeführt werden. Auch auf Staatsebene wird es zurzeit in den Ländern Hessen,
Hamburg, Bremen und NRW eingeführt. Insgesamt gilt, dass es sich bei den Re-

---

34 KGSt (2003), S.3
35 Vgl. Euler/Wilbers (2002), S.6.
36 Vgl. KGSt (2003), S.15.
37 Buschor (2005), S.209.
38 Vgl. etwa Budäus (2006b) und Lüder (2001).

formen nicht mehr um ein Konzeptdefizit handelt, sondern um ein Umsetzungs-defizit.[39] Die Elemente der Integrierten Verbundrechnung[40] und ihre Beziehungen veranschaulicht vereinfacht Abbildung 1.

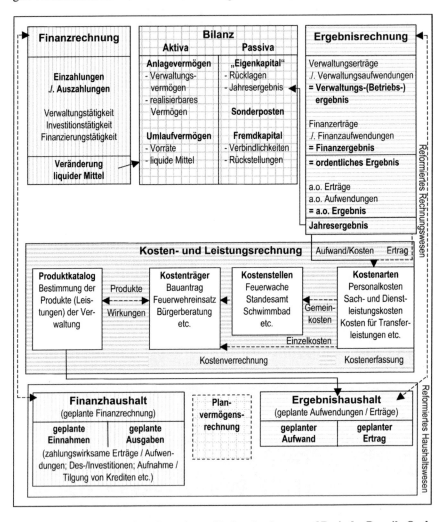

Abbildung 1: Elemente einer Integrierten Verbundrechnung auf Basis der Doppik. Quelle: Hilgers (2008)[41]

---

39 Vgl. Hilgers (2007).
40 Vgl. dazu im Einzelnen Hilgers (2008).

Zur „Fortbildung für das Neue Haushalts- und Rechnungswesen" hat die Kommunale Gemeinschaftsstelle für Verwaltungsmanagement (KGSt) 2003 einen umfangreichen Bericht veröffentlicht.[42] In dem Bericht wird, dezidiert an die kommunale Verwaltungspraxis adressiert, zunächst anschaulich der Fortbildungsbedarf, der sich aus der Reformentwicklung ergibt, benannt und begründet. Im weiteren Verlauf schlägt die KGSt in dem Bericht eine bestimmte Abgrenzung von Zielgruppen vor und benennt für diese Gruppen jeweils Fortbildungsziele.[43] Konkrete Vorschläge für zielgruppenspezifische Fortbildungsinhalte enthält der Bericht ebenfalls. Schließlich werden auch Fragen der Organisation der Fortbildung behandelt.[44] Mit dem KGSt-Bericht, erarbeitet von elf Wissenschaftlern und Praktikern u.a. aus Fachhochschulen, kommunalen Studieninstituten und Stadtverwaltungen,[45] liegt ein Leitfaden für die kommunale Praxis vor, der grundsätzliche Fragen beantwortet, die sich „Reformkommunen" am Beginn ihres Veränderungsprozesses stellen. Der Bericht eignet sich für die Verdeutlichung der Relevanz von Fortbildung und zeigt die Tragweite des Fortbildungsbedarfs; er macht deutlich, dass die Fortbildung im neuen öffentlichen Haushalts- und Rechnungswesen fast alle Verwaltungsmitarbeiter betrifft.

Für die vorliegende Arbeit eignet sich der KGSt-Bericht als Grundorientierung insofern, als darin typische Rahmenbedingungen und Anforderungen in Verwaltungen beschrieben werden, die bei der Konzeption eines bedarfsgerechten Fortbildungsangebots bzw. bei der Beurteilung eines vorhandenen Angebots hinsichtlich seiner Aufgabenangemessenheit zu berücksichtigen sind. Zudem überzeugen die im KGSt-Bericht vorgeschlagenen Abgrenzungen von Zielgruppen, Lernzielen und Inhalten. Diese eignen sich dafür, in der vorliegenden Arbeit aufgegriffen und – nur geringfügig adaptiert – übernommen zu werden.

Im Mittelpunkt der wissenschaftlichen Diskussion zum Thema E-Learning stehen immer wieder die jeweils aktuellen Trends im Bildungsbereich. Tatsächlich gilt es als eine der größten Herausforderungen für Bildungsverantwortliche in Hochschulen, Unternehmen und Bildungsinstitutionen, mit den im Bildungsbereich aufkommenden Veränderungen Schritt zu halten.[46] Dabei kommen ständig neue Begriffe in diesem Bereich auf, die jedoch häufig alte Konzepte aufgreifen und durch zahlreiche Marketingaktivitäten propagiert werden.[47] Seit geraumer Zeit bestimmen aktuelle Entwicklungen in der allgemeinen Internetnutzung und

---

41 Die entsprechende Arbeit Hilgers´ ist zum Zeitpunkt dieser Ausarbeitung im Druck, so dass hier noch keine Seitenzahl angegeben werden kann.

42 KGSt (2003).

43 Vgl. a.a.O., S.18-24.

44 Vgl. a.a.O., S.24-42.

45 Vgl. KGSt (2003), S.47.

46 Vgl. Seufert (2007), S.3.

47 Vgl. ebd.

im Bereich der Internettechnologien auch die Diskussion um das E-Learning. Begriffe wie *Web 2.0, user-created-content* und *social-networking* werden aufgegriffen und ihre möglichen Implikationen für das Lehren und Lernen diskutiert. Angesprochen ist damit vor allem die zuletzt wachsende Nachfrage von Internetnutzern nach einfach zu bedienenden Websites für die Gestaltung bzw. Veröffentlichung eigener digitaler Medien sowie die virtuelle Selbstdarstellung und Kommunikation.[48]

Die Bedeutung des Phänomens Web 2.0 für die zukünftige E-Learning-Gestaltungspraxis lässt sich gegenwärtig zwar ebenso wenig abschätzen wie beispielsweise das allgemeine Online-Nutzungsverhalten außerhalb von Bildungskontexten. Dennoch wird die Diskussion über das E-Learning in Zeiten des Web 2.0 mitunter fast eindringlich forciert. Insbesondere mit Blick auf die Diskussion in den USA liegt der Verdacht nahe, dass es sich hierbei zumindest teilweise auch um gezieltes Marketing handelt. Ein Beispiel dafür ist der „Horizon Report" des Jahres 2007, in dem das Thema Web 2.0 systematisch in einen Zusammenhang mit E-Learning gestellt wird.[49] Die didaktische Frage, ob individuelle Präferenzen bei der Nutzung des Internets zu Unterhaltungszwecken überhaupt auf Online-Bildungsangebote übertragen werden sollten, ist offenbar nachrangig. Beachtenswert ist, dass der jährlich auf Grundlage zahlreicher Gespräche mit Wissenschaftlern und Praktikern sowie unter Einbeziehung von Recherchen erstellte Report gewissermaßen die US-amerikanische Fachdiskussion abbildet. So hat es jedenfalls den Anschein, die USA seien mit der Diskussion zum E-Learning gegenwärtig einmal mehr ihrer Zeit voraus; wichtige historische Vorläufer des E-Learning sind immerhin tatsächlich dort zu verorten.[50]

Insgesamt muss die Entwicklung des E-Learning in den Vereinigten Staaten allerdings kritisch beurteilt werden. Dies gilt umso mehr, je stärker didaktische Ziele im Mittelpunkt der Gestaltung E-Learning-basierter Qualifizierungsangebote stehen und nicht etwa Kostenerwägungen die Hauptmotivation für den Computereinsatz ausmachen. Schulmeister hat mit seiner Analyse des E-Learnings in den USA[51] gezeigt, dass die didaktische Qualität des amerikanischen E-Learnings, aber auch seine bildungspolitische Funktion („Click Education") kaum als Vorbild dienen können[52] – eine Einschätzung, die auch von manchen

---

48 Vgl. dazu vertiefend Möller, E., Die heimliche Medienrevolution, Wie Weblogs, Wikis und freie Software die Welt verändern, Hannover 2006. Als *E-Book* unter www.sub.uni-hamburg.de/ebook/ebook.php?act=b&cid=7335 (29.10.2007).

49 Auf den „Horizon Report" wird in Abschnitt 3.2 dieser Arbeit noch genauer eingegangen. Dort werden auch die vorhergesagten Trends und ihre Relevanz für die vorliegende Arbeit diskutiert.

50 Vgl. Schulmeister (2002), S.98ff.

51 Vgl. Schulmeister (2006); dort vor allem S.11-63, aber auch S.65-134.

52 Vgl. ebd.

amerikanischen Autoren mit didaktischer Orientierung geteilt wird[53]. Schulmeister hat außerdem verdeutlicht[54], dass statistische Angaben zur E-Learning-Nutzung in den USA, die teilweise dafür herangezogen werden, eine im internationalen Vergleich geringe Verbreitung des E-Learning in Deutschland zu begründen[55], bei genauerer Betrachtung relativiert werden müssen:

> „Die riesigen Zahlen […] zum Online-Studium werden relativ klein, wenn man weiß, auf welcher Grundlage sie beruhen. Die Hauptmotivation für die Nutzung von Online-Kursen ist die Kompensation für nicht geschaffte Leistungspunkte im Präsenzstudium. Der Druck der Studieneingangstests erzwingt die virtuelle Nachhilfe, die Anforderungen des Bachelor erzeugen die Nachfrage für die virtuelle Lehre. Es sind pragmatische Gründe wie Bequemlichkeit, die als Gründe für die Nutzung von eLearning genannt werden, und nicht die didaktischen Möglichkeiten und Vorteile dieser neuen Lehrform. Die Nachfrage nach Online-Kursen, mit denen sich die für die berufliche Laufbahn benötigten Leistungspunkte erwerben lassen, steigt in den USA rasant, aber ein Anstieg der Lehrqualität ist damit nicht verbunden"[56]

Doch wie sieht es abseits der genannten „Trendthemen" in der wissenschaftlichen Diskussion und in der Gestaltungspraxis aus? Im Kontext der Impulsprogramme, Förderlinien und Pilotprojekte, die in Deutschland etwa seit dem Jahr 2000 durchgeführt worden sind, wurden dem digital gestützten Lehren und Lernen vielfältige, teilweise geradezu phänomenale Potenziale zugeschrieben. So existierte die Hoffnung, E-Learning würde – quasi unabhängig von der Gestaltung im Einzelfall – per se Spaß machen und bessere Lernerfolge bewirken.[57] Genauso erhoffte man sich eine Beschleunigung des Lernens, vernachlässigte dabei jedoch, dass Lernen unabhängig von äußeren Faktoren eben seine Zeit braucht.[58] Studien, die einen Effektivitätsvorteil von E-Learning gegenüber kon-

---

53 Schulmeister verweist beispielhaft auf die kritischen Stellungnahmen von Resnick (2002), Twigg (2003) und Bok (2003); vgl. Schulmeister (2006), S.13. Vor diesem Hintergrund ist interessant zu wissen, dass die europäische Fachdiskussion um Fragen der Didaktik in den USA weitgehend ignoriert wird, wie Euler/Hahn urteilen; vgl. Euler/Hahn (2004), S.521.

54 Vgl. Schulmeister (2006), S.11-63.

55 Siehe etwa die Ausführungen in dem Arbeitsbericht Nr. 107 des Büros für Technikfolgenabschätzung beim Deutschen Bundestag (TAB): Revermann, Christoph: „eLearning in Forschung, Lehre und Weiterbildung in Deutschland. Sachstandsbericht zum Monitoring eLearning", (Hrsg. v. TAB, Arbeitsbericht Nr. 107), 2006, S.204-206 (www.tab.fzk.de/de/projekt/zusammenfassung/ab107.pdf, 16.03.2008).

56 Vgl. Schulmeister (2006), S.7. Vor diesem Hintergrund verwundert es nicht, dass in den USA von „Distance-Learning" gesprochen wird. Distance Learning bezeichnet „online courses", die Präsenzlehre ergänzen, aber eben auch das klassische Fernstudium; vgl. Schulmeister (2006), S.4.

57 Vgl. Seufert (2003), o.S.

58 Vgl. ebd.

ventionellen Lehr- und Lernformen versprachen, waren „hoch gehandelt"; dazu liegen heute freilich widersprüchliche Ergebnisse vor.[59]

Generell war man in Theorie und Praxis anfangs besonders der Faszination des technologisch Machbaren erlegen.[60] Zwar lag der Schwerpunkt der wissenschaftlichen Diskussion zunächst keineswegs allein auf technologieorientierten Aspekten des E-Learning, sondern auch auf pädagogischen.[61] Gleichwohl vernachlässigte man in der Praxis nach Anfangsinvestitionen in Technologien häufig die ebenfalls notwendigen Investitionen in didaktische Konzepte, Maßnahmen zur Motivation und zur tutoriellen Begleitung.[62] Dabei wird angemahnt, pädagogisch-didaktische Überlegungen bei der Implementierung von E-Learning nicht in den Hintergrund treten zu lassen:

> „Eine Bildungsinnovation wie eLearning erfordert demnach einen umfassenden Ansatz, um strategiegeleitet neben didaktischen und technologischen Fragestellungen auch ökonomische, organisatorische und soziokulturelle Rahmenbedingungen zu schaffen. Im Zentrum steht dabei die Didaktik, denn eLearning wird sich langfristig nur durchsetzen, wenn ein didaktischer Mehrwert vorliegt und letztendlich das pädagogische Innovationspotenzial nutzbar gemacht wird"[63].

Unrealistische Erwartungen an die didaktische Leistungsfähigkeit von E-Learning sind jedoch überwindbar. Zum Beispiel kann die didaktische Kommunikation mit Lehrkräften bzw. eine tutorielle Begleitung nicht vollständig Computern überantwortet werden. Lehre kann nicht generell digitalisiert und Lernen nicht durch multimedial aufbereitete Lernmedien automatisiert werden, selbst wenn diese einen hohen Interaktivitätsgrad aufweisen. Mittlerweile hat sich in der Praxis die Einsicht durchgesetzt, dass die Bedürfnisse und Wünsche der eigentlichen Zielgruppe, der Lernenden, und genaue Überlegungen zu den Rollen der beteiligten Akteure bei der Konzeption von E-Learning in den Mittelpunkt gestellt werden müssen. Auch sind Anstrengungen zur Akzeptanzförderung für E-Learning innerhalb von Bildungsinstitutionen und gegenüber Lernern von erheblicher Bedeutung.

So ist die Euphorie der Anfangsphase des E-Learning mittlerweile einer gewissen Ernüchterung gewichen. Bis jetzt ist es kaum gelungen, die für einen durch-

---

59 Vgl. ebd.
60 Ein früher, radikaler Vertreter der Substitution realer Lehrkräfte durch Computer ist beispielsweise Perelman; vgl. Perelman (1993). Die Fokussierung der damaligen Diskussion auf das technologisch Machbare hat Mayes dagegen bereits 1992 kritisiert; vgl. Mayes (1992), S.3.
61 Vgl. Seufert/Euler (2005), S.5.
62 Vgl. Seufert (2003), o.S.
63 Seufert/Euler (2005), S.5.

schlagenden Erfolg erforderliche *win-win*-Situation zu schaffen.[64] Führende E-Learning-Anbieter konsolidieren mittlerweile ihre Angebote. Akquisitionen, Firmenzusammenschlüsse und Konkurse bewirken Marktbereinigungen.[65] Organisationen, die in E-Learning-Technologien investiert haben, „verschlanken" ihre Infrastruktur mittlerweile wieder.[66]

Aus didaktischer Sicht hat jedoch nicht E-Learning als Instrument die Erwartungen enttäuscht, vielmehr waren die Erwartungen häufig überzogen. Die Konzepte waren zu technisch, dabei lagen die Probleme weniger in den technischen Grenzen, als vor allem in zu kleinen Serien, mangelnder Integration in den Unterricht und ungenügender Ausbildung der Lehrpersonen. Generell waren die Zielsetzungen für den Medieneinsatz häufig unklar und Fragen der Didaktik und der Zielgruppen wurden nicht diskutiert – diese Erfahrungen werden gerade in der Verwaltungspraxis gemacht.[67] Die meisten E-Learning-Angebote werden heute unter der konzeptionellen Bezeichnung für eine Verschränkung von Präsenzlehre mit E-Learning-Anteilen, *blended-learning*, geführt.

Ansätze einer systemimmanenten Nutzung von E-Learning in Organisationen sind bislang weiterhin selten, auch wenn in der jüngeren Vergangenheit Überlegungen zur strategischen Anbindung von E-Learning verstärkt im Vordergrund stehen.[68] Dabei wird häufig eine Verschränkung von E-Learning-basierten Lehr- und Lernprozessen mit organisierter Wissensteilung und informellem Lernen im Rahmen von Wissensmanagementprozessen diskutiert.[69] Informelle Lernformen scheinen generell in der aktuellen Diskussion eine immer bedeutsamere Rolle zu spielen.[70] In diesem Zusammenhang wurden zeitweilig insbesondere der mögliche Nutzen von *online-communities* als „Brücke zwischen informellem und formellem E-Learning" und die allgemeine Relevanz der Förderung einer neuen Lernkultur besonders hervorgehoben.[71]

Ein weiteres Themengebiet, das in der Fachdiskussion zum E-Learning eine dominante Rolle spielt, betrifft die Entwicklung und Etablierung spezifischer Standards für das Qualitätsmanagement von E-Learning.[72] In der Praxis herrscht ein

---

64   Vgl. Buschor (2005), S.208.
65   Vgl. Seufert (2003).
66   Vgl. Seufert (2003). Vgl. hierzu auch z.B. den frühen Bericht von Haben (2002).
67   Vgl. Buschor (2005), S.208, und Hauff (2005), S.321.
68   Vgl. Seufert/Euler (2005), S.5.
69   Vgl. etwa Reinmann-Rothmeier (2002).
70   Vgl. E-Learning-Potenziale im E-Government (2006), S.5.
71   Vgl. etwa die Beiträge in Schulz/Glump (2005).
72   Siehe dazu allein die Bemühungen auf europäischer Ebene; vgl. Aceto/Delrio/Dondi (2006), Ehlers/Pawlowski (2006), Friedrich/Hron/Hesse (2001), aber auch die „Meca-ODL-Software" (www.adeit.uv.es/mecaodl).

breiter Konsens darüber, dass Qualitätsaspekte gegenwärtig und in Zukunft von hoher Bedeutung für E-Learning sind bzw. sein werden, tatsächlich besteht jedoch ein hohes Informationsdefizit hinsichtlich möglicher Qualitätsstrategien.[73] In der Vergangenheit ging es bei der Diskussion um Standards vor allem um die Lösung technischer Probleme in Folge einer mangelnden Vereinheitlichung von Produkten und Prozessen.[74] Das Ziel war es, unter dem Eindruck enttäuschter Erwartungen in Bildungsorganisationen und Wirtschaft die „Nachhaltigkeit" von E-Learning-Investitionen und -Projektergebnissen zu verbessern; durch die Einhaltung bestimmter Standards bei der Konzeption digitaler Lernobjekte sollte ihre Interoperabilität verbessert und damit die Wiederverwendbarkeit erhöht werden. Mittlerweile verlagert sich die Aufmerksamkeit beim E-Learning-Qualitätsmanagement auf die „Verbesserung pädagogischer Handlungszusammenhänge und bildungsrelevanter Prozesse"[75].

So wurde im November 2005 mit der ISO/IEC 19796-1 der erste von vier geplanten Teilen einer Internationalen Norm veröffentlicht[76], die zur Vereinheitlichung der weltweit unterschiedlichen Bewertungsmaßstäbe für Qualität von E-Learning-Initiativen beitragen soll. Dieser erste Teil der Norm ist ein Orientierungsraster – ein Referenzmodell – für das ganzheitliche Qualitätsmanagement in der Aus- und Weiterbildung (unter besonderer Berücksichtigung von E-Learning).[77] Vereinfacht ausgedrückt, hat das Referenzmodell die Funktion, E-Learning-Projektverantwortliche für eine Reihe erfolgskritischer Faktoren bei der Projektkonzeption und -durchführung zu sensibilisieren. Das Modell deckt typische Prozesse der Planung, Entwicklung, Durchführung und Evaluation von Bildungsangeboten ab; konkrete Gestaltungsvorschläge liefert das Modell freilich nicht.

Während die ISO/IEC 19796-1 E-Learning-Initiativen als Ganzes adressiert, liegt mit der DIN EN ISO 9241 eine europäische Norm vor, die auf die Gebrauchstauglichkeit von Software-Systemen zielt, die Ergonomie so genannter Mensch-

---

73 Vgl. Ehlers/Goertz/Hildebrandt/Pawlowski (2005), S.64.

74 Stichworte sind hier Metadaten-Standards für digitale Lernressourcen wie SCORM („Sharable Content Object Reference Model") oder LOM („Learning Objects Metadata"). Zum SCORM-Standard vgl. die Ausführungen im Folgenden.

75 Vgl. etwa www.e-learning-zeitschrift.org/02_2007/ (15.08.2007). In welcher Fülle und Bandbreite sich Wissenschaft und Praxis mit Qualitätsdimensionen von E-Learning befassen, zeigt anschaulich die *Resource Reference List on Quality* der *European Foundation on Quality in eLearning*: www.qualityfoundation.org/ww/en/pub/efquel/elearning/downloads/resource_reference_list_on_q.htm (16.08.2007).

76 Vgl. www.din.de/cmd?level=tpl-artikel&languageid=de&cmstextid=e-learning (15.08.2007).

77 Es basiert auf dem bereits zuvor vorhandenen E-Learning-spezifischen Referenzprozessmodell PAS 1032.

14

System-Interaktionen.[78] Zentrale Bestandteile der Norm sind die „Dialoggrundsätze" nach ISO 9241-110 (ehemals 9241-10).[79]

Ein gleichermaßen enger Blickwinkel auf Merkmale einzelner Online-Angebote lässt sich mit dem SCORM-Standard[80] einnehmen. Der in der E-Learning-Praxis anerkannte Standard zielt auf die Vereinheitlichung technisch-funktionaler und inhaltlich-struktureller Merkmale digitaler Lernobjekte. Daneben gibt es in der Praxis eine ganze Reihe detaillierter Kriterienkataloge für die effiziente Beurteilung technischer, gestalterischer und pädagogisch-didaktischer Qualitätsmerkmale von Lernsoftware.[81] Für die pädagogisch-didaktische Konzeption von Lernszenarien gibt es außerdem den Standard des IMS Learning Design.[82]

Die meisten dieser Spezifikationen können im vorliegenden Zusammenhang von Nutzen sein, wenn auch in sehr unterschiedlicher Ausprägung. Das Referenzmodell der Norm ISO/IEC 19796-1 eignet sich generell als Orientierungsraster für die Bildungsplanung; durch die Berücksichtigung von insgesamt 7 Prozesskategorien („Anforderungen", „Rahmenbedingungen", „Konzeption", „Produktion", „Einführung", „Durchführung", „Evaluation"; vgl. Tabelle 1) liegt damit ein geeignetes Instrumentarium für das Qualitätsmanagement von E-Learning vor, das Bildungsverantwortliche produktiv nutzen können. Die Norm behandelt jedoch allzu umfassend die Gestaltungsfelder des E-Learning-Projektmanagements, als dass dafür jeweils allgemein gültige Gestaltungsempfehlungen gegeben werden könnten. Der Grund dafür liegt allein darin, dass in jedem spezifischen Bildungskontext in einer bestimmten Organisation unterschiedliche Zielgruppen, Lernkulturen/-motivationen/-präferenzen, Lehr- bzw. Lernziele, digitale Lernumgebungen sowie weitere relevante Einflussfaktoren vorliegen.[83] Somit eignet sich die Norm wegen ihres ganzheitlichen Ansatzes nur begrenzt für die Anwendung in der vorliegenden Arbeit. Sie wird in den folgenden Ausführungen gewissermaßen implizit berücksichtigt und trägt so dazu bei, dass die vielfältigen relevanten Aspekte der E-Learning-Projektplanung weitgehend Berücksichtigung finden.

---

78 Vgl. dazu Deutsches Institut für Normung (2006) [im Folgenden: DIN (2006)] sowie anschaulich die Ausführungen des Fraunhofer-Instituts unter www.fit-fuer-usability.de (30.10.2007); dazu grundlegend auch Herczeg, M, Software-Ergonomie. Grundlagen der Mensch-Computer-Kommunikation, München 2004.

79 Die Dialoggrundsätze sind „Aufgabenangemessenheit", „Selbstbeschreibungsfähigkeit", „Erwartungskonformität", „Fehlertoleranz", „Steuerbarkeit", „Individualisierbarkeit" und „Lernförderlichkeit"; vgl. dazu im Einzelnen Abschnitt 4.3.3. Vgl. dazu grundlegend auch DIN (2006) sowie anschaulich www.fit-fuer-usability.de/1x1/knigge/einfuehrung.html (30.10.2007).

80 Vgl. www.adlnet.gov/scorm/index.aspx (20.08.2007).

81 Die Vor- und Nachteile von Kriterienkatalogen und einige Beispiele werden im Kontext des Fallbeispiels unten diskutiert.

82 www.imsglobal.org/learningdesign/ (20.08.2007).

83 Vgl. dazu etwa Schulmeister (2005b).

Zeit		
Anforderungsermittlung	• Initiierung • Identifikation der Stakeholder • Zieldefinition • Bedarfsanalyse	
Rahmenbedingungen	• Analyse des externen Kontexts • Analyse der personellen Ressourcen • Analyse der Zielgruppe • Analyse des organisationalen und institutionellen Kontexts • Termin-/Budgetplanung • Analyse der Ausstattung	
Konzeption	• Lernziele • Inhaltliche Konzeption • Didaktik/Methodik • Rollen und Aktivitäten • Organisatorische Konzeption • Technische Konzeption • Konzeption des Medien- und Interaktionsdesigns • Konzeption Medieneinsatz • Konzeption der Kommunikationsmöglichkeiten und -formen • Konzeption der Tests und Prüfungen • Konzeption der Wartung und Pflege	
Produktion	• Inhaltliche Realisation • Designumsetzung • Medienrealisation • Technische Realisation • Wartung und Pflege	
Einführung	• Test der Lernressourcen • Anpassung der Lernressourcen • Freigabe der Lernressourcen • Organisation des Betriebs und der Nutzung • Einrichtung der technischen Infrastruktur	
Durchführung	• Administration • Aktivitäten • Überprüfung des Kompetenzniveaus	
Evaluation	• Planung • Durchführung • Auswertung • Optimierung	

Tabelle 1:   **Sieben Prozesskategorien von E-Learning-basierten Aus- und Weiterbildungsprojekten nach ISO/IEC 19796-1**

Tatsächlich bietet die vorliegende Arbeit vielmehr eine Hilfestellung bei der Anwendung der ISO/IEC 19796-1: Bildungsverantwortliche in Verwaltungen und Hochschulen werden darin unterstützt, einzelne Prozesskategorien ihrer organisa-

16

tionsspezifischen Projektplanung auf Grundlage der mit dieser Arbeit vorliegenden, weitgehend generalisierbaren Erfolgsfaktoren für E-Learning im neuen öffentlichen Haushalts- und Rechnungswesen zu konkretisieren.

Mit dem angesprochenen Standard IMS Learning Design verhält es sich ähnlich. Er verweist ebenfalls so detailliert auf Gestaltungsdimensionen, dass es sich verbietet, für diese jeweils eine allgemeingültige „gute Praxis" identifizieren zu wollen. Beim IMS Learning Design mit seinem Anspruch, die Konzeption und Beschreibung von Lernaktivitäten zu standardisieren, gilt dies in besonderem Maße, da „weiche Faktoren" wie Didaktik kaum zu standardisieren sind. Dementsprechend spielt der Standard in der Gestaltungspraxis von E-Learning praktisch keine Rolle. So dient der IMS-Standard hier lediglich als ergänzende Orientierung für das weitere Vorgehen.

Dagegen erweisen sich die anderen genannten Spezifikationen als hilfreicher für die Fallstudie in dieser Arbeit. Sie zielt auf die qualitative Bewertung eines Web-based-Trainings[84] (WBT) unter besonderer Berücksichtigung des in Verwaltungen und Universitäten vorliegenden, spezifischen Qualifizierungsbedarfs zum neuen öffentlichen Haushalts- und Rechnungswesen. Zu diesem Zweck sind Merkmale des WBTs mit solchen des Qualifizierungsbedarfs gegenüberzustellen. Um in der Fallstudie allerdings zu einem vollständigen Urteil über das WBT zu gelangen, müssen darüber hinaus noch generelle Merkmale des WBTs – im Sinne von Software-Merkmalen – einbezogen und bewertet werden. Für eine solche Bewertung muss zunächst ein bestimmtes Qualitätsverständnis dargelegt und durch die Definition (möglichst objektiv messbarer) Kriterien operationalisiert werden. An dieser Stelle bietet sich an, Kriterienkataloge und die genannte DIN EN ISO 9241 heranzuziehen. Während die Kriterienkataloge detailliert Merkmale von Lernsoftware aufgreifen, thematisiert die DIN EN ISO 9241 Qualitätsmerkmale auf der Ebene allgemeiner Gebrauchstauglichkeit von Software, so dass sich beide Instrumentarien ergänzen lassen.[85] Schließlich muss in der Fallstudie auch die Frage nach der SCORM-Funktionalität des EL-ÖHR WBTs beantwortet werden, da der SCORM-Standard sich als Qualitätsmerkmal in der E-Learning-Praxis mittlerweile weitgehend durchgesetzt hat.

Ein wesentliches Problem liegt in der bisher mangelnden empirischen Kenntnis oder empirischen Information. Zum Zusammenhang von E-Learning und E-Government wurde 2006 in einer Studie festgestellt, dass entsprechende empi-

---

84 Der Begriff „Web-based-Training" steht für ein via Internet bereitgestelltes Lernprogramm. Als „Computer-based-Training" wird dagegen ein Lernprogramm bezeichnet, das auf einem Anwendercomputer installiert ist.

85 Im Einzelfall mag auch denkbar sein, einen individuellen Kriterienkatalog nach den Dialoggrundsätzen der DIN EN ISO 9241-110 zu gliedern.

risch fundierte Erkenntnisse fehlen.[86] Weiter wurde konstatiert, bislang sei ebenso wenig geprüft worden, ob die am Markt verfügbaren Lösungen den Anforderungen der Kommunen entsprechen.[87] In Bezug auf das neue öffentliche Haus-
halts- und Rechnungswesen verhält es sich grundsätzlich ähnlich. Zur Verbreitung von E-Learning in öffentlichen Verwaltungen liegen lediglich einige ältere
Erhebungen vor. Zurückgegriffen werden kann immerhin auf Erfahrungsberichte
zur Implementierung und Nutzung von E-Learning in Verwaltungen. In diesem
Zusammenhang kommen auch die Lernkultur und die Nutzerakzeptanz sowie
weitere Rahmenbedingungen für E-Learning in Verwaltungen zur Sprache. Die
Befunde werden im Folgenden aktuell zusammengefasst und bewertet, um
schließlich verwaltungsspezifische Erfolgsfaktoren für E-Learning zu benennen.

Auch der oben angesprochene KGSt-Bericht zur Fortbildung für das neue öffentliche Haushalts- und Rechnungswesen geht auf die Frage des E-Learnings ein,
dies jedoch nur knapp und allgemein.[88] Zur Nutzung von E-Learning in Universitäten liegen deutlich mehr Ergebnisse vor, wie die Arbeit zeigt.

Inzwischen liegt mit dem „EL-ÖHR WBT" ein umfassendes Lernprogramm zur
Vermittlung der Grundlagen des neuen öffentlichen Haushalts- und Rechnungswesens vor. Es wurde im Rahmen eines Kooperationsprojektes zwischen dem
Arbeitsbereich Public Management der Universität Hamburg, einem privatwirtschaftlichen Unternehmen[89] und kommunalen Studieninstituten entwickelt und
behandelt den Themenkomplex in derzeit zehn so genannten Lernbausteinen
(vgl. dazu Abschnitt 4). Auch gibt es erste empirische Befunde zur Leistungsfähigkeit dieses WBTs.

1.2 Zielsetzungen der Arbeit

Es ist das Ziel der vorliegenden Arbeit, einen Beitrag zur bedarfsgerechten Einbeziehung der Potenziale von E-Learning in die Qualifizierung zum neuen öffentlichen Haushalts- und Rechnungswesen zu leisten. Zu diesem Zweck erfolgt

---

86   Vgl. E-Learning-Potenziale im E-Government (2006), S.11. Vgl. dazu auch die Studie "E-
      Government-Forschung in NRW: Identifizierung von Akteuren, Themen, Trends"
      (www.egovernmentplattform.de/fileadmin/user_upload/PDF/Studie_E-Gov-Forschung_
      Infobuero-d-NRW.pdf, 20.08.2007).
87   Vgl. E-Learning-Potenziale im E-Government (2006), S.11.
88   Vgl. KGSt (2003), S.41.
89   Bei dem Unternehmen handelt es sich um die reflact AG aus Oberhausen (siehe
      www.reflact.com).

18

eine eingehende Analyse der Anforderungen in Verwaltungen[90] und Universitäten. Dabei beschränkt sich die Arbeit nicht auf die Bestimmung von Zielgruppen und jeweils angemessenen Fortbildungszielen; zu diese Fragen liegen bereits erste konkrete Antworten vor. Es geht vielmehr um die spezifischen Erfolgsfaktoren, die bei der Konzeption und Nutzung E-Learning-basierter Qualifizierungsangebote zum neuen öffentlichen Haushalts- und Rechnungswesen in öffentliche Verwaltungen und Universitäten zu berücksichtigen sind. Hierbei handelt es sich beispielsweise um die Berücksichtigung der generellen Akzeptanz für E-Learning oder der spezifischen Lernbedingungen.

Erfahrungsberichte, die im Rahmen von E-Learning-Projekten gesammelt wurden, sind generell bei der Konzeption entsprechender Angebote einzubeziehen; der unmittelbare Erfahrungsaustausch mit Expertinnen und Experten und die Teilhabe an deren implizitem Wissen können als zentrale Voraussetzungen für den erfolgreichen Einstieg in E-Learning gelten. Entsprechend wird in der vorliegenden Arbeit das dokumentierte Erfahrungswissen ausgewertet. Insgesamt werden allgemeingültige sowie im Einzelfall kontextspezifische Erfolgsfaktoren für die inhaltliche, didaktische und funktional-technische Gestaltung sowie die konkrete Durchführung von E-Learning erarbeitet.

Ergänzend wird ein umfassendes WBT zum neuen öffentlichen Haushalts- und Rechnungswesen vorgestellt und evaluiert. Dieses WBT wurde im Rahmen des Forschungsprojekts „EL-ÖHR – E-Learning im öffentlichen Haushalts- und Rechnungswesen" entwickelt und im Rahmen der universitären Lehre eingesetzt und evaluiert. Ergänzend liegen auch Befragungsergebnisse aus der Verwaltungspraxis zur Nutzung eines WBTs vor, welches die Vorgängerversion des EL-ÖHR WBTs darstellt. Diese Ergebnisse sollen ebenfalls herangezogen werden, um Hinweise auf die grundsätzliche Akzeptanz unter Verwaltungsmitarbeitern für das Lernen mit einem Programm zu gewinnen, welches dem EL-ÖHR WBT immerhin ähnlich ist.

Insgesamt soll das EL-ÖHR WBT im Rahmen der Fallstudie qualitativ bewertet werden, indem einerseits die Evaluationsergebnisse analysiert, zusätzlich aber auch gängige Qualitätsmaßstäbe für (Lern-)Software an das WBT gelegt werden. Ziel der Evaluation ist es, Aspekte didaktischer und technisch-funktionaler Qualität sowie insgesamt die „Aufgabenangemessenheit" des WBTs zu beurteilen und ggf. Verbesserungsvorschläge in den Entwicklungsprozess einzubringen. Vereinfacht ausgedrückt zielt die Evaluation darauf ab, zu beurteilen, inwiefern das WBT die hier dargelegten Qualifikationszwecke erfüllen kann.

---

90 Dabei bezieht sich der Schwerpunkt der Überlegungen auf die kommunale Ebene, wenngleich auch die staatliche Ebene einbezogen wird. Dies entspricht dem aktuellen Reformstand (vgl. Abschnitt 2.1) und dem infolgedessen gerade auf kommunaler Ebene vorhandenen Qualifizierungsbedarf.

Unter Berücksichtigung des spezifischen Qualifizierungsbedarfs, der Erfolgsfaktoren für E-Learning sowie der WBT-Merkmale werden schließlich konkrete Gestaltungsvorschläge für Blended-Learning-Konzepte gegeben.

1.3 Gang der Untersuchung

Die vorliegende Arbeit ist mit den Abschnitten 2, 3 und 4 in drei Hauptteile gegliedert. In Abschnitt 2 folgt einer einleitenden Darstellung der Reformmerkmale des öffentlichen Haushalts- und Rechnungswesens in Deutschland (Abschnitt 2.1) die Analyse des damit verbundenen Qualifizierungsbedarfs zum neuen öffentlichen Haushalts- und Rechnungswesen. Diese gliedert sich entsprechend der Notwendigkeit, Verwaltungsmitarbeiter von Studierenden an Universitäten als Zielgruppen mit spezifischen Bedarfsmerkmalen zu unterscheiden, in zwei Teile (Abschnitte 2.2 und 2.3). Dabei werden jeweils zunächst generelle Bedarfsmerkmale der Qualifizierung identifiziert, bevor die derzeitige Nutzungspraxis von E-Learning, E-Learning-spezifische Nutzungsanforderungen und die Akzeptanz von E-Learning im Mittelpunkt stehen.

Dabei waren spezifische Bedarfsmerkmale der beiden Zielgruppen und entsprechende empirische Befunde durch teilweise abweichende Gliederungen der Analysen zu berücksichtigen: So war in der Analyse des Qualifizierungsbedarfs in Verwaltungen beispielsweise erforderlich, vor dem Hintergrund der derzeitigen Lernkultur und unbefriedigenden Nutzungspraxis von E-Learning auf allgemeine Nutzungsanforderungen für E-Learning in Verwaltungen, die Akzeptanz von E-Learning als Funktion einer organisationalen Lernkultur und die Notwendigkeit einer strategischen Implementierung einzugehen (Abschnitte 2.2.3 bis 2.2.5). Auch war in Verwaltungen eine ausgeprägte Heterogenität der inhaltlichen Anforderungen zu beachten; hier lassen sich mehrere Mitarbeitergruppen mit eigenen Qualifizierungsanforderungen unterschieden, welche sich etwa auf die Fortbildungsziele, Fortbildungsinhalte und die Organisation der Fortbildung beziehen (Abschnitte 2.2.6 bis 2.2.8).

Eine derart weit gehende konzeptionelle Differenzierung des Qualifizierungsbedarfs war bei den Studierenden nicht erforderlich. Dafür ließen sich hier differenziertere empirische Befunde zur Computernutzung und Medienkompetenz, zur IuK-Ausstattung und zur Online-Affinität heranziehen, die sich teilweise dezidiert auf Studierende der Betriebswirtschaftslehre (BWL) beziehen (Abschnitt 2.3.1). Empirische Befunde zur Nutzungspraxis und Akzeptanz von E-Learning bei Studierenden ließen sich entsprechend systematisch zusammenführen (Abschnitt 2.3.2).

In Abschnitt 3 erfolgt eine Darstellung der didaktischen Innovationspotenziale und der Gestaltungspraxis von E-Learning auf Grundlage der entsprechenden Literatur. In diesem Zusammenhang werden zunächst gängige Kategorisierungen von E-Learning vorgestellt und voneinander abgegrenzt. Daran schließt sich eine differenzierte Analyse möglicher theoriegeleiteter Begründungen für die im didaktischen Sinne „gute" Gestaltung von E-Learning an. Zum Zwecke der Anschaulichkeit der Ergebnisse erfolgt die Analyse auf mehreren Theorieebenen, die eine unterschiedliche Nähe zur Gestaltungspraxis und damit unterschiedliche Grade der Konkretisierung aufweisen. Diesem Hauptteil des Abschnitts folgt ein Blick auf die aktuelle Diskussion zu möglichen Entwicklungslinien der E-Learning-Gestaltungspraxis vor dem Hintergrund sich abzeichnender Veränderungen der Internetnutzung.

Das Fallbeispiel „EL-ÖHR WBT" als existierendes E-Learning-Angebot zum neuen öffentlichen Haushalts- und Rechnungswesen wird in Abschnitt 4 nach einer Darstellung des gleichnamigen Kooperationsprojekts zwischen Hochschule und Praxis qualitativ analysiert. Dazu werden zunächst drei Befragungen von Verwaltungspraktikern und Studierenden ausgewertet und anschließend Qualitätskriterien zur Software-Ergonomie sowie weiteren WBT-Merkmalen herangezogen.

In Abschnitt 5 erfolgt schließlich eine Zusammenführung der Ergebnisse sowie eine Diskussion ihrer Konsequenzen für die Planungs- und Gestaltungspraxis. Auf Grundlage der zusammenfassenden Schlussfolgerungen zum spezifischen Qualifizierungsbedarf in Verwaltungen und Universitäten, der allgemeinen Erfolgsfaktoren für die Gestaltung von E-Learning und der Beurteilung des Fallbeispiels werden in dem Fazit zunächst relevante Planungsfaktoren ausgewiesen, die bei einer Qualifizierungsplanung mit dem EL-ÖHR WBT zu berücksichtigen sind. Differenziert nach den beiden Zielgruppen Verwaltungsmitarbeiter und Studierende, schließen daran jeweils Beschreibungen didaktischer Erfolgsfaktoren an, die in kontextspezifische didaktische Konzepte einbezogen werden können. Dabei werden konkrete Anregungen für die bedarfsgerechte Gestaltung von Blended-Learning mit dem EL-ÖHR WBT gegeben. Der Abschnitt endet mit allgemeinen Hinweisen im Sinne eines Ausblicks, die sich aus der Arbeit ergeben.

2 Qualifizierungsbedarf zum neuen öffentlichen Haushalts- und Rechnungswesen

2.1 Merkmale und Entwicklungsstand der Reform

Das in Deutschland noch immer dominierende System des öffentlichen Haushalts- und Rechnungswesens, die Kameralistik, reicht zurück bis in das 16. Jahrhundert. Sie ist für ein zukunftsfähiges, transparentes und aussagekräftiges Haushalts- und Rechnungswesens moderner Staaten und Kommunen nicht mehr geeignet.[91] Sie gibt lediglich einen Überblick über Einnahmen und Ausgaben („Geldverbrauchskonzept"). Es fehlen Informationen über Kosten, Leistungen, Vermögen und die tatsächlichen Schulden. Eine Reihe zentraler Fragen bleiben unbeantwortet: Welche Leistungen werden überhaupt mit den eingesetzten Ressourcen erbracht? Warum kann diese nicht wirtschaftlicher erstellt werden als bisher? Welche Folgekosten hat eine politische Entscheidung? Wie muss der tatsächliche Ressourcenverbrauch dokumentiert werden, etwa durch Bildung von Rückstellungen für künftige Pensionszahlungen? Wie hoch sind die tatsächlichen Verbindlichkeiten einer Gebietskörperschaft, wenn alle bereits heute bestehenden zukünftigen Zahlungsverpflichtungen (z. B. Geldschulden und zukünftige Pensionszahlungen) berücksichtigt werden? Wie hoch ist der Wert des staatlichen Vermögens und wie wird sich dieses auf Grund der einzelnen politischen Entscheidungen entwickeln? All diese notwendigen Informationen liefert die Kameralistik nicht; vielmehr täuscht sie seit Jahrzehnten gleichsam eine virtuelle Welt vor, die mit der Realität vergleichsweise wenig zu tun hat.

So weist z. B. die Freie und Hansestadt Hamburg bisher nach der kameralen Rechnung (Geld-)Schulden in Höhe von rund 25 Mrd. € aus.[92] In dem neuen Rechnungswesen, das 2006 mit einer Eröffnungsbilanz der Öffentlichkeit vorgestellt wurde, und mit dem ein den tatsächlichen Verhältnissen entsprechendes Bild der Aufwendungen, Erträge, Vermögens-, Schulden und Finanzsituation gegeben wird, erhöhen sich die Schulden auf ca. 45 Mrd.[93] Zahlreiche Gebietskörperschaften müssten mit einem derartigen die tatsächlichen Verhältnisse abbildenden Rechnungswesen faktisch wegen Überschuldung Insolvenz anmelden, sofern man die in der Privatwirtschaft geltenden Regeln anwenden würde.

---

91 Vgl. Budäus/Hilgers (2007). Vgl. dazu auch die sog. „Hamburger Thesen" in Berens/Budäus/Buschor u.a. (2007) und Müller-Osten (2007).

92 Vgl. den Geschäftsbericht der Freien und Hansestadt Hamburg (http://fhh.hamburg.de/stadt/Aktuell/pressemeldungen/2007/august/14/fb-bilanz,property=source.pdf, 31.10.2007), S.I.

93 Vgl. ebd.

Bei der aktuellen Diskussion um die Reform des öffentlichen Haushalts- und Rechnungswesens geht es jedoch nicht nur um das grundlegende Rechnungssystem, d.h. um die Frage, ob das öffentliche Haushalts- und Rechnungswesen auf Basis der Kameralistik oder der Doppik strukturiert sein soll; insgesamt konzentriert sich die Reform des öffentlichen Haushalts- und Rechnungswesens auf fünf Felder.[94] Der zweite Bereich befasst sich mit der Rechnungslegung. Hierbei geht es um die Vorschriften für den Ansatz, Ausweis und für die Bewertung der einzelnen Vermögensgegenstände und der Schulden. Der dritte Bereich macht deutlich, dass sich die gesamte Reform des öffentlichen Haushalts- und Rechnungswesens auf die Gebietskörperschaft insgesamt bezieht. Es geht darum, die dezentralen und teilweise sehr stark verselbständigten und mit unterschiedlichen Rechnungssystemen ausgestatteten Einheiten in einer Gebietskörperschaft zusammenzufassen. Es geht also generell um die Konsolidierung. Im Einzelnen bezieht sich diese auf Vorschriften für die Konsolidierungspflicht, auf den Konsolidierungskreis, d.h. welche Einheiten in die Konsolidierung einzubeziehen sind, und auf die konkrete Vorgehensweise. Der vierte Reformbereich richtet sich auf den Haushalt, d.h. auf die Budgetierung. Hierbei geht es um globale outputorientierte Budgetansätze. Der fünfte Bereich schließlich stellt die Verknüpfung zwischen Budgetierung und Rechnungswesen durch die Kosten- und Leistungsrechnung dar. Dokumentiert und erfasst werden hier die Leistungen sowie die Kosten für die Leistungserstellung. Aus der Ist-Rechnung der Kosten-/Leistungsrechnung ergeben sich dann die Planungsansätze für eine ressourcenorientierte Budgetierung.[95]

In der Praxis wird die kamerale Haushaltsrechnung teilweise um betriebswirtschaftliche Elemente erweitert („Erweiterte Kameralistik"): eine Kostenrechnung sowie teilweise auch um eine Leistungsrechnung in Form von Produktsystematisierungen und Produktkatalogen. Der Rechnungsstil der Reformkonzepte ist indes die so genannte Doppik. Ihr Vorteil ist es, dass durch die Dokumentation von Aufwendungen und Erträgen der tatsächliche Werteverzehr und der tatsächliche Wertezufluss abgebildet werden So wird der gesamte Ressourcenverbrauch einer Periode systematisch erfasst und dokumentiert. Damit ist auch eine unmittelbare Verknüpfung zum Problem der intergenerativen Gerechtigkeit[96] gegeben. Hinzu kommt, dass Gebietskörperschaften mit einem derartigen Rechnungssystem erstmals durch eine eigene Bilanz einen vollständigen Überblick über ihr Vermögen und ihre Schulden erhalten. Diese gehen teilweise weit über die Geldschulen hin-

---

94 Vgl. Budäus/Hilgers (2007), S.8-19.
95 Vgl. ebd.
96 Nach dem Ansatz der intergenerativen Gerechtigkeit (auch: „Generationengerechtigkeit") sollen die Chancen nachfolgender Generationen auf Befriedigung ihrer eigenen Bedürfnisse mindestens so groß sein wie die der heutigen bzw. der ihnen vorangegangenen Generation sein. Vgl. etwa Stiftung für die Rechte zukünftiger Generationen (Hrsg.), Handbuch Generationengerechtigkeit, München 2003.

aus. Entsprechend lässt sich feststellen, ob und inwieweit in einer Periode das Vermögen vermehrt oder vermindert wurde.

Tatsächlich stehen die genannten Reformfelder in der derzeitigen Reformpraxis allerdings noch relativ isoliert nebeneinander. Auch werden sie mit unterschiedlicher Intensität und variierendem Grundverständnis betrieben.[97] So wurde der Ausgangspunkt der Reform vielfach in der Implementierung einer (isolierten) Kosten- und Leistungsrechnung gesehen – deren Notwendigkeit heute in öffentlichen Verwaltungen nicht mehr bestritten wird –, wobei das grundlegende Rechnungssystem die erweiterte Kameralistik war.[98] Weiter gehende Reformansätze konzentrierten sich auf den Bereich des Rechnungswesens, in dem die Module Vermögens-, Finanz- und Ergebnisrechnung integriert zur Anwendung kamen.[99] Von zentraler Bedeutung ist es allerdings, auch die Planungsebene, also das Haushaltswesen, konzeptionell in die Reform mit einzubeziehen und hier nicht lediglich z.B. isoliert eine globale Budgetierung zu betreiben. Vielmehr sind die angeführten Reformbereiche insgesamt zu integrieren, wobei die Planungsebene und die Rechnungslegungsebene zu unterscheiden sind, aber konzeptionell und inhaltlich aufeinander abgestimmt sein müssen. Die einzelnen Elemente der Planungsebene (Ergebnishaushalt, Finanzhaushalt und ggf. Planvermögensrechnung) müssen denen der Rechnungslegungsebene entsprechen (Ergebnisrechnung, Finanzrechnung, Vermögensrechnung/Bilanz).[100] Dies leistet die Integrierte Verbundrechnung auf Basis der Doppik (vgl. Abbildung 1).

Der Reformbedarf wird mittlerweile auf allen drei föderalen Ebenen Bund, Länder und Kommunen generell akzeptiert. Gleichwohl gibt es hinsichtlich des Ansatzes und der Vorgehensweise ganz erhebliche Unterschiede. So beschränken sich auf Bundesebene die Reformaktivitäten bisher weitgehend auf die Anwendung einer standardisierten Kosten- und Leistungsrechnung in nachgeordneten Bundesbehörden.[101] Dabei bleibt das führende System allerdings die kamerale Geldverbrauchsrechnung; eine systematische Ableitung des Haushalts aus der Kosten- und Leistungsrechnung erfolgt nicht.[102] Die Bundesländer sind teilweise wesentlich weiter[103] als der Bund, allerdings fehlt es an einem koordinierten und einheitlichen Vorgehen sowie am Informationsaustausch. Auf kommunaler Ebene stellt sich die Reformsituation insgesamt am positivsten dar, wobei Kommu-

---

97 Vgl. Budäus (2006b), S.197.
98 Vgl. a.a.O., S.196f.
99 Vgl. dazu im Einzelnen Budäus (2006), S.192ff.
100 Vgl. dazu im Einzelnen a.a.O., S.198.
101 Vgl. Hilgers (2007), S.20-22.
102 Vgl. a.a.O., S.23.
103 Positiv hervorzuheben sind hier insbesondere die Entwicklungen in Hamburg, Nordrhein-Westfalen, Hessen und Bremen.

nen einiger weniger Länder bis auf Weiteres zwischen der erweiterten Kameralistik und der Doppik wählen können.[104]

2.2 Qualifizierungsbedarf in Verwaltungen

2.2.1 Generelle Relevanz und Bedarfsmerkmale der Qualifizierung

Die Qualifikation von Mitarbeitern gilt als eines der wichtigsten Merkmale für die Integration von Wissen in die Strukturen der öffentlichen Verwaltung.[105] Die „Ressource Wissen" wird – nicht nur mit Blick auf die Privatwirtschaft – als wichtigstes Kapital identifiziert; gleiches gilt für öffentliche Verwaltungen.[106] Dennoch wurden Faktoren wie Erfahrung, Kreativität, Fähigkeiten und Innovationsbereitschaft der Mitarbeiter lange kaum ins Zentrum von Umstrukturierungsprozessen gestellt.[107] Mit der Entwicklung zum E-Government gelangte das Thema Weiterbildung in Verwaltungen verstärkt in den Fokus. Nachdem E-Government in der Praxis zunächst vielfach als technikbezogener Vorgang missverstanden wurde, herrscht mittlerweile Konsens darüber, dass „weiche" Faktoren wie Organisation, Motivation, Partizipation und Qualifikation erfolgsentscheidend wirken.[108] Das mit E-Government-Konzepten verbundene grundlegend modernisierte Funktionsverständnis öffentlicher Verwaltungen und die neu zu gestaltenden Prozesse der Leistungserstellung stellen so weit reichende organisationale Veränderungsprozesse dar, dass langfristige Weiterbildungsstrategien und Fragen der Lernkultur verstärkt Aufmerksamkeit erlangen.[109] Da es sich bei der Reform des öffentlichen Haushalts- und Rechnungswesens ebenfalls um einen weit reichenden Veränderungsprozess handelt, gerät das Thema Qualifizierung erneut in den Mittelpunkt.

Die umfassende und fundierte Qualifizierung der Verwaltungsmitglieder als Anwender des neuen Informationssystems ist von zentraler Bedeutung für die erfolgreiche Implementation und damit die Qualität des Reformprozesses insgesamt. Derzeit verfügen weder die öffentlichen Verwaltungen in Deutschland – als

---

104 Vgl. a.a.O., S.39.
105 Vgl. Bertelsmann (2002), S.12.
106 Vgl. Baacke/Schröter (2003b), S.8.
107 Vgl. das Memorandum „Online-Arbeiten im Virtuellen Rathaus" (2001) und Baacke/Schröter (2003b), S.8.
108 Vgl. Baacke/Schröter (2003b), S.7 und das Memorandum „Electronic Government als Schlüssel zur Modernisierung von Staat und Verwaltung" (2000) (www.gi-ev.de/fileadmin/redaktion/Download/presse_memorandum.pdf, 07.09.2007).
109 Vgl. dazu etwa den Sammelband von Baacke/Schröter (2003a).

betroffene Organisationen –, noch die Verwaltungsmitarbeiter flächendeckend über das notwendige Wissen.

Die KGSt mahnte dazu schon 2003:

> „Die Kenntnisse und Fähigkeiten der Mitarbeiterinnen und Mitarbeiter in den einschlägigen Bereichen der Kommunalverwaltungen haben sich perfekt am kameralen Rechnungswesen ausgerichtet, das erforderliche Know-how war stets hoch. In diese noch vor wenigen Jahren vermeintlich heile Welt bricht zunehmend ein neues Rechnungssystem ein, das auf der Doppik beruht und [...] unter dem Stichwort ‚Ressourcenverbrauchskonzept' diskutiert wird. Der Unterschied zur Kameralistik ist so grundsätzlich, dass Einigkeit über den erheblichen Fortbildungsbedarf besteht, der mit dieser Reform einhergeht. Er wird größer sein als der Fortbildungsbedarf bei der letzten großen Reform des kameralen Haushalts- und Rechnungswesens in 1974/1975"[110].

Nach Einschätzung der KGSt handelt es sich um die größte Reform des Haushalts- und Rechnungswesens „[...] seit etwa 200 Jahren"[111]. Innerhalb weniger Jahre müssten zahlreiche Beschäftigte für das neue Haushaltsrecht qualifiziert werden, und die Reform werde große wie kleine Kommunen gleichermaßen treffen.[112] Auch jene Kommunen, die keine Reformen unter dem Stichwort Neues Steuerungsmodell oder andere neue Managementmethoden und -instrumente eingeführt hätten, würden nunmehr mit dem neuen Haushalts- und Rechnungswesen konfrontiert.[113]

Somit geht es faktisch darum, dass in den einzelnen Verwaltungen für die rund 14.000 Gebietskörperschaften in Deutschland alle der insgesamt ca. 3,8 Millionen Beschäftigten[114] neues Wissen und berufspraktische Handlungskompetenzen zur Bewältigung spezifischer Anwendungssituationen mit dem neuen Haushalts-

---

110 KGSt (2003), S.9.
111 KGSt (2003), S.3.
112 Vgl. KGSt (2003), S.11.
113 Vgl. KGSt (2003), S.12.
114 Vgl. Statistisches Bundesamt (2007).
  Diese Zahl bezieht sich auf die Beschäftigten des so genannten unmittelbaren öffentlichen Dienstes der Gebietskörperschaften. Dabei handelt es sich um die Mitarbeiter der Ämter, Behörden, Gerichte und rechtlich unselbständigen Einrichtungen (z.B. Eigen- und Landesbetriebe) des Bundes, der Länder und der Gemeinden bzw. Gemeindeverbände. Mitarbeiter der Zweckverbände und des Bundeseisenbahnvermögen gelten zwar ebenfalls als Beschäftigte des unmittelbaren öffentlichen Dienstes, sie wurden hier jedoch nicht mit einbezogen. Ebenfalls nicht in dieser Zahl enthalten sind die Beschäftigten im so genannten mittelbaren öffentlichen Dienst (Bundesagentur für Arbeit, Deutsche Bundesbank, Sozialversicherungsträger unter Aufsicht des Bundes bzw. der Länder und rechtlich selbständige Einrichtungen in öffentlich-rechtlicher Rechtsform).

und Rechnungswesen (z.B. Bewertungsfragen, Fragen der Bilanzpolitik, Leistungs- bzw. Produktdefinition etc.) erwerben müssen.

Die Qualifizierung zum neuen öffentlichen Haushalts- und Rechnungswesen werde eine verpflichtende Qualifizierung sein, mahnte die KGSt schon 2003. Anders als bei manchen anderen „Managementreformen" fehle im vorliegenden Fall die Möglichkeit, auf die Reform ganz zu verzichten und in tradierter Form weiterzuarbeiten. Die Kommunen könnten auch nicht an die Freiwilligkeit der Beschäftigten appellieren. Vielmehr mahnte die KGSt an, von Verwaltungsmitgliedern Verbindlichkeit einzufordern: „Es muss von Beginn an deutlich gemacht werden, dass es hier um eine neue Rechtslage geht"[115].

Die KGSt hat in ihrem Bericht auch darauf hingewiesen, dass für die erweiterte Kameralistik in einem Umfang qualifiziert werden muss, der nicht weit hinter dem für die Doppik-Qualifizierung zurückbleibt.[116] Bei der Abwägung, ob eine Kommune im Rahmen vorhandener Wahlmöglichkeiten entweder den direkten Weg in die Doppik oder den indirekten Weg über die erweiterte Kameralistik wählen soll, scheiden Qualifizierungskosten als Entscheidungsfaktor also weitgehend aus; der Qualifizierungsbedarf für die Anwendung des neuen, an der Doppik orientierten Haushalts- und Rechnungswesens ist kein Argument dafür, zunächst die erweiterte Kameralistik zu implementieren.

Weiter betonte die KGSt, dass kostengünstige Lösungen anzustreben sind. Sie empfahl Kommunen in diesem Zusammenhang, zu prüfen, inwieweit bei Entwicklung kaufmännischer Schulungskonzepte auf Erfahrungen mit betriebswirtschaftlicher Ausbildung für Privatwirtschaft zurückgegriffen werden kann. Zwar betonte die KGSt, sie wolle die Unterschiede zwischen dem kaufmännischen Rechnungswesen der Privatwirtschaft und dem neuen Haushalts- und Rechnungswesen der Kommunen „nicht negieren"; es gebe kommunale Besonderheiten, da ein „Haushalt" im kaufmännischen Rechnungswesen mit seiner völlig anderen Zielsetzung unbekannt sei. Doch die „Techniken" der Buchführung und Kostenrechnung seien im kaufmännischen wie im kommunalen System vergleichbar, so dass eine Anlehnung an deren Lehr- und Lernmaterial und der Austausch von Dozenten durchaus möglich erschienen.[117]

---

115 KGSt (2003), S.3.
116 Vgl. a.a.O., S.10f.
117 Vgl. KGSt (2003), S.14.
   Die Qualifizierung zum neuen öffentlichen Haushalts- und Rechnungswesen konfrontiert die Verwaltungen nicht zum ersten Mal mit der Notwendigkeit einer wirtschaftswissenschaftlichen Fortbildung. Wie die KGSt betont hat, bietet seit Anfang der 1990er Jahre eine zunehmende Anzahl von Aus- und Fortbildungseinrichtungen für den öffentlichen Dienst reformierte Ausbildungsgänge und berufsbegleitende Fortbildungen an – häufig

Diese Einschätzung kann allerdings als reichlich optimistisch bezeichnet werden. Faktisch geht es beim neuen öffentlichen Haushalts- und Rechnungswesens eben nur sehr begrenzt um die Übertragung von Konzepten aus dem privatwirtschaftlichen auf den öffentlichen Bereich. Praktiker sind sich darin einig, dass die erforderliche thematische Ausrichtung von Weiterbildungsangeboten für öffentliche Verwaltungen gerade ein Spezifikum darstellt; erfahrungsgemäß handelt es sich bei erforderlichen Pflichtschulungen zur zügigen Umsetzung neuer gesetzlicher Regelungen um Weiterbildungsangebote mit mitunter äußerst speziellen Themen, die nur von der Öffentlichen Verwaltung nachgefragt werden.[118] So stellt es eine große Herausforderung für die Verwaltungen dar, mit bestehenden Bildungsmethoden die erforderlichen Spezialthemen in kurzer Zeit an große Mitarbeitergruppen zu vermitteln.[119]

Außerdem ist zwischen der inhaltlichen Qualifizierung für das neue öffentliche Haushalts- und Rechnungswesen und der Anwendung neuer Software zu differenzieren. Die in den Gebietskörperschaften derzeit vorhandene Finanzsoftware reicht für die Implementierung des neuen Haushalts- und Rechnungswesens in der Regel nicht aus, weshalb die Reform zumeist auch mit der Einführung einer neuen Software verbunden ist. Allerdings muss bezweifelt werden, ob die notwendige inhaltlich fundierte Vermittlung der Gesamtzusammenhänge im neuen Haushalts- und Rechnungswesen im Zuge einer Softwareschulung hinreichend erfolgt. So empfiehlt auch die KGSt, die inhaltliche Fortbildung von der Softwareschulung zu trennen.[120]

---

unter den Bezeichnungen Verwaltungsmanagement oder Verwaltungsbetriebswirtschaft. Diese dienten nicht etwa der Vorbereitung der Doppik, sondern der Umsetzung des Neuen Steuerungsmodells, mit dem insgesamt „mehr Betriebswirtschaft" in die Kommunen kam – zunächst bei Fortbestand der Kameralistik. Auch im kameralen System hatte die öffentliche BWL, auch Verwaltungsbetriebswirtschaftslehre genannt, ihren Platz. Das neue öffentliche Haushalts- und Rechnungswesen auf Basis der Doppik dagegen wird sogar eine Neuausrichtung der Studiengänge bewirken. Ein Beispiel ist nach Angaben der KGSt die Fachhochschule für öffentliche Verwaltung in Nordrhein-Westfalen, die ab dem Einstellungsjahr 2002 die sog. Verwaltungsbetriebswirtschaftliche Ausbildung komplett auf das NKF umgestellt und seither komplett auf die Kameralistik im Lehrplan verzichtet hat. In 2003 erfolgte diese Umstellung demnach auch in der allgemeinen Verwaltungsausbildung; Vgl. hierzu a.a.O., S.12-13.

118 Vgl. Potenziale im E-Government (2004), S.34.
119 Vgl. ebd.
120 Vgl. KGSt (2003), S.4

2.2.2 Nutzungspraxis von E-Learning in öffentlichen Verwaltungen

Die so genannten „neuen" Informations- und Kommunikationstechnologien prägen zunehmend den Alltag moderner öffentlicher Verwaltungen.[121] Im Zusammenhang mit der wachsenden Verbreitung von *E-Government* wurde in Verwaltungen eine Reorganisation der Arbeitsprozesse sowie der Wissens- und Informationsaneignung der Mitarbeiter erforderlich.[122] Damit ist auf diesem Gebiet ein Qualifizierungsbedarf verbunden, der zeitlich und räumlich flexibler Lösungen bedarf – analog zum neuen öffentlichen Haushalts- und Rechnungswesen.[123]

Zur Reichweite und Nutzungspraxis von E-Learning in öffentlichen Verwaltungen lagen gleichwohl lange kaum repräsentative empirische Daten vor, eine flächendeckende Erhebung gibt es bis heute nicht. Bei der Erforschung von Zielgruppen für den E-Learning-Markt wurde die Gruppe der Arbeitnehmer im Öffentlichen Dienst wenig berücksichtigt. So ist bisher wenig über die generelle Nutzung von E-Learning in Verwaltungen von Bund, Ländern und Gemeinden bekannt.[124]

Erste Einschätzungen der Verbreitung von E-Learning in Verwaltungen erlaubte im Jahr 2002 eine Studie der Bertelsmann-Stiftung zur Breitenwirkung und Qualität von E-Government-Intiativen. Die im Rahmen der Studie durchgeführte Befragung von insgesamt 104 Entscheidungsträgern kommunaler Verwaltungen ergab, dass lediglich ca. 12% der Kommunen E-Learning als Weiterbildungsformen einsetzten. Interne und externe Schulungen wurden dagegen von jeweils rund zwei Dritteln der Kommunen eingesetzt.[125] Entsprechend urteilten die Autoren der Studie, das Potenzial von E-Learning als Form der Weiterbildung sei unerkannt.[126] Eine ebenfalls im Jahr 2002 durchgeführte Online-Befragung von über 100 Entscheidungsträgern aus deutschen Städten und Gemeinden soll einen

---

121 Vgl. E-Learning-Potenziale im E-Government (2006), S.14.
122 Vgl. ebd. sowie z.B. Schwiering (2005), S.158-159.
123 Vgl. E-Learning-Potenziale im E-Government (2006), S.14.
124 Vgl. ebd.
125 Vgl. Bertelsmann (2002), S.14. Abweichend davon wird an anderen Stellen mit Bezug auf die Bertelsmann-Studie die Zahl von ca. 10% genannt (vgl. E-Learning-Potenziale im E-Government (2006), S.14 und BMWA (2004), S.35). Die Studie liefert diese Zahl jedoch nicht, vielmehr ist der betreffende Wert aus einem Diagramm abzulesen. Tatsächlich visualisiert der Balken eher einen Wert von ca. 12%.
      Die Studie basiert auf den Ergebnissen einer „[...] Befragung von insgesamt 104 kommunalen Entscheidern und Entscheiderinnen aus Modellkommunen, häufig genannten „Best-Practice"-Gemeinden und nichtgeförderten Kommunen" (ebd., S.3).
126 Vgl. Bertelsmann (2002), S.14.

ähnlichen Wert ergeben haben[127]; hier wird von einem zehnprozentigen E-Learning-Nutzeranteil in den befragten Verwaltungen berichtet.[128]

Den Eindruck, dass E-Learning bei der Qualifizierung in öffentlichen Verwaltungen nur eine untergeordnete Rolle spielt, bestätigte eine im Jahr 2004 durchgeführte Befragung von 162 Bürgermeistern, Referatsleitern, Landräten und E-Government-Verantwortlichen für das Jahrbuch "Monitoring eGovernment & Verwaltungsmodernisierung".[129] Die Studie ergab, dass 14% der Befragten verwaltungsinterne Systeme (Intranets) zum Lernen einsetzten. Acht Prozent der Befragten gaben an, E-Learning befinde sich derzeit in der Entwicklung. Elf Prozent der Verwaltungen planten kurzfristig, und 21% langfristig die Einführung von E-Learning.[130] Ebenfalls im Jahr 2004 kam die Studie „eLearning-Anwendungspotenziale bei Beschäftigten" auf eine Verbreitung in Höhe von rund sechs Prozent. Hier waren allerdings die Mitarbeiter und nicht die Verwaltungen die Bezugsgröße; die E-Learning-Nutzer in Verwaltungen waren im Vergleich zu anderen Branchen durchschnittlich repräsentiert.[131]

Bis 2006 hat sich die Verbreitung von E-Learning jüngeren Zahlen zufolge zwar signifikant erhöht, insgesamt war sie jedoch weiter gering. Nach dem Jahrbuch "Monitoring eGovernment & Verwaltungsmodernisierung" von 2006 liegt die Verbreitung verwaltungsinterner E-Learning-Systeme bei rund 23%, weitere 7% planen demnach den Einsatz.[132]

Obwohl einige empirische Erhebungen vorliegen, ergibt sich ein insgesamt nur vages statistisches Bild von der quantitativen Verbreitung von E-Learning in deutschen Verwaltungen. Die vorhandenen Daten sind nicht mehr aktuell, zudem sind sie kaum repräsentativ.[133] Gleichwohl wird deutlich, dass die Nutzung von E-Learning noch vergleichsweise gering ist, obwohl durch das neue öffentliche Haushalts- und Rechnungswesen genau so wie durch die Einführung von E-Government und genereller neuer Verwaltungsstrukturen insgesamt ein fortwährend großer Weiterbildungsbedarf besteht, der flexibler, moderner Angebote bedarf.

---

127 Vgl. E-Learning-Potenziale im E-Government (2006), S.15.
128 Vgl. den Verweis auf den Artikel Meissner, J. (2003), Öffentliche Verwaltung stellt eLearning auf den Prüfstand, In: eGovernment Computing, (2/2003), S.20-23, in E-Learning-Potenziale im E-Government (2006), S.14.
129 Vgl. Wegweiser/Fraunhofer (2004).
130 Vgl. ebd.
131 Vgl. eLearning-Anwendungspotenziale (2004), S.42. Vgl. zum methodischen Vorgehen im Rahmen der Studie und zur Stichprobe ebd., S.11-16.
132 Wegweiser (2006), S.57.
133 Das Bundesministerium für Wirtschaft und Arbeit bilanzierte noch im Jahr 2004, über die Verbreitung von E-Learning in kommunalen Verwaltungen lägen bislang keine Zahlen vor; vgl. Vgl. BMWA (2004), o.S.

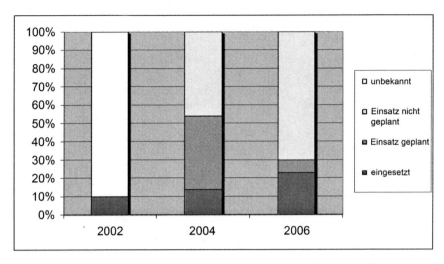

Abbildung 2: **Entwicklung der Verbreitung von E-Learning in öffentlichen Verwaltungen in Deutschland 2002 bis 2006.** **Quellen: Bertelsmann (2002), E-Learning-Potenziale im E-Government (2006), Wegweiser/Fraunhofer (2004), Wegweiser (2006)**

Bei der Bewertung der Erhebungen zu dieser Thematik wurde konstatiert, es bleibe fraglich, ob der Begriff E-Learning generell wirklich alle Beteiligten erreicht und ob er von den Betroffenen richtig eingeordnet wird. Studien seien in diesem Punkt mit einem „Begriffsproblem" belastet. Der „Arbeitsbegriff" werde von Experten aus pragmatischen Erwägungen jedoch denkbaren Alternativen vorgezogen.[134] Unabhängig von solchen Erwägungen besteht in jedem Fall das Problem, dass sich eine Diskrepanz zwischen Wunsch und Wirklichkeit bei der E-Learning-basierten Qualifizierung verfestigt, ein Phänomen, das sich bereits im Zusammenhang mit der Qualifizierung zum E-Government zeigte:

> „Ohne Qualifizierung der Mitarbeiter ist der Wandel nicht zu schaffen – eine theoretische Erkenntnis, die mit der Wirklichkeit in den Rathäusern nicht einhergehen muss. In der Tat lässt sich nicht nur eine Divergenz zwischen Wunsch (Wichtigkeit) und Realität (tatsächliche Teilnahme) im Bereich Qualifizierung beobachten, sondern auch eine Qualifizierungsschere bei den Zielgruppen. Der Wunsch nach Qualifizierung für alle potentiellen Akteure im E-Government wird zwar intensiv geäußert, doch in der Realität ergibt sich insbesondere bei Amtsleitern/innen bzw. Dezernenten/ innen und Ratsmitgliedern/innen eine zunehmende Kluft zwischen Wunsch und Wirklichkeit."[135].

---

134 Vgl. E-Learning-Potenziale im E-Government (2004), S.8.
135 Bertelsmann (2002), S.12.

2.2.3 Allgemeine Anforderungen zur Nutzung von E-Learning in Verwaltungen

Vor dem Hintergrund der bislang geringen Nutzung sind praktische Erfahrungen mit der Implementierung von E-Learning in öffentliche Verwaltungen besonders wertvoll. Naturgemäß liegen noch nicht viele solcher Berichte vor. Von besonderem Informationswert sind sie, weil davon ausgegangen werden muss, dass die Integration von E-Learning in öffentliche Verwaltungen eine besondere Herausforderung darstellt. E-Learning ist eine neue Form der Wissensarbeit, die mehr als nur den souveränen Umgang mit Computern erfordert. In didaktisch anspruchsvollen E-Learning-Angeboten werden Lernende zur intensiven inhaltlichen Auseinandersetzung und zur Kooperation mit anderen Lernenden herausgefordert. Sie erhalten dann mehr Möglichkeiten, haben aber auch mehr Eigenverantwortung dafür, ihren persönlichen Lernerfolg zu erreichen und zu kontrollieren. Eine weitere Herausforderung für Lernende liegt beim E-Learning darin, dass teilweise eben nicht mehr gemeinsam in Präsenzsituation gelernt wird, sondern zum Beispiel einführende oder vertiefende Lerninhalte selbständig zu erarbeiten sind. Erfolgskritisch wird damit die Fähigkeit der Teilnehmer zum selbstgesteuerten Lernen und zur Eigenmotivation; so stellt sich beispielsweise generell die Frage der Akzeptanz von E-Learning in öffentlichen Verwaltungen.

Vorliegende Dokumentationen praktischer Erfahrungen mit der Implementierung von E-Learning in öffentliche Verwaltungen zeigen[136], „[...] dass noch viele Fragen offen sind, wenn die Entscheidung an der Spitze der Organisation für E-Learning gefallen und der Auftrag an die Projektleitung ergangen ist"[137]. Im Wesentlichen stellen sich demnach vor allem die folgenden Fragen:

- Was ist E-Learning?
- Welche Rolle spielt die Lernkultur in der Organisation?
- Wie kann Akzeptanz bei der Zielgruppe gewonnen werden?
- Welche Szenarien des E-Learning gibt es?
- Wann kann E-Learning erfolgreich sein?[138]

Die Fragen nach dem Bedeutungsspektrum des E-Learning-Begriffs und nach den Szenarien des E-Learning stellen sich freilich am Beginn jeder Integration von E-Learning in eine Organisation oder Bildungsmaßnahme; sie brauchen nicht gesondert beantwortet zu werden, wenn es um Verwaltungen geht. Verwal-

---

136 Vgl. Hauff (2005); darin hat die Autorin die Diskussionsergebnisse eines Workshops zum Thema „E-Learning in der öffentlichen Verwaltung" zusammengestellt, der im Herbst 2004 im Rahmen des 1. Fernausbildungskongresses der Bundeswehr durchgeführt wurde.
137 A.a.O., S.320.
138 Vgl. ebd.

tungsspezifisch zu klären sind dagegen die Fragen nach der Lernkultur, nach der Akzeptanz und nach allgemeinen Erfolgsfaktoren für E-Learning.

Eine verwaltungsspezifische Beantwortung solcher Fragen kann in dem oben angesprochenen KGSt-Bericht vermutet werden, enthält er doch einen ganzen Abschnitt zum Thema E-Learning im Rahmen der Qualifizierung zum neuen öffentlichen Haushalts- und Rechnungswesen. Die dortigen Hinweise zur Nutzung von E-Learning bei der Qualifizierung von Verwaltungsmitarbeitern zum neuen Haushalts- und Rechnungswesen fallen jedoch recht unspezifisch aus. Einer einleitenden Erläuterung typischer E-Learning-Begriffe folgt zunächst der Hinweis, dass sich „aus den vielfältigen Erfahrungen der letzten Jahre in der Praxis [...] die Erkenntnis durchgesetzt [hat], dass reines E-Learning nicht sinnvoll ist"[139]. Es müsse vielmehr als Kombination von klassischem Präsenzlernen und elektronischem Lernen angeboten werden, um eine bessere Wirkung zu entfalten.[140] Tatsächlich gilt das sogenannte Blended-Learning in Theorie und Praxis des E-Learning mittlerweile in den meisten Lehr-/Lernkontexten als alternativlos, was sich auch in Abschnitt 3 dieser Arbeit zeigt.

Der Kostenaspekt, auf den der KGSt-Bericht in unterschiedlichen Zusammenhängen eingeht, kommt auch beim Thema E-Learning zur Sprache. Die Eigenentwicklung von E-Learning-Angeboten für einzelne Kommunen oder kleine Studieninstitute sei aufwändig und lohne sich in der Regel nicht; der Nutzen von E-Learning/Blended-Learning müsse deshalb „sorgsam geprüft werden"[141]. Das oben in dieser Arbeit angeführte Argument, für E-Learning spreche im vorliegenden Fall, dass eine große Personenzahl zu qualifizieren sei, wird auch in dem KGSt-Bericht angebracht: Der Nutzen von E-Learning werde „[...] ggf. dann gegeben sein, wenn große Zielgruppen geschult werden müssen bzw. Standardsoftware verwendet werden kann. Beides ist bei der Einführungsschulung für das neue Haushalts- und Rechnungswesen der Fall"[142]. Hier könnte E-Learning/ Blended-Learning eine sinnvolle Alternative zu bisherigen Lernformen sein, so die KGSt.[143]

Ergänzend zu den Ausführungen der KGSt lassen sich freilich noch spezifischere Anforderungen bestimmen. Zum Beispiel ist für die Entwicklung eines bedarfsgerechten Qualifizierungsangebots immer auch die Lernsituation der Teilnehmer zu berücksichtigen; damit sind vor allem die äußeren Situationsmerkmale und Einflussfaktoren während des Lernens gemeint.[144] Maßgeblich geprägt wird die

---

139 KGSt (2003), S.41.
140 Vgl. ebd.
141 Vgl. ebd.
142 ebd.
143 Vgl. ebd.
144 Mentale Aspekte, etwa die Motivation oder das Vorwissen, sind damit also nicht gemeint.

Lernsituation von der unmittelbaren Lernumgebung, also den Lernbedingungen am Ort des Lernens. Im Falle der Konzeption einer E-Learning-basierten Qualifizierungsmaßnahme für Verwaltungsmitarbeiter muss daher berücksichtigt werden, ob die in räumlicher und zeitlicher Hinsicht besonders flexiblen Nutzungsmöglichkeiten von E-Learning-Angeboten dahin gehend ausgeschöpft werden sollen, dass Teilnehmer eigenverantwortlich während der Arbeitszeit lernen dürfen oder vielleicht sogar sollen.

Ist in diesem Sinne „*Learning-on-the-job*" vorgesehen, muss beachtet werden, dass Mitarbeiter am Arbeitsplatz gemeinhin selten über Freiräume für das Lernen verfügen. Typische Arbeitssituationen sind vielmehr von Publikumsverkehr und Unterbrechungen durch Kollegen gekennzeichnet.[145] In der Praxis hat sich deshalb bewährt, für das E-Learning am Arbeitsplatz spezifische Szenarien zu entwickeln. Für Mitarbeiter in Bereichen mit starkem Publikumsverkehr bietet es sich an, kurze, für sich stehende Lernmodule zu entwickeln.[146] Ein in diesem Sinne modularer Aufbau gilt auch deshalb als Erfolgsfaktor, weil Dozenten bzw. die Mitarbeiter so den für sie relevanten Lernstoff aussuchen können. Ziel jeder Qualifizierung muss sein, nur das zu lernen (bzw. zu lehren), was für die beruflichen Aufgaben von Bedeutung ist.[147]

Maßgeblich beeinflusst werden die Lernbedingungen für E-Learning auch von den Merkmalen der IuK-Arbeitsplatzausstattung. Organisationsweit heterogene oder generell durch restriktive Sicherheitseinstellungen nur eingeschränkt nutzbare Computerausstattungen können ein Ausschlusskriterium für E-Learning darstellen. Sind beispielsweise die allgemein weit verbreiteten Web-Technologien wie Java[148], JavaScript[149] oder Flash[150] in einer Organisation nicht nutzbar, so lassen sich gerade reichhaltig-interaktive Lernobjekte, die den medialen Mehrwert digitaler Angebote ausmachen können, generell oder im Einzelfall nicht reibungslos nutzen.[151] So stellt eine ungenügende Computerausstattung nicht selten die größte Hürde für das Lernen am Arbeitsplatz dar.[152] Es erscheint gerade mit Blick auf große Verwaltungen von hoher Bedeutung, schon am Beginn jeder

---

145 E-Learning für Mittelstand und öffentliche Verwaltungen (2004), S.32.
146 Vgl. E-Learning für Mittelstand und öffentliche Verwaltungen (2004), S.32.
147 Vgl. BMWA (2004), S.36.
148 Siehe dazu etwa die Erläuterungen unter http://de.selfhtml.org/intro/technologien/java.htm (12.11.2007) oder http://de.wikipedia.org/wiki/Java_Plug-in (12.11.2007).
149 Siehe dazu etwa die Erläuterungen unter http://de.selfhtml.org/intro/technologien/ javascript.htm (12.11.2007) oder http://de.wikipedia.org/wiki/Javascript (12.11.2007).
150 Siehe dazu etwa die Erläuterungen unter http://de.selfhtml.org/intro/technologien/ flash.htm (12.11.2007) oder http://de.wikipedia.org/wiki/Adobe_Flash (12.11.2007).
151 Dies gilt auch für das in dieser Arbeit analysierte EL-ÖHR WBT, für dessen Nutzung JavaScript und die Flash-Technologie erforderlich sind; vgl. Abschnitt 4.
152 Vgl. E-Learning für Mittelstand und öffentliche Verwaltungen (2004), S.32 und Potenziale im E-Government (2004), S.19.

Qualifizierungsplanung sicherzustellen, dass IuK-Verantwortliche organisationsweit die erforderliche Ausstattung bereitstellen.

Dabei erfüllen Verwaltungsangestellte eine wichtige Voraussetzung für die Nutzung von E-Learning Sie besitzen eine relativ hohe Kompetenz im Umgang mit Computern. Durch die Einführung von PCs oder durch den Wechsel von Software- und Betriebssystemen hat sich eine erhebliche Anzahl an Mitarbeitern in den Kommunen in den letzten Jahren eine gewisse Anwendungskompetenz aneignen müssen.[153] Auch hat sich im Vergleich zu anderen Berufsgruppen gezeigt, dass Mitarbeiter in Verwaltungen (zusammen mit Berufstätigen im Dienstleistungsbereich) die häufigste berufliche Internetnutzung ausweisen.[154] Allerdings ist „[...] die Ausprägung einer hieran anschließenden Transferkompetenz zur Handhabung anderer, ähnlich gelagerter elektronischer Arbeitsprozesse [...] noch ausbaufähig"[155]. Zudem sei zu beobachten, heißt es weiter, dass es Mitarbeiter-Gruppen gebe, die für Änderungsprozesse weniger offen sind.[156]

Allgemeine Anforderungen für E-Learning in Verwaltungen sind demnach,

- E-Learning als Blended-Learning zu konzipieren,
- kurze, für sich stehende und dezidiert am arbeitspraktischen Bedarf orientierte Lernmodule zu entwickeln,
- flexibles Lernen zu ermöglichen, etwa durch die Einbindung elektronischer Lesezeichen,
- die technischen Mindestanforderungen zur Nutzung niedrig zu halten.

Diese Zusammenstellung ist noch unvollständig. Es hat sich gezeigt, dass die Lehr- und Lernkultur, die Zielsetzungen und die – bereits angesprochene – Organisation von Arbeit und Lernen in die Betrachtung mit einbezogen werden müssen.[157]

2.2.4 Akzeptanz von E-Learning als Funktion einer organisationalen Lernkultur in Verwaltungen

Die Berücksichtigung der Lernkultur einer Organisation, verstanden als „[...] die gemeinsamen Vorstellungen von Lehrenden und Lernenden [...] über Weitergabe und Aufnahme von Wissen [...]"[158], gilt als wichtiger Erfolgsfaktor bei der

---

153 Vgl. Potenziale im E-Government (2004), S.8.
154 Vgl. eLearning-Anwendungspotenziale (2004), S.14.
155 Potenziale im E-Government (2004), S.8.
156 Vgl. ebd.
157 Vgl. Hauff (2005), S.330.
158 Hauff (2005), S.321.

Implementierung von E-Learning. Fehlt es in einer Organisation an der erforderlichen Akzeptanz für E-Learning und kommt es zu Unzufriedenheit bei den Lernenden, so wird dies in der Praxis auf die mangelnde Berücksichtigung der organisationalen Lernkultur und der Zielgruppe bei der konzeptionellen Planung zurückgeführt.[159] Lernkultur begünstigt oder behindert die erfolgreiche Implementierung von E-Learning.[160]

Mit Blick auf die Lernkultur in Verwaltungen wird in der Literatur konstatiert, dass bei Weiterbildungsangeboten traditionell, und „[...] gerade auch im öffentlichen Sektor [...]"[161], fremdgesteuerte Lernprozesse gegenüber selbstgesteuertem Lernen tendenziell noch im Vordergrund stehen.[162] Charakteristisch für E-Learning ist dagegen die „Lernerzentrierung":

> „Nicht den zu vermittelnden Stoff und den ihn präsentierenden Lehrenden in den Mittelpunkt der Bemühungen zu stellen, sondern Lernziele für Zielgruppen zu identifizieren und individualisierte und optimierte Bedingungen für die Zielerreichung zu schaffen, sind die Herausforderungen zukünftiger Weiterbildung"[163].

Dabei ist anzumerken, dass das Verständnis der Lernerzentrierung im E-Learning keineswegs etwa allein von der allgemein verbreiteten Auffassung ausgeht, der zufolge der Einzelne sich in Zeiten immer kürzerer Innovationszyklen einer wachsenden Eigenverantwortung für lebenslanges, selbstgesteuertes Lernen[164] stellen muss. Zwar wird dies in der Diskussion zum E-Learning auffallend häufig angesprochen. Das bedeutet jedoch nicht, dass es sich hier allein um normative Wirkungen einschlägiger Bildungsdiskussionen handelt; die Lernerzentrierung ergibt sich im E-Learning faktisch vor allem durch das räumlich gleichsam isolierte, zeitlich asynchrone Lernen in digitalen Lernumgebungen. Selbst wenn ein E-Learning-Angebot als Teil eines Blended-Learning-Konzepts mit Präsenzveranstaltungen verschränkt wird, Tutoren die Selbstlernphasen begleiten und digitale Instrumente für Kommunikation und Kollaboration genutzt werden: Lernen-

---

159 Vgl. ebd. sowie vertiefend Bürg/Kronburger/Mandl (2004), Harhoff/Küpper (2002), Kraemer/Sprenger (2003) und Venkatesh/Davis (2000).
160 Vgl. ebd. und Wirth (2005), S.379.
161 Hauff (2005), 322.
162 Vgl. ebd.
163 Ebd.
164 Vgl. dazu etwa die Mitteilung der Europäischen Kommission „Einen europäischen Raum des lebenslangen Lernens schaffen" vom November 2001 und die Begleitdokumente unter http://ec.europa.eu/education/policies/lll/life/index_de.html (07.09.2007). Grundlegend auch das entsprechende Weißbuch der EU-Kommission zur allgemeinen und beruflichen Bildung („Lehren und Lernen. Auf dem Weg zur kognitiven Gesellschaft", Luxemburg 1995) sowie OECD, Lifelong learning for all, Paris 1996, und Unesco-Kommission zur Bildung für das 21. Jahrhundert, Learning. The Treasure from within ("Delors-Bericht"), Paris 1996.

de sehen sich beim E-Learning eben doch häufig allein einer digitalen Lernumgebung gegenüber. So erfordert E-Learning neben grundlegenden Kenntnissen im Umgang mit Computern immer auch ein hohes Maß an Selbstorganisation, Selbststeuerung und Selbstverantwortung im Lernprozess. Dies bedeutet für die Beschäftigten ein Umlernen und eine Neuorientierung bei der Verantwortung für die Bildungsbiografie.[165]

Entsprechend bieten Verwaltungen mit ihrer Lernkultur, die von Lehrer- bzw. Dozentenzentrierung in der Aus- und Weiterbildung geprägt ist, ungünstige Voraussetzungen für die Implementierung von E-Learning.[166] Beim E-Learning sind die Prozesse des Lehrens und Lernens eben nicht mehr getrennt zu betrachten – der Begriff der Lehr-Lernkultur bringt diesen „Kulturwandel" zum Ausdruck.[167] Für die an den Lehr-Lernprozessen Beteiligten verbindet sich damit ein Rollenwandel. Die Verantwortung für den Lernprozess verlagert sich dem Anspruch nach zunehmend von den Dozierenden auf die Lernenden selbst. Sie werden weniger angeleitet und übernehmen mehr Eigenverantwortung für den Lernprozess. In diesem Sinne werden die Inhalte weniger präsentiert, vielmehr nehmen sich Dozierende zurück und übernehmen die Rolle eines Lernbegleiters. Lernende müssen so ihre klassischerweise rezeptive Rolle aufgeben.[168] Doch Lehrende sehen sich mit dieser Verantwortung und Erwartung vielfach unvorbereitet konfrontiert. So reagieren sie mit Unsicherheit und Ablehnung auf E-Learning.[169] Umgekehrt zeigt sich in der Praxis auch, dass Mitarbeiter mit ausgeprägten Lerngewohnheiten dem E-Learning näherstehen.[170]

Nicht nur wegen ihrer erfolgskritischen Auswirkungen auf E-Learning-basierte Qualifizierung erlangt die Lernkultur öffentlicher Verwaltungen im vorliegenden Zusammenhang grundsätzliche Bedeutung; die Frage der Lernkultur wird zur grundsätzlichen Erwägung, betrachtet man vor dem Hintergrund knapper öffentlicher Ressourcen das Ausmaß des Fortbildungsbedarfs. Die KGSt empfiehlt Kommunen ausdrücklich, ergänzend zu den Fortbildungsmaßnahmen für das neue Haushalts- und Rechnungswesen von ihren Beschäftigten eigenständiges Lernen zu erwarten, um die Kosten für die Doppik-Fortbildung zu begrenzen.[171] Fortbildung könne nicht nur in Seminaren und Kursen sowie durch Erfahrung und Austausch unter Beschäftigten am Arbeitsplatz erfolgen, sondern auch durch eigenständiges Lernen – etwa im Rahmen des Besuchs von Qualifizierungsange-

---

165 Vgl. Hauff (2005), S.323.
166 Vgl. a.a.O., S.322.
167 Vgl. a.a.O., S.321 und Wirth (2005), S.379.
168 Vgl. Hauff (2005), S.322.
169 Vgl. a.a.O., S.323.
170 eLearning-Anwendungspotenziale (2004), S.7.
171 Vgl. KGSt (2003), S.16.

boten in der Freizeit oder durch das Lesen von Fachliteratur.[172] Dabei begrüßt die KGSt das so genannte „informelle Lernen" am Arbeitsplatz, den Wissenserwerb außerhalb formaler Bildungskontexte. Informelles Lernen sei „in der Regel wirkungsvoll und preiswert"[173].

Die KGSt kritisiert, eigenständiges Lernen in der öffentlichen Verwaltung sei noch nicht ausgeprägt und gehöre bisher nicht zur Verwaltungskultur.[174] Ein gewissermaßen unvollständiges Verständnis vom „Lebenslangen Lernen" wird von gewerkschaftlicher Seite vertreten, wenn insistiert wird, Qualifizierungszeit dürfe nicht in den privaten Bereich verlagert werden.[175] Doch die Verwaltungskultur hat sich nach Einschätzung der KGSt mittlerweile ein wenig der Privatwirtschaft angenähert; zumindest von denen, die beruflich „weiterkommen" wollen, werde ein höheres Maß an Eigeninitiative und Selbstlernen erwartet.[176] Viele Beschäftigte hätten etwa beim Aneignen von IT-Fähigkeiten „[...] ihre Bereitschaft zum selbständigen Lernen nachdrücklich unter Beweis gestellt"[177].

Ob auf Grund dieser Erfahrungen mit einer gestiegenen Lernbereitschaft bei der Doppik-Qualifizierung gerechnet werden kann, erscheint freilich zweifelhaft. Da Grundkenntnisse der Informationstechnologie den Grad der Teilhabe am öffentlichen Leben mittlerweile erheblich beeinflussen, kann ein gewisses Maß intrinsischer Motivation, sich IT-Fähigkeiten anzueignen, unterstellt werden. Eine solche innere, auch durch private Beweggründe erzeugte Motivation liegt bei der Qualifizierung zum neuen öffentlichen Haushalts- und Rechnungswesen freilich nicht vor. Die Notwendigkeit, die Anwendung der Doppik zu erlernen, um berufliche Anforderungen in Zukunft erfüllen zu können, dürfte einen Motivationsimpuls darstellen, der von Verwaltungsmitarbeitern als externer Impuls wahrgenommen wird. Anreize zur Steigerung der Lernbereitschaft, etwa Höhergruppierungen, darf es wegen der Finanzlage der öffentlichen Haushalte dennoch nicht geben.[178]

Dabei ist die Weiterbildungsorientierung der Mitarbeiter in der Öffentlichen Verwaltung offenbar durchaus ausgeprägt. Knapp 90 % von ihnen erachteten

---

172 Vgl. ebd.
173 A.a.O., S.15; allerdings werde, so die KGSt weiter, Lernen der Beschäftigten voneinander am Arbeitsplatz im Falle des neuen öffentlichen Haushalts- und Rechnungswesens nur schwer möglich sein, da praktisch allen Beschäftigten die Kenntnisse und Erfahrungen fehlten. In Anbetracht des mittlerweile (zumindest auf kommunaler Ebene) weiter fortgeschrittenen Reformprozesses dürfte diese Aussage heute nicht mehr zutreffen.
174 Vgl. a.a.O., S.16.
175 Vgl. etwa „Online-Arbeiten im virtuellen Rathaus" (2001), S.18.
176 Vgl. KGSt (2003), S.16.
177 Vgl. Anmerkung Nr. 12 a.a.O., S.15.
178 Vgl. dazu auch KGSt (2003), S.3.

dieses Thema in einer Befragung von 2004 als sehr wichtig oder wichtig.[179] Die Anlässe der Weiterbildung sind vielfältig, sie dient jedoch meist der eigenen beruflichen Entwicklung, und die Initiative geht überwiegend von den Nutzern selbst aus.[180]

Empirische Erhebungen deuten zudem darauf hin, dass Verwaltungsmitarbeiter (zusammen mit den Arbeitnehmern im Handel) im Branchenvergleich das höchste „E-Learning-Potenzial" aufweisen.[181] Ihre Bereitschaft, zukünftig computergestützte Weiterbildungsformen zu nutzen, ist überdurchschnittlich hoch: 44 % der Beschäftigten äußerten sich 2004 positiv zu dieser Frage.[182] Was die konkrete Ausgestaltung des E-Learning anbelangt, so möchten Verwaltungsmitarbeiter gemeinsam mit anderen Teilnehmern an verschiedenen Orten lernen und sich mit ihnen online austauschen. Dieses Ergebnis bedeutet nicht, dass Verwaltungsmitglieder besonders stark betreut werden müssten; viele Befragte äußerten den Wunsch nach selbstständigem, eigenverantwortlichem Lernen.[183]

Diese Ergebnisse sind für die Anwendung von E-Learning-basierter Weiterbildung in Verwaltungen überaus positiv zu bewerten. Die Einstellung vieler Verwaltungsmitarbeiter zeigt deutlich die grundsätzliche Bereitschaft, eigenverantwortlich online zu lernen. Doch für die Entwicklung der angemessenen Lernkultur in Verwaltungen sind nicht nur die einzelnen Mitarbeiter verantwortlich. Die individuelle Bereitschaft, auch online zu lernen und die Kompetenz zur Selbststeuerung des Lernprozesses sind notwendige, aber noch nicht hinreichende Bedingungen für Akzeptanz E-Learning-basierter Qualifizierung. Eine angemessene Lernkultur der Organisation Verwaltung erfordert auch, dass Fortbildung systematisch gefördert wird und Vorgesetzte es unterstützen, wenn Mitarbeiter lernen.

Ein konkretes Beispiel für die Bedeutung einer lernförderlichen organisationalen Lernkultur liegt vor, wenn es ganz konkret um die Schaffung so genannter „Lerninseln" geht, mit denen gute äußere Lernbedingungen in Arbeitsplatznähe ermöglicht werden sollen:

„Sie [die „Lerninseln"; d.Verf.] ermöglichen ein konzentriertes Lernen in Bildungseinrichtungen oder den Unternehmen selbst, häufig in speziellen Räumen, gelegentlich aber auch im Foyer des Bürogebäudes, abgetrennt durch Stellwände. Wenn häufige Unterbrechungen, Termindruck und ein störendes Umfeld wie z.B.

---

179 Vgl. eLearning-Anwendungspotenziale (2004), S.41.
180 Vgl. Potenziale im E-Government (2004), S.8 und eLearning-Anwendungspotenziale (2004), S.5. Allerdings liegen die tatsächlichen Teilnahmequoten deutlich unter dem Anteil der Mitarbeiter, die Weiterbildung als wichtig erachten. Das Interesse ist somit größer als die tatsächliche Nutzung.
181 Vgl. Potenziale im E-Government (2004), S.34.
182 Vgl. eLearning-Anwendungspotenziale (2004), S.42.
183 Vgl. a.a.O., S.44.

Großraumbüros das Lernen am Arbeitsplatz unmöglich machen, bieten sich Lerninseln als Alternative an"[184].

Es ist anzunehmen, dass solche „Lerninseln" oder Lernräume nur erfolgreich sein können, wenn Kollegen und Vorgesetzte nicht nur akzeptieren, dass während der Arbeitszeit gelernt wird, sondern wenn dies tatsächlich aktiv unterstützt und befürwortet wird; erst wenn die Lernkultur einer Organisation Lernen als wichtiges Element der beruflichen Aufgaben auffasst, dürften solche Lernräume genutzt werden. Das Beispiel illustriert nicht nur die allgemeine Bedeutung der Lernkultur einer Organisation bei der Gestaltung von Bildungskontexten. Es deutet zugleich auf die Relevanz einer strategischen Integration von E-Learning.

2.2.5 Relevanz und Anknüpfungspunkte einer strategischen Integration von E-Learning

Der derzeitige Qualifizierungsbedarf zum neuen öffentlichen Haushalts- und Rechnungswesen fällt in eine Phase der Bildungsentwicklung, in der sich das gesamte Aus- und Weiterbildungssystem in Deutschland in Folge sozioökonomischer Veränderungen, des gesellschaftlichen Individualisierungstrends und der Globalisierung in einem grundlegenden Wandel befindet.[185] Wesentliche Charakteristika des Wandels beruflicher Bildung sind die folgenden vier Phänomene:

- **Gewandelte Funktionsbestimmung:** Das diskontinuierliche „Lernen auf Vorrat" wird abgelöst durch eine kontinuierliche Weiterbildung im Sinne des Lebenslangen Lernens.[186]
- **Verschiebung der Inhalte:** Neben fachlichen Kenntnissen und Fähigkeiten sind immer stärker Kompetenzen und Anforderungsprofile notwendig, die auf Problemlösung, Selbstorganisationsfähigkeit, Koordinierungs- und Kommunikationsfähigkeit abzielen.
- **Neue Vermittlungsformen:** Die Bedeutung von informellen Lernprozessen (z.B. kollegiale Gespräche) und nicht formalisiertem Lernen (z.B. Qualitätszirkel und Projektarbeit) sowie die Nutzung neuer Medien nimmt zu.
- **Neue Lehr-/Lernkultur:** Als wichtigste Eigenschaft treten das selbstorganisierte Lernen und das didaktische Prinzip der individuellen Lernmotivation in den Vordergrund.[187]

Nicht zuletzt, um diesen erforderlichen Wandel vollziehen zu können, intensiviert sich die Integration von E-Learning und allgemein die Nutzung neuer Me-

---

184   E-Learning für Mittelstand und öffentliche Verwaltungen (2004), S.32.
185   Vgl. Georgieff/Kimpeler/Revermann (2005).
186   Vgl. a.a.O., S. 3.
187   Vgl. ebd.

dien in der beruflichen Weiterbildung. „Neue" Formen der Vermittlung von Lerninhalten gewinnen zunehmend an Bedeutung.[188]

Betrachtet man nunmehr die genannten Charakteristika des Wandels beruflicher Bildung, so werden Parallelen zu den zentralen Bedarfsmerkmalen und Rahmenbedingungen der Qualifizierung von Verwaltungsmitarbeitern für das neue öffentliche Haushalts- und Rechnungswesen deutlich. Demnach bietet die Einbeziehung von E-Learning im vorliegenden Zusammenhang nicht nur die Chance, besonders flexibel nutzbare Lernangebote mit erweiterten didaktischen Gestaltungsmöglichkeiten anzubieten, sondern zugleich den generell erforderlichen Wandel beruflicher Weiterbildung aktiv in Verwaltungen mit zu gestalten und die Verwaltungsmitarbeiter dabei im Interesse der eigenen Kompetenzentwicklung einzubeziehen.

Doch eine grundsätzliche Herangehensweise an das Thema E-Learning wird im Bereich der öffentlichen Verwaltung häufig noch gescheut.[189] Praxiserfahrungen haben gezeigt, dass E-Learning dort noch überwiegend „[…] als Projekt von begrenzter Dauer und Reichweite begriffen und nicht selten auf einige wenige Produkte […] oder Onlinekurse zu einzelnen Themen begrenzt […]"[190] wird. Solche Einzelprojekte sind häufig wenig erfolgreich. Dieses Defizit stellt ein erhebliches Problem dar. E-Learning-Maßnahmen sind grundsätzlich in eine generelle Weiterbildungsstrategie zu integrieren, um nachhaltig erfolgreich zu sein.[191]

Als besonders geeignete Anknüpfungspunkte für die Implementierung können im vorliegenden Fall E-Government-Projekte gelten.[192] Wie das Haushalts- und Rechnungswesen sind auch sie Teil der Verwaltungsmodernisierung, die auf allen Ebenen der föderalen Verwaltung derzeit stattfindet. „Wo immer sich derartige übergeordnete Konzepte als Anknüpfung für E-Learning anbieten, sollten diese genutzt werden, um E-Learning konzeptionell einzubetten und nicht im Status einer Insellösung zu implementieren"[193].

---

188 Vgl. ebd.
189 Vgl. Hauff (2005), S.321.
190 ebd.
191 Vgl. ebd.
192 Vgl. ebd. E-Government wird hier verstanden als Nutzung des Internets und anderer elektronischer Medien zur Einbindung der Bürger und Unternehmen in das Verwaltungshandeln sowie zur verwaltungsinternen Zusammenarbeit.
     Vgl. dazu auch den Wortlaut der „Ersten Esslinger Erklärung" (2001) und der „Zweiten Esslinger Erklärung" (2003), in die Städte, Unternehmen, Wissenschaftler, Personalräte und Gewerkschaftsvertreter Empfehlungen zum Aufbau einer lernförderlichen Kultur beim Übergang zur IT-gestützten Verwaltung abgegeben haben.
193 Hauff (2005), S.321.

E-Government-Projekte gelten als geeignete Anknüpfungspunkte für die systematische Förderung der E-Learning-Anwendung in Verwaltungen, weil positive Wechselwirkungen gesehen werden:

„Die Verbesserung der technologischen Infrastruktur und die mit den E-Government-Aktivitäten einhergehende, gesteigerte Medienkompetenz der Angestellten, so die Hoffnung, könnten als Katalysator für E-Learning in der Öffentlichen Verwaltung fungieren. Gleichzeitig könne mit Hilfe des computerbasierten Lernens der Umgang mit den neuen Anforderungen des E-Government erleichtert werden, indem es beispielsweise den Weg frei macht für die Integration von Lernen in die Organisation und ihre Arbeitsprozesse oder die Kommunikation und Kollaboration von Beschäftigten fördert"[194].

Für die erfolgreiche Bewältigung der erforderlichen Veränderungsprozesse im öffentlichen Haushalts- und Rechnungswesen ist die generelle Reformbereitschaft der Organisation und der Akteure erforderlich – unabhängig davon, ob gesetzliche Regelungen eine Verwaltung zur Reform zwingen. Vor diesem Hintergrund könnten E-Government-Initiativen auch deshalb ein geeigneter Ansatzpunkt für die strategische Integration von E-Learning in öffentliche Verwaltungen sein, da sie von einer gewissen Reformbereitschaft einer Verwaltung zeugen. Zumindest zeigt die Auseinandersetzung einer Verwaltung mit der organisationalen Herausforderung der E-Government-Implementierung, dass Fragen der Veränderungsbereitschaft nicht ausgeblendet werden. In jedem Fall deutet eine Betrachtung der derzeitigen Praxis[195] darauf hin, dass Bemühungen um die Reformierung und Modernisierung der Verwaltung zumeist die Grundlage und den Ansatzpunkt für E-Government-Aktivitäten darstellen.[196] „Im Bewusstsein von Verantwortlichen in öffentlichen Verwaltungen hat sich eGovernment als wichtiges Handlungsfeld für Verwaltungsmodernisierung und nachhaltige Aufgabe mit hoher Priorität etabliert"[197].

2.2.6 Zielgruppen und Fortbildungsziele

Im öffentlichen Dienst in Deutschland waren im Sommer 2005 rund 3,8 Millionen Personen beschäftigt,[198] davon etwa 250.000 in der Finanzverwaltung des Allgemeinen Dienstes.[199] Da mindestens alle Beschäftigten, die heute Kenntnisse

---

194 Potenziale im E-Government (2004), S.27.
195 Vgl. Wegweiser (2007).
196 Vgl. zum Verständnis von E-Government als Verwaltungsreform auch grundlegend Schwiering (2005).
197 Wegweiser (2005), S. 64.
198 Vgl. Statistisches Bundesamt (2007).
199 Vgl. www.destatis.de/jetspeed/portal/cms/Sites/destatis/Internet/DE/Navigation/Statistike n/FinanzenSteuern/PersonalOeffentlicherDienst/Tabellen.psml (19.06.2007).

im Haushalts- und Rechnungswesen besitzen, sich künftig für die Anwendung des neuen öffentlichen Haushalts- und Rechnungswesen qualifizieren müssen, handelt es sich um eine große Zielgruppe. Der Kreis der fortzubildenden Kräfte dürfte aber flächendeckend darüber hinausgehen (Dezentralisierungsprozesse durch Verwaltungsreform, Einführung von Kosten- und Leistungsrechnung, Controlling etc.).[200]

Dies gilt insbesondere, wenn weiterhin der Allgemeine Verwaltungsdienst – im mittleren, gehobenen und höheren Dienst – beibehalten werden soll, also die prinzipielle Einsetzbarkeit von breit und gut ausgebildeten Verwaltungsgeneralisten.[201] Nach Überzeugung der KGSt ist dieses Konzept noch immer ein personalwirtschaftliches Grundelement der Kommunalverwaltungen und damit ein Leitbild kommunaler Personalpolitik. Zurückliegende Diskussionen darüber, ob man am Leitbild des Verwaltungsgeneralisten festhalten oder vermehrt zum Einsatz von Spezialisten übergehen solle, hätten demnach in der Praxis keinen Leitbildwechsel bewirkt. So empfiehlt die KGSt die Fortbildung breiter Beschäftigtengruppen, selbst wenn dies für die meisten Beschäftigten auf eine Kurz-Einführung beschränkt bleibt.[202] Grundkenntnisse im neuen öffentlichen Haushalts- und Rechnungswesen müssen damit an breite Beschäftigtengruppen des öffentlichen Dienstes vermittelt werden. Die KGSt fordert, keine Altersgruppe von der Fortbildung im neuen öffentlichen Haushalts- und Rechnungswesen freizustellen. Es handele sich um eine Gesetzesänderung, „[…] die von den Beschäftigten des öffentlichen Dienstes bis zum Tag des altersbedingten Ausscheidens nachzuvollziehen […]"[203] sei:

> „Ein ‚Hinausoptieren' der über 55-jährigen, die noch weitere zehn Jahre in den Kommunen beschäftigt sein könnten, kann nicht zugelassen werden. Die Führungskräfte und Personalentwickler in den Kommunen sollten dies gegenüber allen Beschäftigten deutlich machen. Wenn neue Anforderungen am Arbeitsplatz nicht ohne systematische Fortbildung bewältigt werden können, dann besteht die Pflicht zur Fortbildung bis zum letzten Tag der Berufstätigkeit"[204].

Da die Beschäftigtengruppen des öffentlichen Dienstes unterschiedlich intensiv und mit unterschiedlichen beruflichen Aufgaben mit dem neuen Haushalts- und Rechnungswesen in Berührung kommen, ist naheliegend, dass bei den Lerninhalten spezifische Anforderungen zu unterscheiden sind. Doch auch der Zeitpunkt der Qualifizierung hängt von der dienstlichen Stellung ab: Erst sind die am Einführungsprozess beteiligten zu qualifizieren, also beispielsweise Mitarbeiter in

---

200 Vgl. KGSt (2003), S.18.
201 Vgl. ebd.
202 Vgl. ebd.
203 a.a.O., S.17.
204 ebd.

Doppik-Projektgruppen. Mit zweiter Priorität sollten Mitarbeiter im Finanzmanagement folgen (Kämmerei, Kasse, Finanzcontrolling etc.), und dann andere Fach- und Führungskräfte.[205] Insofern ist eine Differenzierung der Fortbildung nach Intensität, Priorität und Inhalten sinnvoll und notwendig.[206]

Die KGSt differenziert die Zielgruppe der Qualifizierung zum neuen öffentlichen Haushalts- und Rechnungswesen nach folgenden sieben Personengruppen, denen sie spezifische Lehrziele sowie jeweils Qualifizierungsprioritäten und -Zeitpunkte zuweist:

- Mitglieder von Projektgruppen zur Einführung des neuen öffentlichen Haushalts- und Rechnungswesens;
- Fach- und Führungskräfte aus der Finanzsteuerung und -verwaltung;
- Fachkräfte aus dezentralen Einheiten mit Zuständigkeiten für die Bereichsfinanzen;
- Führungskräfte aus allen Bereichen der Kommunalverwaltung außerhalb der Finanzsteuerung und -verwaltung;
- alle Beschäftigten mit Sachbearbeitungsfunktionen;
- Fach- und Führungskräfte aus den kommunalen Beteiligungen und
- Rats- und Kreistagsmitglieder.[207]

Ausgehend von diesen Gruppen hat die Autorengruppe des KGSt-Berichts jeweils spezifische Hinweise zu angemessenen Fortbildungszielen, zur generellen Fortbildungspriorität, zum Fortbildungszeitpunkt im Verlauf des Einführungsprozesses und zu den notwendigen Fortbildungsinhalten gegeben. Die Einschätzungen dienen im Folgenden als Grundlage einer Differenzierung des Qualifizierungsbedarfs nach den beruflichen Anforderungen.

2.2.6.1 *Zielgruppe 1: Mitglieder von Projektgruppen zur Einführung des neuen öffentlichen Haushalts- und Rechnungswesens*

Diese Gruppe sollte nach Einschätzung der KGSt auch Vertreter/-innen des Personalrats umfassen, sofern sie unter den Projektgruppenmitgliedern sind.

Die **Fortbildungsziele** liegen darin, dass diese Beschäftigten über besonders umfangreiches Fachwissen zum neuen öffentlichen Haushalts- und Rechnungswesen verfügen und dieses praktisch anwenden können. Die Kompetenz dieser Beschäftigten muss jedoch weit über die Anwendung zuvor gelernten Wissens hinausgehen. Sie sind im Zweifelsfall Ansprechpartner für Andere und Multiplikatoren im

---

205 Vgl. KGSt (2003), S.18.
206 Vgl. ebd.
207 Vgl. a.a.O., S.19f.

Veränderungsprozess des Haushalts- und Rechnungswesens. Deshalb ist erforderlich, dass sie in die Lage versetzt werden,

- den neuen Rechnungsstil auch bei schwierigen Fragen und nichtalltäglichen Problemen anzuwenden;
- gesetzliche Wahlrechte durch örtliche Entscheidungen und Gestaltungen auszufüllen;
- konzeptionelle Arbeiten übernehmen und eigene Vorschläge zu entwickeln;
- Vorschläge anderer auf ihre Eignung für die Durchführung vor Ort zu überprüfen;
- Zusammenhänge und Unterschiede zu erkennen und Entscheidungen zwischen Alternativen zu treffen bzw. argumentativ vorzubereiten;
- bestehende Dienstanweisungen an das neue öffentliche Haushalts- und Rechnungswesen anzupassen bzw. die Grundlagenarbeit für neue Dienstanweisungen zu leisten;
- ihr Wissen weiter zu vermitteln und eine Multiplikatorfunktion einzunehmen.

Der **Fortbildungsbedarf** ist somit insgesamt qualitativ und quantitativ hoch.

Da die Qualifizierung der Mitglieder von Projektgruppen zur Einführung des neuen öffentlichen Haushalts- und Rechnungswesens absolut prioritär für den gesamten Reformprozess ist, muss der **Zeitpunkt** noch vor dem Beginn des Einführungsprozesses liegen.[208]

2.2.6.2 Zielgruppe 2: Fach- und Führungskräfte aus der Finanzsteuerung und – verwaltung

Die Gruppe der Fach- und Führungskräfte aus der Finanzsteuerung und -verwaltung umfasst Mitarbeiter der Kämmerei, des Steueramts, der Kasse, des Rechnungs- und Gemeindeprüfungsamts, der zentralen Steuerungsunterstützung, des zentralen Controllings und des Beteiligungscontrollings.[209]

Fortbildungsziele: Die Beschäftigten müssen rechtzeitig zur Einführung des neuen öffentlichen Haushalts- und Rechnungswesens

- die Funktionsweise der Doppik verstehen;
- alle Bereiche/Dokumente etc. des Haushalts- und Rechnungswesens aufstellen, lesen und auswerten können;
- Gestaltungsspielräume kennen und erkennen;

---

208 Vgl. KGSt (2003), S.20f.
209 Vgl. a.a.O., S.19.

46

- Das Thema Bewertung/Bewertungsprobleme kennen, insbesondere im Hinblick auf die Eröffnungsbilanz;
- Anderen den Unterschied zwischen altem und neuem System erklären/vermitteln können.

Dabei müssen die Beschäftigten aus der Finanzsteuerung und -verwaltung auch schwierige Fragen – über die Normalfälle des Verwaltungsalltags hinaus – bearbeiten können.

Der **Fortbildungsbedarf** ist insgesamt hoch.

Der **Zeitpunkt** der Qualifizierung sollte am Beginn des Einführungsprozesses liegen.[210]

2.2.6.3 Zielgruppe 3: Fachkräfte aus dezentralen Einheiten mit Zuständigkeiten für die Bereichsfinanzen

Dieser Gruppe werden Haushaltssachbearbeiter/-innen und Kostenrechner/-innen sowie dezentrale Controller/-innen und Organisator/-innen zugerechnet.[211]

Fortbildungsziele: Diese Beschäftigten müssen zügig mit der Einführung des neuen öffentlichen Haushalts- und Rechnungswesens in die Lage versetzt werden,

- die fachlichen Anforderungen, insbesondere bei der Bewirtschaftung des eigenen Budgets und bei Controllingaufgaben erfüllen;
- zentrale Vorgaben in der eigenen Organisationseinheit anzuwenden (veränderte Formulare etc.);
- Vorschläge zum Ausfüllen von dezentralen Gestaltungsspielräumen zu entwickeln;
- Produkte und Leistungen im Fachbereich zu beschreiben;
- Kennzahlen und ein Berichtswesen im Fachbereich zu entwickeln und zu pflegen (in Abstimmung mit der zentralen Finanzsteuerung / Controllinginstanz);
- zu kontieren.

Das Wissen dieser Gruppe kann auf die Normalfälle des Verwaltungsalltags beschränkt sein und muss nicht den Umgang mit komplizierten, selten auftretenden Fällen umfassen. Diese sind in Zusammenarbeit mit der zentralen Finanzsteuerung zu bearbeiten.

---

210 Vgl. a.a.O., S.21.
211 Vgl. KGSt (2003), S.19.

Bei dieser Gruppe liegt im Vergleich zu den anderen ein „mittlerer" **Fortbildungsbedarf** vor.

Zeitpunkt: im Einführungsprozess, je nach örtlichem Vorgehen (Pilotanwender zuerst etc.).[212]

2.2.6.4 Zielgruppe 4: Führungskräfte aus allen Bereichen der Kommunalverwaltung außerhalb der Finanzsteuerung und –verwaltung

Diese Gruppe umfasst Fachbereichs-, Amts- und Abteilungsleiter/-innen und Mitglieder der Verwaltungsführung (Verwaltungchef/-in, Beigeordnete, Magistratsmitglieder, hauptamtliche Stadträte etc.).[213]

Fortbildungsziele: Führungskräfte aus Bereichen außerhalb der Finanzsteuerung und -verwaltung müssen zügig mit der Einführung des neuen öffentlichen Haushalts- und Rechnungswesens

- die Grundstruktur des kaufmännischen Rechnungswesens und die Abgrenzungen bzw. Wechselbeziehungen zwischen Bilanz, Erfolgsrechnung und Finanzrechnung kennen und eine Vorstellung vom doppischen Buchungszusammenhang haben;
- die Informationen aus dem neuen öffentlichen Haushalts- und Rechnungswesen auswerten können;
- diese Informationen für Führungs- und Steuerungsentscheidungen im eigenen Verantwortungsbereich nutzen und ihre alltäglichen Managementkreisläufe aus Planen – Entscheiden – Durchführen – Kontrollieren (auch) auf Informationen aus dem Haushalts- und Rechnungswesen aufbauen können;
- das Berichtswesen im eigenen Verantwortungsbereich entwickeln, pflegen und auswerten können.[214]

Das neue Haushalts- und Rechnungswesen bewirkt steigende Anforderungen an die BWL-Kenntnisse von Führungskräften. Ihren Qualifizierungsbedarf hat die KGSt deshalb hervorgehoben. Ein Betriebswirtschaftliches Verständnis und zumindest Grundkenntnisse im Haushalts- und Rechnungswesen gehören dieser Einschätzung zufolge mehr und mehr zum Rüstzeug von kommunalen Führungskräften. Andernfalls wären sie kaum in der Lage, eine Organisationseinheit verantwortlich zu leiten und die Finanzen im Griff zu behalten, so die KGSt. Auch bei der Besetzung von Stellen, bei denen man auf den ersten Blick keine kaufmännischen Kenntnisse voraussetzen würde, werde in der Praxis zunehmend die

---

212 Vgl. a.a.O., S.22.
213 Vgl. KGSt (2003), S.19.
214 Vgl. a.a.O., S.23.

Notwendigkeit erkannt, neben den fachlichen Qualifikationen auf Management-qualitäten zu achten. Dazu gehöre zwingend betriebswirtschaftliches Verständnis.[215] „Die Führungskräfte der Zukunft benötigen (verbindlich!) Kenntnisse im Haushalts- und Rechnungswesen"[216].

Der **Fortbildungsbedarf** dieser Gruppe ist spezifisch.[217]

Zeitpunkt: Die Qualifizierung sollte während des Einführungsprozesses erfolgen, abhängig vom örtlichem Vorgehen (Pilotanwender zuerst etc.).

2.2.6.5 Zielgruppe 5: Beschäftigte mit Sachbearbeiterfunktionen

Zu dieser Gruppe zählen alle Verwaltungsgeneralisten und -spezialisten einschließlich Planer, Sozialarbeiter, Fachleute im Kulturamt, pädagogisches Personal in der VHS etc. Damit sind alle Beschäftigten einer Verwaltung gemeint, die auch bisher Grundkenntnisse des (kameralen) Haushaltswesens benötigten oder bei denen Grundkenntnisse des Haushalts- und Rechnungswesens künftig wünschenswert sind.[218] Nicht zu dieser Zielgruppe gehören z.b. Bürohilfskräfte, Pförtner, Hausmeister, Arbeiter ohne Vorarbeiterfunktion, Reinigungskräfte. Sie müssen nicht zum neuen öffentlichen Haushalts- und Rechnungswesen fortgebildet werden.

Fortbildungsziele: Verwaltungsgeneralisten und -spezialisten müssen ausreichende Grundkenntnisse des neuen öffentlichen Haushalts- und Rechnungswesens erhalten, um

- ihre Sachbearbeitung/fachliche Aufgabenstellung wirtschaftlich, ergebnisbezogen und gemäß den neuen (gesetzlichen) Anforderungen erledigen zu können;
- zentrale Vorgaben in der eigenen Organisationseinheit anwenden zu können (Formulare zur Haushaltsbewirtschaftung etc.);
- Geschäftsvorfälle aus ihrem Bereich erfassen und zuordnen zu können (Kontierung);
- sich bei Versetzung (Bewerbung) auf Fachpositionen (Haushaltsachbearbeiter, Kostenrechner, Controller o.ä.) oder in Führungspositionen ggf. das erforderliche Wissen durch begrenzte Fortbildungsmaßnahmen und „normale" Einführung am Arbeitsplatz aneignen zu können. Das muss ausdrücklich nicht bei Einführung des neuen öffentlichen Haushalts- und Rechnungswe-

215 Vgl. KGSt (2003), S.17.
216 Vgl. a.a.O., S.18.
217 Vgl. a.a.O., S.23.
218 Vgl. a.a.O., S.20.

sens der Fall sein, sondern innerhalb einer angemessenen Zeitspanne von ca. drei bis fünf Jahren.

Fortbildungsbedarf: Für diese Gruppe liegt lediglich ein „begrenzter" Fortbildungsbedarf vor.

Zeitpunkt: Die Fortbildung kann in Abhängigkeit vom Einführungsprozess zeitlich gestreckt werden.[219]

2.2.6.6 Zielgruppe 6: Fach- und Führungskräfte aus den kommunalen Beteiligungen[220]

Eine genaue Abgrenzung des fortzubildenden Personenkreises aus der hier angesprochenen Gruppe der Fach- und Führungskräfte kommunaler Beteiligungen gibt die KGSt nicht, womöglich auf Grund des insgesamt nachrangigen Bedarfs:

Fortbildungsziele: Es kann davon ausgegangen werden, dass die Fach- und Führungskräfte aus den kommunalen Beteiligungen das kaufmännische Rechnungswesen kennen. Dennoch sollten sie

* über die Besonderheiten der Doppik für den öffentlichen Bereich informiert werden,

insbesondere wenn vorgesehen (oder rechtlich vorgegeben) ist, eine Konzernbilanz zum Zweck der Konsolidierung der Kernverwaltung mit den dezentralen Einheiten zu erstellen.

Der **Fortbildungsbedarf** ist insofern „begrenzt".

Zeitpunkt: Die Fortbildung kann nach dem Einführungsprozess erfolgen.[221]

2.2.6.7 Zielgruppe 7: Politische Entscheidungsträger, insbesondere Rats- und Kreistagsmitglieder[222]

Von der Einführung des neuen öffentlichen Haushalts- und Rechnungswesens sind auch politische Entscheidungsträger wie Rats- bzw. Kreistagsmitglieder massiv betroffen. „Es ist deshalb unstrittig, dass auch die Rats- und Kreistagsmitglieder Informations- und Fortbildungsangebote benötigen, um sich rechtzei-

---

219 Vgl. KGSt (2003), S.23.
220 Vgl. a.a.O., S.20.
221 Vgl. a.a.O., S.24.
222 Vgl. KGSt (2003), S.20.

50

tig und so umfassend wie von ihnen gewünscht über den ‚Haushalt neuer Art' zu informieren"[223]. Die Formulierung der KGSt macht deutlich, inwiefern die Gruppe der Rats- und Kreistagsmitglieder von allen anderen zu unterscheiden ist: Für diese Zielgruppe besteht – anders als für die Verwaltungsmitarbeiter – im Allgemeinen keine Qualifizierungspflicht. In diesem Zusammenhang wird argumentiert, Kommunalpolitiker könnten zu Recht verlangen, kommunalpolitische Mandate ohne vorherige Schulung ausüben zu können. Voraussetzung für die Rats- oder Kreistagsmitgliedschaft sei die Wahl durch die Bevölkerung, nicht eine bestimmte fachliche Qualifikation. So müssten Informationsangebote freiwillig sein.[224] Trotzdem gelte jedoch, dass die erfolgreiche Beteiligung an der Kommunalpolitik ohne ein Minimum an Kenntnissen der öffentlichen Haushalts- und Finanzwirtschaft faktisch nicht möglich sei.[225]

Für Mandatsträger ist ein leicht verständliches Angebot erforderlich, das mit geringem zeitlichem Aufwand und generell flexibel – in den Abendstunden oder am Wochenende – genutzt werden kann.[226] Wo die Kommunalpolitik dies örtlich wünscht, müssten die Verwaltungen die Information der Rats- und Kreistagsmitglieder organisieren.[227]

Informationsziele[228]: Politische Entscheidungsträger[229] müssen rechtzeitig zur Aufstellung des ersten „neuen Haushalts" ihren Informationsbedarf durch Fortbildung decken können. Für die politische Steuerung ist besonders wichtig,

- die wesentlichen Unterschiede des Haushalts alter und neue Art und dazu die Grundzüge der Reformdebatte zu kennen (Geldverbrauchskonzept – Ressourcenverbrauchskonzept);
- generell den Haushalt zu „lesen", das heißt auch, seine Bestandteile zueinander in Beziehung setzen zu können;

---

223 A.a.O., S.42.
224 Vgl. ebd.
225 Vgl. a.a.O., S.43.
226 Vgl. a.a.O., S.42f. Es sei „[…] das gute Recht demokratisch legitimierter Vertreterinnen und Vertreter der Bürgerinnen und Bürger, […] eine nicht nur für Spezialisten, sondern allgemein verständliche Aufbereitung von Informationen und Materialien zu erwarten" (a.a.O., S.42).
227 Vgl. a.a.O., S.43.
228 Die Verwendung des Begriffs „Informationsziele" anstatt „Fortbildungsziele" spiegelt die oben beschriebene Besonderheit dieser Zielgruppe wieder. Da keine verbindliche Fortbildung politischer Mandatsträger realistisch ist, wird (unverbindlich) von Information gesprochen.
229 Adressiert sind damit Rats- und Kreistagsmitglieder, insbesondere die Mitglieder der Finanzausschüsse und Rechnungsprüfungsausschüsse, die Vorsitzenden und Stellvertreter der sonstigen Ausschüsse und die Mitglieder von Fraktionsvorständen; vgl. KGSt (2003), S.43.

Zielgruppe	Fortbildungsziele	Fortbildungs-bedarf	Zeitpunkt
Mitglieder von Projektgruppen zur Einführung des neuen öffentlichen Haushalts- und Rechnungswesens	Erwerb umfangreichen Fachwissens sowie der Kompetenz, • den neuen Rechnungsstil auch bei schwierigen Fragen und Problemen anzuwenden; • gesetzliche Wahlrechte durch örtliche Entscheidungen und Gestaltungen auszufüllen; • konzeptionelle Arbeiten zu übernehmen und eigene Vorschläge zu entwickeln; • Vorschläge anderer (z.B. Unternehmensberater) auf ihre Eignung für die Einführung vor Ort zu überprüfen; • Zusammenhänge und Unterschiede zu erkennen und Entscheidungen zw. Alternativen zu treffen bzw. argumentativ vorzubereiten; • bestehende Dienstanweisungen an das neue System anzupassen bzw. die Grundlagenarbeit für neue Dienstanweisungen zu leisten; • Wissen weiter zu vermitteln und eine Multiplikatorfunktion einzunehmen.	hoch	absolut prioritär, noch vor dem Beginn des Einführungsprozesses
Fach- und Führungskräfte aus der Finanzsteuerung und -verwaltung	• Funktionsweise der Doppik verstehen; • alle Bereiche/Dokumente etc. des Haushalts- und Rechnungswesens aufstellen, lesen und auswerten können; • Gestaltungsspielräume kennen und erkennen; • das Thema Bewertung/Bewertungsprobleme kennen, insbesondere im Hinblick auf die Eröffnungsbilanz; • anderen den Unterschied zwischen altem und neuem System erklären / vermitteln können.	hoch	mit Beginn des Einführungsprozesses
Fachkräfte aus dezentralen Einheiten mit Zuständigkeiten für die Bereichsfinanzen	• die fachlichen Anforderungen, insbesondere bei der Bewirtschaftung des eigenen Budgets und bei Controllingaufgaben erfüllen; • zentrale Vorgaben in der eigenen Organisationseinheit anwenden (veränderte Formulare etc.); • Vorschläge zum Ausfüllen von dezentralen Gestaltungsspielräumen zu entwickeln; • Produkte und Leistungen im Fachbereich beschreiben; • Kennzahlen und ein Berichtswesen im Fachbereich entwickeln und pflegen (in Abstimmung mit der zentralen Finanzsteuerung / Controllinginstanz); • kontieren.	mittel	im Einführungsprozess, je nach örtlichem Vorgehen (Pilotanwender zuerst etc.)

		spezifisch	im Einführungsprozess, je nach örtlichem Vorgehen (Pilotanwender zuerst etc.)
Führungskräfte aus allen Bereichen der Kommunalverwaltung außerhalb der Finanzsteuerung und -verwaltung	• die Grundstruktur des kaufmännischen Rechnungswesens und die Abgrenzungen bzw. Wechselbeziehungen zwischen Bilanz, Erfolgsrechnung und Finanzrechnung kennen und eine Vorstellung vom doppischen Buchungszusammenhang haben; • die Informationen aus dem neuen öffentlichen Haushalts- und Rechnungswesen auswerten können; • diese Informationen für Führungs- und Steuerungsentscheidungen im eigenen Verantwortungsbereich nutzen und alltägliche Managementkreisläufe aus Planen – Entscheiden – Durchführen – Kontrollieren (auch) auf Informationen aus dem Haushalts- und Rechnungswesen aufbauen können; • das Berichtswesen im eigenen Verantwortungsbereich entwickeln, pflegen und auswerten können.	spezifisch	im Einführungsprozess, je nach örtlichem Vorgehen (Pilotanwender zuerst etc.)
Alle Beschäftigten mit Sachbearbeitungsfunktionen	Erwerb von Grundkenntnissen des neuen öffentlichen Haushalts- und Rechnungswesens, um • ihre Sachbearbeitung/fachliche Aufgabenstellung wirtschaftlich, ergebnisbezogen und gemäß den neuen (gesetzlichen) Anforderungen erledigen zu können; • zentrale Vorgaben in der eigenen Organisationseinheit anwenden zu können (Formulare zur Haushaltsbewirtschaftung etc.); • Geschäftsvorfälle aus ihrem Bereich erfassen und zuordnen zu können (Kontierung); • sich ggf. das erforderliche Wissen durch begrenzte Fortbildungsmaßnahmen und „normale" Einführung am Arbeitsplatz aneignen zu können.	begrenzt	kann in Abhängigkeit vom Einführungsprozess zeitlich gestreckt werden.
Fach- und Führungskräfte aus den kommunalen Beteiligungen	• Information über die Besonderheiten der Doppik für den öffentlichen Bereich, insbesondere wenn vorgesehen (oder rechtlich vorgegeben) ist, eine Konzernbilanz zum Zweck der Konsolidierung der Kernverwaltung mit den dezentralen Einheiten zu erstellen.	begrenzt	nach dem Einführungsprozess

Tabelle 2: Fortbildungsbedarf zum neuen öffentlichen Haushalts- und Rechnungswesen. Eigene Darstellung in Anlehnung an KGSt (2003), S.18-25

53

- Finanzlage und Vermögen der Kommune beurteilen zu können;
- Erkennen zu können, wie hoch die Erträge, der Aufwand bzw. die Kosten sind – und daraus resultierend die Zuschüsse für die Produktbereiche (anders ausgedrückt: Politikfelder) und ggf. für die einzelnen Produkte;
- den neuen Haushaltsausgleich zu verstehen und seine Auswirkungen zu erkennen;
- Auswirkungen der Veränderungen einzelner Zahlengrößen auf den Gesamthaushalt erkennen und nachvollziehen zu können (Beispiel: Vermögensveräußerungen);
- mit Budgets und Produkten, also mit einem produktorientierten Haushaltsplan steuern zu können.[230]

Auch bei Nachwuchskräften, also in der Ausbildung, besteht nach Maßgabe der KGSt ein Bedarf nach vertieften betriebswirtschaftlichen Kenntnissen sowie solchen des Rechnungswesens.[231]

2.2.7 Fortbildungsinhalte

Es wurde bereits hervorgehoben, dass der quantitativ und qualitativ hohe Qualifizierungsbedarf inhaltlich hochgradig differenziert ist. Praxisgruppen wie „Mittelbewirtschafter", Sachbearbeiter und Mitarbeiter von Prüfungsämtern benötigen ihrer Tätigkeit entsprechend bedarfsgerechte Weiterbildungsangebote; ausgehend von ihrer Differenzierung des Qualifizierungsbedarfs nach Berufsgruppen hat die KGSt Grundzüge eines Lehrplans vorgestellt, der den Anforderungen der verschiedenen Zielgruppen und ihrem unterschiedlichen Fortbildungsbedarf entsprechen soll.[232]

Mit dem Hinweis darauf, dass es für das Verständnis des Rechnungswesens in vielen Fällen hilfreich oder sogar unabdingbar sei, die Grundzüge betriebswirtschaftlichen Denkens zu kennen, wird vorgeschlagen, „[...] die Fortbildung ausdrücklich nicht auf das Haushalts- und Rechnungswesen zu begrenzen"[233]. So umfasst der Lehrplan die folgenden Bereiche:

---

230 Nicht wichtig sind nach Einschätzung der KGSt Kenntnisse zu Details der Buchhaltung; vgl. a.a.O., S.44.
231 Vgl. KGSt (2003), S.12. Insofern ist in der Tat „bedauerlich" für die Anwendung der Doppik und damit den Reformprozess insgesamt, wenn Studiengänge zum Verwaltungsbetriebswirt weniger nachgefragt werden als die juristisch orientierten Studiengänge, wie die KGSt berichtet; vgl. ebd.
232 Vgl. a.a.O., S.24-30. Die KGSt betont den unverbindlichen Charakter des Lehrplans. Er stelle einen Vorschlag dar und solle als Anregung dienen, „[...] keinesfalls sollte er als vollständig oder gar verbindlich betrachtet werden" (a.a.O., S.25).
233 A.a.O., S.24.

- Grundzüge betriebswirtschaftlichen Denkens;
- Grundlagen des Rechnungswesens;
- Techniken des Rechnungswesens;
- Grundzüge der Kosten- und Leistungsrechnung;
- Neues kommunales Haushalts- und Rechnungswesen.

Lehrplan „Grundzüge betriebswirtschaftlichen Denkens"	Projektgruppen-mitglieder	Finanzsteuerung und Prüfung	Fachkräfte aus dezentr. Bereichen	Führungskräfte	Sachbearbeiter / Fachkräfte	Beschäftigte aus Beteiligungen
Begriffsdefinitionen: • „Wirtschaft" – Knappheit der Güter – Prinzipien wirtschaftlichen Handelns – Produktionsfaktoren • Unterscheidung Güter / öffentliche Güter / meritorische Güter • Betrieb / Unternehmung / öfftl. Betrieb / öfftl. Unternehmung • betriebliche Funktionsbereiche (Beschaffung, Produktion, Absatz …)	x	x	x	x		
Unternehmensführung: Der Managementkreislauf – Ziele, Zielkonflikte und Zielsysteme – Planung – Steuerung – Budgetierung	x	xx	x	xx		x
Gewinn(begriffe) – Rentabilität – Wirtschaftlichkeit – Produktivität - Sparsamkeit[234]	xx	xxx	xx	xx	x	
Betriebsmittel: • Lebensdauer, wirtschaftliche Nutzungsdauer, Abschreibungen (bilanzielle, kalkulkatorische, AfA), Kapazität(sausnutzung) • Verfahren der Wertermittlung – Bewertung (Anschaffungswert, Wiederbeschaffungswert, Wiederbeschaffungszeitwert)	xxx	xxx	xx	xx	x	x
Investition – Finanzierung – Liquidität	xxx	xxx	xx	xx	x	
Finanzierungsarten, Investitionsarten, Investitionsrechnung	xx	xxx	x	xx		
Finanzplanung, Finanzpläne, Cash-Flow	xx	xxx	x	xx		

Tabelle 3:   Lehrplan „Grundzüge betriebswirtschaftlichen Denkens". Quelle: KGSt (2003), S.26

---

234 Die KGSt nimmt „Sparsamkeit" in den Lehrplan auf mit dem Hinweis auf die entsprechende Verpflichtung der Kommunen in Gemeinde-/Kreisordnungen; vgl. a.a.O., S.26.

55

Insgesamt wird dabei deutlich, dass sich die Themen für die verschiedenen Zielgruppen inhaltlich nur begrenzt voneinander unterscheiden, und die Unterschiede hauptsächlich im (zeitlichen) Umfang und der Tiefe liegen, wie die Tabellen 3 – 7 zeigen.[235]

Lehrplan „Grundlagen des Rechnungswesens"	Projektgruppen-mitglieder	Finanzsteuerung und Prüfung	Fachkräfte aus dezentr. Bereichen	Führungskräfte	Sachbearbeiter / Fachkräfte	Beschäftigte aus Beteiligungen
Interne und Externe Aufgaben des Rechnungswesens: Dokumentation und Kontrolle, Disposition / Planung, Rechenschaftslegung und Information	xxx	xx	xx	xxx	x	
Teilgebiete des Rechnungswesens: • Finanz- oder Geschäftsbuchhaltung und Bilanz („Buchführung") (= externes Rechnungswesen) • Kosten- und Leistungsrechnung (= internes Rechnungswesen) • Betriebswirtschaftliche Statistik und Vergleichsrechnung • Planungsrechnung	xxx	xx	xxx	xx	xx	
Zusammenwirken der Teilgebiete des Rechnungswesens zu einem geschlossenen System (Verbindung / Zusammenhang von externem und internem Rechnungswesen)	xxx	xx	x	x	x	
Abgrenzung der betrieblichen Rechengrößen (Auszahlung / Einzahlung, Ausgabe / Einnahme, Aufwand / Ertrag, Kosten / Erlös bzw. Leistung)	xx	xx	xxx	xx	xx	
Kurze Einführung in die gesetzlichen Grundlagen (nur Privatwirtschaft, öfftl. Dienst siehe weiter unten) einschließlich Grundsätze ordnungsmäßiger Buchführung („GoB")	x	xx	x	x		

Tabelle 4:   **Lehrplan „Grundlagen des Rechnungswesens". Quelle: KGSt (2003), S.27**

---

235 Vgl. KGSt (2003), S.24. Unter Berücksichtigung des in Abschnitt 2.2.6.7 dargelegten Sonderstatus' politischer Entscheidungsträger hat die KGSt diese Gruppe nicht in ihre Lehrpläne aufgenommen. Vgl. dazu den Vorschlag eines Ablaufplans für „Informationsveranstaltungen" in Tabelle 8.

Lehrplan „Technik des Rechnungswesens (Buchführung)"	Projektgruppen-mitglieder	Finanzsteuerung und Prüfung	Fachkräfte aus de-zentr. Bereichen	Führungskräfte	Sachbearbeiter / Fachkräfte	Beschäftigte aus Beteiligungen
Die Bilanz • Inventur, Inventar: Vermögen, Schulden, Reinvermögen / Eigenkapital • Vom Inventar zur Bilanz • Merkmale und Gliederung der Bilanz, Bilanzstruktur • Ermittlung des Periodenerfolgs (durch Eigenkapitalvergleich)	xxx	xx	xxx	xxx	xx	
Gewinn- und Verlustrechnung	xxx	xxx	xx	xxx	xx	
Kontenarten, Kontenrahmen	xxx	xx	xxx	x	xxx	
Begriff des Geschäftsvorfalls, verschiedene Arten / Typen von Geschäftsvorfällen: Bilanzverlängerung, Bilanzverkürzung, Aktivtausch, Passivtausch	xx	xx	xxx	x	xx	
Bestandskonten, Buchen auf Bestandskonten	xx	xx	xxx	x	xx	
Erfolgskonten, Buchen auf Erfolgskonten	xx	xx	xxx	x	xx	
Besondere Buchungen: Steuern, Wertpapiere, Anzahlungen, Personalaufwand …	xx	xx	xxx	x	x	
Zeitliche Abgrenzungen: Aktive und Passive Rechnungsabgrenzung, sonstige Forderungen, sonstige Verbindlichkeiten, Auswirkungen der zeitlichen Abgrenzung	xx	xx	xx	x	x	
Erstellen des Jahresabschlusses	xxx	xxx	xxx	xx	xx	xx
Konzernrechnungslegung, Konzernabschluss	xx	xx	xx	x	x	x
Analyse / Auswertung Jahresabschluss: Bilanzanalyse, Bilanzpolitik, Bilanzzusammenhang	xx	xxx	xx	xxx	x	xxx

Tabelle 5: Lehrplan „Technik des Rechnungswesens (Buchführung)". Quelle: KGSt (2003), S.28

57

Lehrplan „Grundzüge der Kosten- und Leistungsrechnung"[236]

	Projektgruppen-mitglieder	Finanzsteuerung und Prüfung	Fachkräfte aus dezentr. Bereichen	Führungskräfte	Sachbearbeiter / Fachkräfte	Beschäftigte aus Beteiligungen
Unterschied / Abgrenzung zwischen Kosten- und Leistungsrechnung und Finanzbuchhaltung	xxx	xxx	xxx	xxx	xx	xx
Aufgaben – Gliederung – Teilgebiete – Grundbegriffe der KLR	xxx	xxx	xxx	xxx	xx	xx
Kostenartenrechnung: • Ziele, Gliederungskriterien für Kostenarten, fixe / variable Kosten, Grad der Beeinflussbarkeit • Gesamt- und Stückkostenfunktionen, Kostenremanenz • Kosten- und Erlösfunktionen, Deckungsbeitrag, Kostendeckung • Erfassung der Kostenarten • Verfahren der Kostenauflösung (fix / variabel) • Kalkulatorische Kosten	xxx	xx	xx	xx	xx	
Kostenstellenrechnung: • Ziele, Gliederung der Kostenstellen, Einzel- und Gemeinkosten • Verteilung der (Gemein-)Kosten, BAB / Umlageverfahren, interne Leistungsverrechnung	xxx	xxx	xxx	xx	xx	x
Kostenträgerrechnung / Produktrechnung • Ziele • Kalkulationsverfahren (Divisionskalkulation, Äquivalenzzifferverfahren, Zuschlags- / Verrechnungssatzkalkulation)	xx	xxx	xxx	xxx	x	
Kostenrechnungssysteme: Vollkostenrechnung, Teilkostenrechnung / Deckungsbeitragsrechnung, Ist- / Plankostenrechnung, Prozesskostenrechnung, Zielkostenrechnung	xx	xxx	xxx	x		

Tabelle 6: Lehrplan „Grundzüge der Kosten- und Leistungsrechnung". Quelle: KGSt (2003), S.29

---

236 Bei Beschäftigten, die bereits über Kenntnisse der Kosten- und Leistungsrechnung verfügen, kann die Schulung erheblich reduziert werden oder wegfallen; vgl. KGSt (2003), S.29.

Lehrplan „Neues kommunales Haushalts- und Rechnungswesen"	Projektgruppen-mitglieder	Finanzsteuerung und Prüfung	Fachkräfte aus dezentr. Bereichen	Führungskräfte	Sachbearbeiter / Fachkräfte	Beschäftigte aus Beteiligungen
Von der Kameralistik zur Doppik • Entwicklung der Kameralistik, Ziele des kameralen Rechnungsstils • Der Haushalt als „Geldverbrauchskonzept" – und trotzdem wichtiges Steuerungsinstrument • Grenzen der Kameralistik – Notwendigkeit von Reformen • Gründe für ein „Ressourcenverbrauchskonzept", Unterschiede zwischen Kameralistik und Doppik • Was unterscheidet die öffentliche und private Doppik?	xxx	xxx	xx	xx	x	xxx
Inventur und Inventar	xxx	xx	xxx	x	xx	
Erfassung und Bewertung von Vermögen und Verbindlichkeiten	xxx	xxx	xx	xx		x
Die kommunale Bilanz • Aktiva: Sachanlagen etc. • Passiva: Rückstellungen, Sonderposten und Verbindlichkeiten, kommunales Eigenkapital etc. • Analyse Eigen-/Fremdkapital	xxx	xxx	xx	xx	x	x
Erstellung der Eröffnungsbilanz	xxx	xxx	xx	xx	x	x
Ergebnisplan, Ergebnisrechnung	xxx	xxx	xx	xx	x	
Finanzrechnung / Cash-Flow-Rechnung	xxx	xxx	xxx	xx	x	xx
Der „Neue Haushalt": Verknüpfung mit der Budgetierung, Produktgliederung, Kennzahlen, interne Leistungsverrechnung, Gestaltung des Haushalts	xxx	xxx	xx	xx	xx	xx
Haushaltsaufstellung, Haushaltsplanung	xxx	xxx	xx	xx	xx	xx
Haushaltsausgleich	xxx	xxx	xx	xx	xx	xx
Konsolidierung, Konzernbilanz	xxx	xxx	xx	xx	x	xxx

Tabelle 7: Lehrplan „Neues kommunales Haushalts- und Rechnungswesen". Quelle: KGSt (2003), S.30

Den gesondert zu konzipierenden Informationsveranstaltungen für politische Entscheidungsträger[237] kann nach Auffassung der KGSt ein Ablaufplan wie in Tabelle 8 zugrunde gelegt werden.

---

237 Vgl. dazu Abschnitt 2.2.6.7.

Zeit ↓	Kameraler Haushalt als Einnahmen-Ausgaben-Darstellung oder „Geldverbrauchs-konzept": Vorteile/Stärken bzw. Nachteile/Schwächen
	Seit ca. 20 Jahren: Kostenrechnung als ergänzende Parallelrechnung für so genannte kostenrechnende Einheiten mit dem Ziel der Gebührenkalkulation
	Erweiterte Kameralistik vs. neues Haushalts- und Rechnungswesen auf doppischer Grundlage (je nach Landesregelung)
	Kurz: Grundlagen der doppelten Buchführung und ihrer Bestandteile (nur zum besseren Verständnis), unter anderem • Zusammenhänge und Notwendigkeit der einzelnen Bestandteile • Bedeutung eines „einheitlichen Rechnungsstoffs" • Doppisches Rechnungswesen als integriertes System (als Unterschied zur erweiterten Kameralistik), das heißt Unterscheidung/Abgrenzung zwischen „Bestandteilen" und „Nebenrechnungen"
	Der „Haushalt neuer Art" • Erfolgsrechnung • Bilanz • Finanzrechnung • Zusammenführung zum Haushalt neuer Art • ggf. Einbeziehung der Beteiligungen/Konzernhaushalt • Aufbau des Haushalts (Produktgliederung vs. organische Gliederung)
	Rücklagen/Rückstellungen
	Kommunales Vermögen und seine Bewertung, Verständnis der Bilanz
	Haushaltsausgleich: • Wann ist der Haushalt ausgeglichen? • Wie erkennt man Defizite? • Was bzw. wo ist (war!) die „freie Spitze"?
	Wahrnehmung öffentlicher Wahlrechte: • Vor- und Nachteile grundsätzlicher Alternativen • Vorbereitung auf anstehende Beschlüsse in Rat und Kreistag (bzw. im Finanzausschuss) • Falls Wahlrechte von untergeordneter Bedeutung sind und verwaltungsintern entschieden werden können: kurze Darstellung der Alternativen, Begründung für die Verwaltungsentscheidung
	Aufstellung des neuen Haushalts: Darstellung des Verfahrens
	Unterjähriges Berichtswesen: Aufbau, Inhalt und Nutzungsmöglichkeiten („Informationsgehalt") für Rats-/Kreistagsmitglieder
	Jahresrechnung: • Veränderungen durch das neue Haushalts- und Rechnungswesen • Nutzungsmöglichkeiten („Informationsgehalt") für Rats-/Kreistagsmitglieder

Tabelle 8: **Beispielhafter Ablaufplan von Informationsveranstaltungen für politische Entscheidungsträger. Nach KGSt (2003), S.44f.**

Während das klassische kamerale Haushaltsrecht aus relativ starren Vorschriften besteht (bzw. bestand), die für die Gebietskörperschaften gleichermaßen verbindlich sind (dito), ist die derzeitige Situation beim neuen öffentlichen Haushalts-

60

und Rechnungswesen in einigen Bundesländern von Optionsmodellen oder parallelen Strukturen gekennzeichnet: Kommunen können teilweise wählen, ob sie den direkten Weg von der Kameralistik zur Doppik wählen, oder zunächst die erweiterte Kameralistik implementieren. Ein anderes Modell besteht darin, dass Kommunen freigestellt wird, ob sie – sozusagen als freiwillige Ergänzung – neben der Kameralistik auch ein doppisches Informationssystem aufbauen. Hinzu kommen noch weitere Möglichkeiten der konkreten örtlichen Ausgestaltung, beispielsweise die Wahl zwischen einer produktorientierten oder einer organisationsbezogenen Aufstellung des Haushalts oder unterschiedliche informationstechnische Ausstattungen/Rahmenbedingungen.[238] Diese inhaltlich wesentlich stärkere Differenzierung im Vergleich zum kameralen Haushaltsrecht hat Auswirkungen auf die Organisation der Qualifikation; einheitliche Qualifizierungsangebote kann es nicht geben.

2.2.8 Organisation der Qualifikation

Zum erforderlichen Fortbildungsumfang hat die KGSt „vorsichtige Empfehlungen" gegeben, die Tabelle 9 zeigt.

	Projektgruppen-mitglieder	Finanzsteuerung und Prüfung	Fachkräfte aus dezentr. Bereichen	Führungskräfte	Sachbearbeiter / Fachkräfte	Beschäftigte aus Beteiligungen
Grundzüge betriebswirtschaftlichen Denkens Grundzüge der KLAR	1-2	1-2	1	0,5-1	0,5	--
Grundlagen Rechnungswesen Techniken des Rechnungswesens	4-5	6	4	0,5-1	0,5	--
Neues öffentliches Haushalts- und Rechnungswesen	8-10	7-8	5	3-4	1	1
Summe Fortbildungstage	15	15	10	5	2	1

Tabelle 9: **Empfehlungen der KGSt zum Fortbildungsumfang in Tagen á 8 Unterrichtsstunden bei reiner Präsenzschulung. Quelle: KGSt (2003), S.31**

Die KGSt geht dabei von einer Qualifizierungskonzeption aus, die allein auf Präsenzschulungen setzt, und sie rät Entscheidungsträgern, dass „die Fortbildung innerhalb der engen zeitlichen Empfehlungen [...] während der Arbeitszeiten erfolgen"[239] sollte. Da dies ohnehin der gängigen Praxis entsprechen dürfte – und weil anzunehmen ist, dass dies von Mitarbeitervertretungen einstweilen vertei-

---

238 Vgl. KGSt (2003), S.34.

digt werden wird –, muss davon ausgegangen werden, dass die Fortbildungszeit in den meisten Fällen nicht in der Freizeit der betroffenen Mitarbeiter liegt.

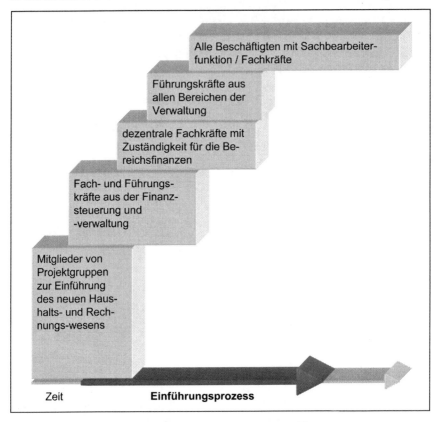

Alle Beschäftigten mit Sachbearbeiterfunktion / Fachkräfte

Führungskräfte aus allen Bereichen der Verwaltung

dezentrale Fachkräfte mit Zuständigkeit für die Bereichsfinanzen

Fach- und Führungskräfte aus der Finanzsteuerung und -verwaltung

Mitglieder von Projektgruppen zur Einführung des neuen Haushalts- und Rechnungs-wesens

Zeit   Einführungsprozess

Abbildung 3: Zeitlicher Ablauf und Umfang der Fortbildung[240]. In Anlehnung an KGSt (2003), S.35

---

239 a.a.O., S.33.
240 Die Höhe der Kästen deutet den Umfang bzw. die Intensität der Fortbildung an; vgl. KGSt (2003), S.35. Fach- und Führungskräfte aus den kommunalen Beteiligungen stellen ebenso wie politische Entscheidungsträger Sonderfälle dar, weshalb sie hier nicht aufgeführt werden. Diese Gruppen unterschieden sich von den anderen z.B. darin, dass hier die Möglichkeit der zentralen und verbindlichen Konzeption und Koordination der Fortbildung weitgehend fehlt. Auch hat die Qualifizierung dieser Gruppen praktisch keinen Einfluss auf den laufenden Dienstbetrieb der Verwaltung, um den es im hiesigen Kontext vor allem geht.

Somit ist davon auszugehen, dass Verwaltungen in Anbetracht des erforderlichen Fortbildungsumfangs vor erheblichen organisatorischen Herausforderungen stehen, um ihren laufenden Dienstbetrieb sicherzustellen. Dies gilt nicht nur mit Blick auf den teilweise beträchtlichen zeitlichen Fortbildungsumfang je Mitarbeiter.

Erschwerend kommt hinzu, dass unterschiedliche Beschäftigtengruppen zwar zeitlich versetzt geschult werden können, aber dennoch insgesamt zahlreiche Mitarbeiter innerhalb einer kurzen Zeitspanne zu schulen sind. Dies veranschaulicht Abbildung 3, aus der hervorgeht, wie der zeitliche Ablauf und Umfang der Fortbildung nach Einschätzung der KGSt typischerweise aussehen kann.[241]

Zur Notwendigkeit, zahlreiche Mitarbeiter innerhalb kurzer Zeit (und mit unterschiedlicher Intensität) zu schulen, kommt der Zeitaufwand für die erforderliche inhaltliche Vor- und Nachbereitung noch hinzu; diese wird vermutlich ebenfalls überwiegend in der regulären bzw. zusätzlichen Dienstzeit (d.h. Überstunden) stattfinden. Insgesamt stellt die Qualifizierung damit hohe Anforderungen an die Planung und Organisation.[242]

Deshalb muss es das Ziel sein, den Umfang formaler Qualifizierungsmaßnahmen und den damit verbundenen – auch ressourcenmäßigen – Aufwand zur Sicherstellung des laufenden Dienstbetriebs möglichst gering zu halten. Ein Ansatz dafür könnte darin liegen, den Wissensaustausch innerhalb öffentlicher Verwaltungen systematisch zu fördern. Durch die Nutzung praktischer Erfahrungen anderer Verwaltungen sollten die Kosten für formale Qualifizierungsmaßnahmen verringert und zugleich der Wissenstransfer in die Anwendungspraxis gefördert werden.

Der Vorteil des Wissensaustauschs zwischen Mitarbeitern der einzelnen Verwaltungen ist nicht zu unterschätzen.[243] Es fehlt nicht mehr an der wichtigsten Voraussetzung für Wissensaustausch und informelles Lernen der Mitarbeiter voneinander; vielerorts existiert mittlerweile Erfahrungswissen, das bei der Implementierung und Anwendung des neuen öffentlichen Haushalts- und Rechnungswesens gesammelt wurde – nicht nur in einzelnen Modellkommunen. Die Feststellung der KGSt aus dem Jahr 2003, dass praktisch allen Beschäftigten des öffentlichen Dienstes Kenntnisse und Erfahrungen im neuen öffentlichen Haushalts- und Rechnungswesens fehlten, trifft heute nicht mehr zu. Damit wäre die Grund-

---

241 Die in der Abbildung dargestellte Organisation der Fortbildung berücksichtigt die oben dargelegten Bedarfunterschiede der Beschäftigtengruppen hinsichtlich Fortbildungsziel und -inhalt. Die Abbildung verdeutlicht, wie sich diese Unterschiede wiederum auf den jeweils erforderlichen Zeitpunkt und die Intensität der Fortbildung auswirken.
242 Vgl. KGSt (2003), S.4.
243 Vgl. Kommunale Doppik Rheinland-Pfalz (2005), S.2.

lage für „wirkungsvolles und preiswertes Lernen der Beschäftigten voneinander am Arbeitsplatz"[244] heute eher gegeben, als in der Vergangenheit. Dennoch findet in der Praxis derzeit noch kein systematisch organisiertes, verwaltungsübergreifendes Wissensmanagement statt. So gilt weiter, dass die Qualifizierung überwiegend in Kursen und unter Freistellung vom Arbeitsplatz, also während der Arbeitszeit erfolgen muss.[245]

Eine zusätzliche potenzielle Herausforderung für die Organisation der Qualifizierung besteht darin, dass ergänzend zur formalen Wissensvermittlung noch Lernzeit zur Nachbereitung und Vertiefung anfällt. Es wird geschätzt, dass dafür etwa der gleiche Zeitaufwand erforderlich ist, wie für die formale Wissensvermittlung, etwa in Präsenzschulungen. Um die ohnehin hohen organisatorischen Anforderungen der Qualifikation nicht noch weiter zu steigern und um Kosten zu senken, müssen Kommunen in Erwägung ziehen, ergänzend zu den Qualifizierungsmaßnahmen auch eigenständiges Lernen zu erwarten. Es ist zu überlegen, ob in manchen Gebietskörperschaften darauf bestanden werden kann, dass Mitarbeiter für die Vor- und Nachbereitung zumindest teilweise auch ihre Freizeit einsetzen.[246] Es liegt nahe, dafür besonders flexibel nutzbare E-Learning-Angebote bereitzustellen.

Ein weiterer Aspekt, der die Organisation der Fortbildung betrifft, wurde bereits in Abschnitt 2.2.7 aufgegriffen: das Problem der aktuellen Heterogenität der Reformkonzepte in Deutschland. Dieses Problem erschwert die Organisation der Qualifizierung zum neuen öffentlichen Haushalts- und Rechnungswesen erheblich. War beim kameralen Haushaltsrecht noch die „überörtliche Aus- und Fortbildung und die Verwendung einheitlicher Lehrmaterialien"[247] möglich, so lässt sich dies nicht analog fortsetzen – zu unterschiedlich sind die Konzepte, die in den einzelnen Gebietskörperschaften zur Anwendung kommen. Als Lösungsansatz empfiehlt die KGSt, die Aus- und Fortbildung wie folgt zweigeteilt zu organisieren[248]:

• gemeinsam bzw. „interkommunal", soweit es um vorgegebene, also identische bzw. vergleichbare Inhalte geht,
• einzeln zu den örtlichen Spezifika[249]

---

244 Vgl. KGSt (2003), S.15.
245 Vgl. ebd.
246 Vgl. KGSt (2003), S.16. Die KGSt regt an, dies beispielsweise von der Stellung des einzelnen Beschäftigten abhängig zu machen.
247 A.a.O., S.34.
248 Vgl. ebd.
249 Vgl. ebd.

Diese aus organisatorischen Gründen nahe liegende Zweiteilung kann durch die analoge Gestaltung von Einzelelementen E-Learning-basierter Qualifizierung realisiert werden.

2.2.9 Zusammenfassende Schlussfolgerungen

Die aus den vorangegangenen Ausführungen abzuleitenden Schlussfolgerungen sollen nunmehr auf drei Ebenen der Bildungspraxis verdeutlicht und entsprechend eingeordnet werden. Nach der hier verwendeten Konzeption von Seufert und Euler für eine differenzierte Thematisierung der Bildungspraxis beziehen sich entsprechende Aussagen im Einzelfall auf die Makro-, Meso oder Mikro-Ebene.[250] Während die Makro-Ebene der Bildungspraxis in diesem Sinne die Gestaltung von umfangreichen Bildungsprogrammen thematisiert, wird auf der Meso-Ebene eine Lehrveranstaltung oder ein Kursmodul betrachtet. Auf der Mikro-Ebene geht es um die Gestaltung einzelner Lernszenarien bzw. Lernressourcen.[251]

2.2.9.1 Makro-Ebene der Bildungspraxis

1.) In Verwaltungen in Deutschland herrscht ein eklatanter Mangel an notwendigem Wissen und darauf bezogenen Anwendungskompetenzen im öffentlichen Haushalts- und Rechnungswesen, der durch Qualifikation der Mitarbeiter bewältigt werden muss.

2.) Als potenzielle Anwender sind nahezu alle der rund 3,8 Mio. Verwaltungsmitarbeiter betroffen.

3.) Für die Anwendung der erweiterten Kameralistik müsste in ähnlichem Umfang qualifiziert werden, wie für die Anwendung des neuen öffentlichen Haushalts- und Rechnungswesen auf Basis der Doppik. Qualifizierungskosten stellen damit kein Argument zu Gunsten der erweiterten Kameralistik dar, die teilweise noch im Rahmen von Optionsmodellen gewählt werden kann.

4.) Verantwortliche Führungskräfte sollten die Mitarbeiterqualifizierung für das neue öffentlichen Haushalts- und Rechnungswesen als wesentliches Kriterium für die Akzeptanz der Reform innerhalb der Verwaltung auffassen und dies entsprechend kommunizieren: „Nur wenn neue Arbeitsabläu-

---

250 Vgl. dazu auch Abbildung 11 in Abschnitt 3.1.1.
251 Vgl. Seufert/Euler (2005), S.6. Siehe dazu auch die Abbildung 16.

fe verstanden, fehlerfrei bearbeitet und Verbesserungen erkannt werden, werden Neuerungen akzeptiert"[252].

5.) Ausgesprochen positive Ausgangsbedingungen für E-Learning-basierte Qualifizierung in der öffentlichen Verwaltung sind die ausgeprägte Weiterbildungsorientierung der Mitarbeiter sowie ein im Vergleich verschiedener Berufsgruppen hohes „E-Learning-Potenzial". So ist die grundsätzliche Bereitschaft, computergestützte Weiterbildungsformen zu nutzen, im Vergleich zu anderen Berufsgruppen überdurchschnittlich hoch.

6.) Verwaltungsangestellte besitzen eine relativ hohe Kompetenz im Umgang mit Computern und erfüllen damit eine wichtige individuelle Voraussetzung für die Nutzung von E-Learning. Sie weisen im Vergleich zu anderen Berufsgruppen auch die häufigste berufliche Internetnutzung aus.

7.) E-Learning bietet eine besondere Chance, die künftig vermehrt erforderliche Eigenverantwortung Lernender für ihren individuellen Lernerfolg innerhalb der gesamten „Organisation Verwaltung" zu fördern.[253]

8.) Mit der Bereitstellung von E-Learning-Angeboten zum Selbstlernen ist es in diesem Sinne möglich, einem dozentenzentrierten, linear-gelenkten „Lernen durch Anleitung" zu einem stärker eigenverantwortlichen, selbst bestimmten und „bedarfsgerecht-selektiven" Lernen zu gelangen.[254]

9.) Mitarbeiter müssen dabei unterstützt werden, eigenverantwortlich zu lernen, indem sie lernförderliche Rahmenbedingungen und Einstellungen an ihrem Arbeitsplatz vorfinden. Lernzeit darf nicht als freizeitorientiertes „Surfen" im Internet aufgefasst werden.[255] Entsprechende Lernbedingungen zu schaffen, ist die Funktion einer organisationsweiten Weiterbildungsstrategie (Makro-Ebene), wie auch der didaktischen Gesamtkonzeption einzelner Qualifizierungsangebote (Meso-Ebene).

10.) Es muss systematisch Vertrauen in die neuen Lernmethoden aufgebaut werden.[256] Der angesprochene „Rollenwandel", dem sich Dozierende und Lernende in der Weiterbildung heute zunehmend – und dies insbesondere beim E-Learning – ausgesetzt sehen, kann zu Verunsicherungen führen. Entsprechend muss es das Ziel sein, die veränderten Erwartungen bei der

---

252 Kommunale Doppik Rheinland-Pfalz (2005), S.2.
253 Vgl. dazu vertiefend auch Abschnitt 3.1.
254 Vgl. ebd.
255 Vgl. Hauff (2005), S.323f.
256 Vgl. dazu auch a.a.O., S.322.

Einführung eines E-Learning-basierten Qualifizierungsangebots umfassend zu kommunizieren.[257]

11.) Es darf nicht dazu kommen, dass E-Learning gleichsam als Ursache für ein verändertes Rollenverständnis von Lernenden und Dozierenden aufgefasst wird. Wenn Mitarbeitern kein didaktischer oder organisatorischer Mehrwert von E-Learning vermittelt werden kann, sie deshalb davon ausgehen müssen, es sei quasi aus Selbstzweck implementiert worden und bewirke nur, dass Lernende eine aktivere Rolle übernehmen müssten, werden Chancen vertan.

12.) Akzeptanz ist ein zentraler Erfolgsfaktor für E-Learning. Die wesentlichen Wirkungsfaktoren, die die Akzeptanz von E-Learning positiv oder negativ beeinflussen, lassen sich wie folgt zusammenfassen[258]:

I. Soziale Faktoren: Wahrgenommene Partizipation der Person am Einführungsprozess;

II. Kognitive Faktoren: Vorwissen und Qualifikation im Umgang mit E-Learning;

III. Motvational-emotionale Faktoren: Interesse an E-Learning und Einstellung zu Computern;

IV. Organisationale Rahmenbedingungen: Integration des E-Learning in bestehende Arbeitsprozesse:

• Relevanz der Themen für die Aufgabenerledigung;

• Schaffung von Lernzeiten;

• Bereitstellung geeigneter Räumlichkeiten.

V. Technische Ausstattung: Hardware, Netzinfrastruktur, Funktionalität der eingesetzten Software und der E-Learning-Anwendung;

VI. Merkmale der Lernumgebung: Didaktische Gestaltung und *Usability* der Anwendung.

13.) Im Kontext der notwendigen Förderung von Akzeptanz muss berücksichtigt werden, dass auf Grund einer geringen Verbreitung von E-Learning in

---

257 Vgl. Hauff (2005), 322.
258 Vgl. a.a.O., S.324f. und Mandl (2004).

Verwaltungen nur wenige Verwaltungsmitarbeiter über entsprechende Vorerfahrungen verfügen.

14.) Ist die strategische Verankerung von E-Learning in der Organisation geplant, dann geht es nicht „nur" um die Etablierung einer angemessenen Lernkultur zur Herstellung von Akzeptanz, sondern auch um die Verschränkung von E-Learning mit vorhandenen Weiterbildungsangeboten. „E-Learning isoliert als Sonderform des Bildungsangebotes parallel zu den übrigen Angeboten aufzubauen, ist nicht nur kostenintensiv, sondern verhindert, dass es als Teil der neuen Bildungs- und Lernkultur in der Organisation erlebbar wird"[259].

15.) Dabei bietet es sich an, E-Learning systematisch im Zusammenhang mit E-Government-Maßnahmen zu verankern, weil damit ebenfalls eine besondere Notwendigkeit für umfassende Qualifizierungs- und Weiterbildungsmaßnahmen verbunden ist.[260]

16.) Ist in einer Behörde oder Organisation keine übergeordnete E-Government-Strategie vorhanden, so stellt die Entwicklung einer eigenen E-Learning-Konzeption einen wesentlichen Erfolgsfaktor dar.[261]

17.) Eine zentrale Anforderung an eine Organisation, die in diesem Sinne systematisch E-Learning-Potenziale nutzen will, ist die Bereitschaft zur strategischen Positionierung und zur Profilbildung.[262]

18.) Mögliche Skaleneffekte einer flächendeckenden Nutzung von Standardsoftware sollten unbedingt genutzt werden. Im E-Government-Bereich zeigt sich bereits ein klarer Trend weg von Individual- zu Standard-Software.[263] Zugleich muss ein E-Learning-basiertes Qualifizierungsangebot zum neuen öffentlichen Haushalts- und Rechnungswesens dem differenzierten Wissensbedarf unterschiedlicher Zielgruppen gerecht werden und spezifische inhaltliche Anforderungen einer Gebietskörperschaft berücksichtigen. So bietet es sich an, E-Learning-basierte Qualifizierungsangebote wie folgt zweigeteilt zu gestalten:

I. Standardisierte bzw. vergleichbare Inhalte werden als umfassende E-Learning-Angebote für das Selbstlernen aufbereitet.

---

259 Wirth (2005), S.322.
260 Vgl. Wegweiser (2006), S.64.
261 Vgl. Hauff (2005), S.321.
262 Vgl. a..a.O., 320.
263 Vgl. Wegweiser (2006), S.61.

II. Vertiefende Lehrinhalte betreffend die örtlichen Spezifika und individuelle Aufgaben werden ergänzend z.b. in Präsenzveranstaltungen oder mit modularen, hochgradig praxisorientierten E-Learning-Angeboten erarbeitet.

19.) Die Qualifizierung sollte aus didaktischen Gründen nicht auf Vorrat erfolgen (zumindest nicht, sobald sie über die thematische Einführung hinausgeht und somit vertiefende Lehrinhalte zu örtlichen Spezifika betrifft); Erlerntes, das nicht unmittelbar zur Anwendung kommt, wird erfahrungsgemäß schnell wieder vergessen.

20.) Auch wegen der hohen organisatorischen Anforderungen, die mit der Qualifizierung zum neuen öffentlichen Haushalts- und Rechnungswesen verbunden sind, bietet es sich an, das Flexibilisierungspotenzial von E-Learning-Angeboten systematisch zu erschließen. Dabei muss es auch darum gehen, didaktische Potenziale von E-Learning für eine effizientere Wissensaneignung auszuschöpfen (z.B. Verringerung der Kosten und Lernzeiten klassischer Qualifizierungsmaßnahmen durch die Bereitstellung umfangreicher Selbstlernangebote). Die Förderung des Selbstlernens hat damit auch die Funktion einer Effizienzsteigerung von Bildungsprozessen.

21.) Die Medien- und Computerkompetenz der Mitarbeiter ist als wichtige Voraussetzung für E-Learning organisationsweit weiter zu fördern.[264]

2.2.9.2 Meso-Ebene der Bildungspraxis

1.) Entsprechend unterschiedlicher beruflicher Aufgaben liegen unterschiedliche Qualifizierungsbedarfe vor. Ein Qualifizierungsangebot muss dem Bedarf mit verschiedenen Lehrzielen und Lerninhalten für unterschiedliche Berufsgruppen gerecht werden. Dabei unterscheiden sich die für einzelne Gruppen erforderlichen Inhalte in der thematischen Breite und Tiefe.

2.) Außerdem kann ein Qualifizierungsangebot je nach Aufgabengebiet der Mitarbeitergruppen in unterschiedlichen Phasen des örtlichen Reformprozesses erfolgen. Der größte Teil der Fortbildung sollte jedoch zeitlich unmittelbar vor, während oder zügig nach der Einführung des neuen Haushalts- und Rechnungswesens durchgeführt werden.

3.) Bezüglich des Haushalts- und Rechnungswesens existiert ein stetiger Bedarf nach berufsbegleitender Weiterbildung. Alle Beschäftigten werden

---

264 Vgl. eLearning-Anwendungspotenziale (2004), S.5.

sich nach einer Grundausbildung permanent auf dem Laufenden halten müssen, etwa über konzeptionelle Änderungen, Bewertung, Prinzipien, Standards, Rechtsänderungen etc., die heute noch nicht bekannt sind. Fortbildung wird selbstverständlich sein müssen, auch wenn das „neue" System Alltag geworden ist.

4.) An ein Qualifizierungsangebot zur Nutzung in Verwaltungen stellt sich in besonderem Maße die didaktische Anforderung, Motivation zu fördern und aufrecht zu erhalten.

5.) Förderlich im Sinne der Akzeptanz dürfte es sein, über die Betonung einer individuellen thematischen „Betroffenheit" – auch unter einer gesamtgesellschaftlichen Perspektive, z.B. durch die Thematisierung der Verschuldungsproblematik öffentlicher Haushalte – eine intrinsische Motivation zur Qualifizierung zu erzeugen und das persönliche inhaltliche Interesse an den Themen zu steigern.

6.) Das didaktische Gesamtkonzept eines Qualifizierungsangebots muss sich an den Lerngewohnheiten der Mitarbeiter orientieren, die bisher ausschließlich Erfahrungen aus dem Präsenzunterricht mitbringen. Entsprechend sollte E-Learning-basierte Qualifizierung sich zunächst an der Struktur bisheriger Präsenz-Weiterbildung orientieren und klassisch dozentenzentriert gelenkt werden. Zielt ein Angebot auf Mitarbeiter, die zum ersten Mal E-Learning anwenden, so sollte der Präsenzanteil anfangs sehr hoch sein.[265]

7.) Ausgehend von der derzeitigen Lernkultur in Verwaltungen sollten Lernprozesse durch einen hohen Betreuungsanteil unterstützt werden – zumindest am Beginn einer Fortbildungsmaßnahme. Das Ziel muss es sein, die hohen Anforderungen von E-Learning-basierter Qualifizierung an die Selbststeuerungsfähigkeit der Lernenden abzumildern, z.B. durch Tutoren. Es muss berücksichtig werden, dass Mitarbeiter im normalen Arbeitsalltag in der Regel nur wenige Anstöße erhalten, selbstständig zu lernen.[266]

8.) Soll auf Grundlage einer strategischen Entscheidung organisationsweit eine neue Lernkultur systematisch gefördert werden (vgl. Makro-Ebene), so kann dies sowohl im Verlauf einer einzelnen Schulung erfolgen, als auch im Zuge aufeinander folgender Qualifizierungsmaßnahmen im Rahmen einer langfristigen Fortbildungsstrategie der Organisation. Erreichen ließe sich dieses Ziel zum Beispiel, indem im Zeitverlauf eine zunächst intensive tutorielle Betreuung schrittweise abnimmt und Lernende zuneh-

---

265 Vgl. BMWA (2004), S.36.
266 Vgl. ebd.

mend eigenverantwortlich Problemstellungen erfassen und Lösungsansätze erarbeiten müssen.

9.) Bei der Gestaltung eines Qualifizierungsangebots ist zu berücksichtigen, dass in öffentlichen Verwaltungen viele Lerner mit ausgeprägten kommunikativen Bedürfnissen tätig sind. In empirischen Studien[267] wurde von Verwaltungsmitarbeitern im Vergleich zu anderen Berufsgruppen am häufigsten der Wunsch nach gemeinsamem Lernen mit anderen Teilnehmern an verschiedenen Orten sowie der Austausch mit anderen Lernern per E-Mail geäußert.[268] Dies bedeutet nicht, Verwaltungsmitarbeiter zeigten eine ausgeprägte Betreuungsorientierung, im Gegenteil: unter Angestellten finden sich viele Befürworter des autonomen Lernens.[269]

10.) Im Mittelpunkt der inhaltlichen Gestaltung eines Qualifizierungsangebots sollte stehen, inwieweit es die Bewältigung beruflicher Aufgaben konkret unterstützt. Der Branchen- und Fachbezug muss Mitarbeiter allein aus Motivationsgründen überzeugen; die Betroffenen wollen das lernen, was sie wirklich benötigen. So muss der Lerninhalt auch stets am Vorwissen der Mitarbeiter anknüpfen und das Gelernte muss sich schnell umsetzen lassen.[270]

11.) Soll mit einer Qualifizierungskonzeption zum neuen öffentlichen Haushalts- und Rechnungswesen für Verwaltungen das Ziel verfolgt werden, eine Lernkultur zu fördern, die von eigenständigem Lernen der Mitarbeiter gekennzeichnet ist, dann betrifft dies insbesondere die Nachbereitung und Vertiefung.[271] Nach dem Dafürhalten der KGSt sollte das Selbststudium durch Literaturlisten, Intranetangebote, Intranetlinks etc. unterstützt werden („Tipps zum Selbstlernen").[272]

12.) Bei der Konzeption und Durchführung von Qualifizierungen muss die Ressourcenknappheit im öffentlichen Sektor besonders berücksichtigt werden.

13.) Ein E-Learning-Angebot muss dementsprechend zu angemessenen Konditionen einsetzbar sein. Zwar sollen nach einer aktuellen Erhebung die Investitionsausgaben beispielsweise für Weiterbildung für E-Government bzw. die Verwaltungsmodernisierung insgesamt nach Angaben von Ent-

---

267 Vgl. etwa eLearning-Anwendungspotenziale (2004).
268 Vgl. a.a.O., S.36.
269 Vgl. a.a.O., S.37.
270 Vgl. BMWA (2004), S.36.
271 Vgl. KGSt (2003), S.16.
272 Vgl. ebd.; vgl. dazu auch den KGSt-Bericht Nr. 5/2000.

scheidungsträgern steigen.[273] Tatsächlich gelten die Kosten jedoch als zentraler Faktor für Entscheidungsträger bei der Auswahl von E-Learning-Produzenten und -Angeboten. Sie sollten dem bisherigen Weiterbildungsbudget entsprechen bzw. durch die Integration von E-Learning sollten nicht mehr Kosten entstehen als durch vergleichbare Präsenzangebote.[274]

14.) Mit der Forderung nach einer Kostenneutralität von E-Learning im Vergleich zu Präsenzschulungen werden freilich allein ökonomische Rahmendaten hervorgehoben; mögliche didaktische Mehrwerte oder Vorteile einer Flexibilisierung des Lernens durch E-Learning treten damit in den Hintergrund. Verwaltungen müssen entscheiden, welche Prioritäten sie diesbezüglich setzen wollen.

15.) Ein Erfolgsfaktor kann darin gesehen werden, inwieweit ein E-Learning-basiertes Qualifizierungsangebot Lernerfolgskontrollen ermöglicht. Mit Blick auf die kommunale Fortbildung hat die KGSt darauf hingewiesen, dass die umfangreiche und relativ homogene Fortbildung zum neuen Haushalts- und Rechnungswesen möglicherweise besonders geeignet ist, Instrumente der Erfolgskontrolle und des Bildungscontrollings zu erproben. Nach einigen Monaten Fortbildung könnte überprüft werden, ob die Lerninhalte präsent seien und am Arbeitsplatz angewandt würden. Das schließe gerade bei diesem Thema auch gute Möglichkeiten für interkommunale Vergleiche, „Kennzahlenvergleiche", ein.[275]

16.) In einem Qualifizierungsangebot sollten die Möglichkeiten moderner E-Learning-Lernplattformen[276] dafür genutzt werden können, Lernaktivitäten der Teilnehmer zu dokumentieren und so Zertifizierungen bzw. Leistungsnachweise auszustellen. Der Funktion eines „Abschlusses mit Zertifikat" besteht sowohl in der Lernerfolgskontrolle, als auch darin, Lernenden aus Motivationsgründen einen Leistungsnachweis zu ermöglichen. Die Absolventen eines E-Learning-Kurses wollen ihre Weiterbildung nachweisen.[277]

17.) Ein Qualifizierungsangebot ist als verbindliche Maßnahme zu gestalten.

18.) Die unterschiedlichen Anforderungen der Mitarbeitergruppen hinsichtlich ihres spezifischen Qualifizierungszeitpunkts sollten konstruktiv dafür genutzt werden, ein zeitlich gestuftes Qualifizierungsschema zu entwerfen,

---

273 Vgl. Wegweiser (2006), S.62.
274 Vgl. BMWA (2004), S.36.
275 Vgl. KGSt (2003), S.41.
276 Vgl. dazu auch Abschnitt 3.1.1.
277 Vgl. BMWA (2004), S.36.

das Ressourcenengpässe bei der Fortführung des laufenden Dienstbetriebs weitestgehend vermeidet.

19.) Um Qualifizierungsmaßnahmen zeitlich (und damit auch finanziell) zusätzlich zu entzerren, kann erwogen werden, mit diesen bei manchen Gruppen[278] noch vor Inkrafttreten rechtlicher Regelungen zu beginnen.[279]

20.) Es kann davon ausgegangen werden, dass Mitarbeiter in Verwaltungen aufgrund beruflicher Anforderungen über die für E-Learning erforderlichen IuK-Anwendungskompetenzen verfügen.

21.) Administratoren der Anwendercomputer sind wegen der Hard- und Software-Anforderungen in die Planung E-Learning-basierter Qualifizierungsangebote einzubeziehen.

2.2.9.3 Mikro-Ebene der Bildungspraxis

1.) E-Learning-Angebote dürfen aus Akzeptanzgründen nicht allein aus der Perspektive des inhaltlich Notwendigen und technisch Machbaren entwickelt werden. Fragen nach den Interessen und Bedürfnissen sowie der Kompetenzen der Zielgruppe im Umgang mit Computern als Lernmedium müssen berücksichtigt werden (Mikro-Ebene).[280] Dies kann auch erfordern, bereits vorhandene E-Learning-Angebote und damit verbundene Ziele überhaupt bekannt zu machen (Makro-Ebene).

2.) Grundsätzlich waren entsprechend der Tätigkeit eines Verwaltungsmitarbeiters individualisierte Angebote gefragt, was jedoch unrealistisch ist. So ist jedoch zumindest angezeigt, Inhalte stark modular aufzubereiten und dabei weitestgehend von konkreten Problemstellungen auszugehen.

3.) Als hilfreich für das arbeitsplatznahe Lernen – insbesondere bei Tätigkeiten mit Publikumsverkehr – gelten elektronische Lesezeichen, die es Teilnehmern ermöglichen, ihren Lernprozess jederzeit an der Stelle fortzusetzen, an der sie unterbrochen worden sind.[281] Ein systematisches „Lernen auf Vorrat" widerspricht dem Ansatz arbeitsplatznahen Lernens.

4.) Durch die Notwendigkeit der stärker eigenverantwortlichen Nachbereitung und Vertiefung sind inhaltlich umfassende und hochgradig interaktive und

---

278 Vgl. dazu auch die Abbildung 3.
279 Vgl. KGSt (2003), S.36.
280 Vgl. Hauff (2005), S.323.
281 Vgl. E-Learning für Mittelstand und öffentliche Verwaltungen (2004), S.32.

problemorientierte E-Learning-Angebote bereitzustellen, die den Wissenstransfer unterstützen (z.B. durch Möglichkeiten, die Anwendung formalen,
„deklarativen" Wissens zu erproben und den eigenen Lernerfolg zu tes-
ten).

5.) Aus den Unterschieden der in Deutschland praktizierten Reformkonzepte
ergibt sich ein Bedarf nach solchen E-Learning-Elementen, die mit möglichst geringem Aufwand an inhaltliche Spezifika (Prozesse, Regelwerke,
Methoden etc.) angepasst werden können.

6.) Wegen nahe liegender, jedoch bislang offenbar weitgehend ungenutzter
Potenziale eines systematischen Erfahrungsaustauschs für die Verringerung von Qualifizierungskosten und den allgemeinen Wissenstransfer in
die Anwendungspraxis muss ein E-Learning-Angebot mit einem online-
basierten Wissensmanagement-Konzept integriert werden.

2.3 Qualifizierungsbedarf in Universitäten

2.3.1 Generelle Relevanz und Bedarfsmerkmale der Qualifizierung

Der Bedarf einer Auseinandersetzung mit dem neuen öffentlichen Haushalts- und
Rechnungswesen betrifft nicht nur dessen Anwender in Verwaltungen. Tatsächlich stellt die universitäre Lehre zum neuen öffentlichen Haushalts- und Rechnungswesen ein zentrales Element eines in Deutschland notwendigen – jedoch
immer stärker defizitären – Forschungs- und Ausbildungsschwerpunktes *Public
Management* dar; diese Notwendigkeit hat eindrucksvoll Budäus aufgezeigt.[282]

Welchen Stellenwert Budäus dem Fach zumisst, zeigt sich bereits an seiner poin-
tierten Einleitung:

> „Niemand hat das Recht, Bürokratie, Ineffizienzen, mangelnde Ressourcen, organi-
> sierte Unverantwortlichkeit und die Verschuldung im öffentlichen Sektor zu kriti-
> sieren, der nicht seine Einflussmöglichkeiten und Entscheidungskompetenzen
> nutzt, diese Probleme ernsthaft, fundiert, nachhaltig, konstruktiv und umfassend im
> universitären Bereich zum Gegenstand von Forschung, Lehre und Weiterbildung
> zu machen"[283].

Ausgangspunkt seiner darauf folgenden Argumentation ist der zu beobachtende
Widerspruch, dass der öffentliche Sektor trotz einer Staatsquote von fast fünfzig

---

282 Budäus (2006a).
283 a.a.O., S.116.

Prozent wissenschaftlich auf universitärer Ebene unzureichend begleitet wird. Insofern wird der öffentliche Sektor in Deutschland zukünftig maßgebend dadurch geprägt sein, inwieweit es gelingt, drei Bereiche „[...] produktiv und konstruktiv zu gestalten und in der Praxis entsprechend zu nutzen"[284]; Abbildung 4 veranschaulicht diese Bereiche als Säulen, wie es auch in Budäus´ „Drei-Säulen-Modell" erfolgt.

Abbildung 4: Notwendigkeit eines universitären Forschungs- und Ausbildungsschwerpunktes Public Management für die zukünftige Handlungs- und Leistungsfähigkeit des öffentlichen Sektors. In Anlehnung an das „Drei-Säulen-Modell" in Budäus (2006a), S.117

Insbesondere der erste durch ein universitäres Informations-, Struktur und Finanzmanagement öffentlicher Verwaltungen[285] zu gestaltende Bereich ist im vorliegenden Zusammenhang von Bedeutung. Diesen Bereich kennzeichnen nach Budäus vor allem folgende Defizite und Fehlentwicklungen:

---

284 Ebd.
285 Wie Budäus das Fach Public Management a.a.O. auch bezeichnet.

- Zwar gewinnt die Doppik als Integrierte Verbundrechnung in Deutschland zunehmend an praktischer Bedeutung, jedoch zeigt sich nach Budäus auf internationaler Ebene „eine wesentlich innovativere und andere Entwicklung"[286]. Zum einen sei das Ressourcenverbrauchskonzept auf Basis der Doppik nicht mehr strittig, zum anderen gebe es auf internationaler Ebene eine umfassende Diskussion von Ansätzen zur Leistungserfassung und -messung.[287] Von daher bedürfe es in Deutschland intensiver universitärer Forschungsanstrengungen auf diesem Gebiet, um nicht auch hier den Anschluss an die internationale Entwicklung zu verlieren.[288]

- Während in Deutschland beim neuen öffentlichen Haushalts- und Rechnungswesen generell das (privatwirtschaftliche) Handelsgesetzbuch zu Grunde gelegt werde, gehe es auf internationaler Ebene um die Implementierung und Weiterentwicklung spezifischer, auf den öffentlichen Sektor ausgerichteter Konzepte. Doch den Wissenschaftsbereich und dessen Bemühen, „[…] die Fehlentwicklung der aktuellen Vorgehens- und Bewertungspraxis aufzuzeigen [...]"[289], sieht Budäus auf Grund einer starken Position der Wirtschaftsprüfer zurzeit in der Defensive; zuständige Revisionseinheiten auf kommunaler Ebene stünden dieser Entwicklung „relativ hilflos" gegenüber.[290] Vor diesem Hintergrund bedürfe es intensiver universitärer Forschungs-, Ausbildungs- und Wissenstransferanstrengungen zur Weiterentwicklung der derzeitigen Reformansätze.

- Ein weiteres Problem der aktuellen Situation in Deutschland sieht Budäus darin, dass das *Rating* von Gebietskörperschaften so gut wie nicht thematisiert werde – während sich Gebietskörperschaften international zunehmend hinsichtlich ihrer Kreditwürdigkeit beurteilen ließen. Nach seiner Einschätzung wird dies in Zukunft unabdingbar sein, so dass es in Deutschland „[…] intensiver Forschungsanstrengungen für eine systematische Integration von öffentlichem Informationssystem und Finanzmanagement"[291] bedarf.

- Ein weiterer, „großer Komplex" dieses ersten Themenbereichs ist nach Budäus das Fehlen eines aktiven Schuldenmanagements bei den meisten Gebietskörperschaften.[292] Den „[…] leichtfertige[n] und unverantwortliche[n]

---

286 Budäus (2006a), S.116.
287 Vor diesem Hintergrund gehe es inzwischen um eine systematische Leistungsrechnung, die Verknüpfung von Input einerseits mit dem *Output* und *Outcome* andererseits sowie um Ansätze eines *Performance-Audit*; vgl. ebd.
288 Vgl. Budäus (2006a), S.116.
289 Ebd.
290 Vgl. ebd.
291 A.a.O., S.117.
292 Dabei geht es ihm um „[…] die Weiterentwicklung und den Wissenstransfer hinsichtlich Portfoliotheorien, Portfoliomanagement und praktischer Anwendung von risikotheoretischen Erkenntnissen" (ebd.).

Umgang mit der öffentlichen Verschuldung und ihren Konsequenzen [...]"[293] führt Budäus darauf zurück, dass dieses Problem und entsprechende Lösungsansätze aus der universitären Forschung und Lehre „weitgehend ausgeblendet und verdrängt" (ebd.) worden sind.[294]

Der zweite Bereich betrifft Kooperationsansätze zwischen öffentlichen Institutionen sowie solche zwischen öffentlichen und privaten Institutionen – so genannte *Public Private Partnership* (PPP).[295] Der dritte Bereich – *E-Government* – bezieht sich auf die „[...] Weiterentwicklung und Ausdehnung von Nutzungsmöglichkeiten und Anwendungsgebieten neuer Medien im öffentlichen Sektor"[296].

Um die praktische Bedeutung eines universitären Forschungs- und Ausbildungsschwerpunktes Public Management abschließend zu veranschaulichen, thematisiert Budäus beispielhaft die Geldschulden der öffentlichen Gebietskörperschaften in Deutschland und die damit verbundenen Zinszahlungen. Er verweist auf mögliche finanzielle Entlastungen der öffentlichen Haushalte in Folge eines aktiven Schuldenmanagements und rechnet vor, dass diese sich bei einer Verringerung des Zinssatzes um nur ein Prozent auf 12 bis 15 Milliarden Euro belaufen könnten. Würde davon nur ein Bruchteil in die Erforschung von Lösungen und

---

293 Ebd.

294 Stattdessen habe eine politisch ideologische Förderung der Staatsverschuldung unter anderem durch eine dem Keynesianismus verpflichtete Politikberatung wesentlich zur Verschuldungssituation beigetragen; vgl. Budäus (2006a), S.117.

295 Vgl. a.a.O., S.118. Die aktuelle Diskussion um PPP ist nach Budäus sehr einseitig und interessengeleitet geprägt. Demnach zeigt sich, dass PPP zunehmend an die Stelle der nicht mehr erweiterbaren Kreditfinanzierung tritt – wobei PPP in weiten Bereichen kreditähnliche Geschäfte darstellten, welche die Finanzsituation der Gebietskörperschaften kurzfristig nicht belasteten, mittel- und langfristig jedoch umso mehr. Budäus sieht eine Reihe theoretischer Defizite, die durch umfassende universitäre Forschung abzubauen sind, etwa eine systematische Analyse und Klärung konzeptioneller Grundlagen und Fundierungen von PPP, die Analyse von kooperativ zu erschließenden Problemlösungspotenzialen und die Erforschung von Erfolgsfaktoren; vgl. ebd.

296 Ebd.; Budäus kritisiert diesbezüglich, Voraussetzungen, Einfluss und Wechselwirkungen effizienter Strukturen und einer leistungsfähigen IuK-Technik fänden bisher viel zu wenig Beachtung. Es bestehe die Gefahr und Tendenz, effiziente Techniken und Verfahren in ineffiziente Strukturen mit entsprechenden Verhaltensweisen zu implementieren – Ineffizienzen und Dysfunktionalitäten würden nicht beseitigt, sondern stabilisiert und verstetigt. Als wären die hier dargelegten drei Problembereiche nicht Argument genug für die Notwendigkeit eines universitären *Public Management*, lenkt Budäus die Aufmerksamkeit noch auf „[...] eine Reihe tradierter, in regelmäßigen Wellenbewegungen thematisierter struktureller Systembarrieren sowie mit neuen Entwicklungen einhergehenden innovativen Lenkungsinstrumenten" (ebd.). Dazu gehört die „Bürokratisierung" die durch Gesetzgebung und „administratives Kompetenzgefüge" den Status Quo wesentlich stabilisiere; die hierdurch gewährleistete Reformrigidität und -resistenz führten zu enorm hohen gesellschaftlichen Transaktionskosten.

Wissenstransfer für die skizzierten Problemfelder eines Public Management investiert, so Budäus´ weitere Argumentation, könnten weitere Einsparungen bewirkt werden, die jährlich im zweistelligen Milliardenbereich lägen.[297]

Allerdings steht die derzeitige Entwicklung an den Universitäten in Deutschland offenbar in eklatantem Widerspruch zur Notwendigkeit eines Forschungs- und Ausbildungsfeldes Public Management. Nach Budäus´ Beobachtung gibt es die Tendenz, derartige Lehrstühle in solche für Marketing, Logistik, Controlling u.a.m. umzuwandeln:

> „Um das Problem noch einmal deutlich zu formulieren: Während jede wirtschaftswissenschaftliche Fakultät in Deutschland in der Regel mindestens acht bis zehn betriebswirtschaftliche Lehrstühle aufweist, die sich mit der Analyse und effizienten Ausgestaltung von Strukturen, Verhalten und Entscheidungen in den unterschiedlichsten Bereichen und mit den unterschiedlichsten Instrumenten und Verfahren privater Unternehmen befassen, so gibt es gerade einmal vier Lehrstühle in ganz Deutschland, die derartige Probleme in öffentlichen Verwaltungen zum Gegenstand ihres Lehr- und Forschungsprogramms machen, und das – es sei noch einmal betont – bei einer Situation, in der die Staatsquote und die ‚Unternehmensquote' sich in ihrer Größenordnung weitgehend entsprechen"[298].

Dass die Universitäten gerade auch in der *Ausbildung* des Public Management – und hier eben auch im neuen öffentlichen Haushalts- und Rechnungswesen – gefordert sind, ist nach Budäus der Notwendigkeit geschuldet, das Karrieresystem in öffentlichen Verwaltungen grundlegend zu verändern; nur dann sei eine über verbale Bekenntnisse der Politik hinausgehende Unterstützung für das Fach zu erwarten. Die Fähigkeit, notwendige Reformen auf den Weg zu bringen, müsse zum dominanten Karrieresystem werden. Dies erfordere aber zunächst einmal aus den Universitäten heraus entsprechende Maßnahmen und Aktivitäten zur Bewältigung und Korrektur der Fehlsteuerung in wesentlichen Bereichen von Staat und Verwaltungen in den vergangenen dreißig Jahren.[299]

Die hier zusammengefassten Ausführungen Budäus´ verdeutlichen anschaulich und insgesamt sehr eindrucksvoll die generelle Notwendigkeit eines Forschungs- und Ausbildungsschwerpunkts Public Management. Doch lassen sich daraus auch Implikationen für die Ausgestaltung universitärer Lehre zum neuen öffentlichen Haushalts- und Rechnungswesen ableiten? In jedem Fall ist festzustellen, dass das neue öffentliche Haushalts- und Rechnungswesen im Rahmen der universitären Lehre in einen thematischen Gesamtzusammenhang Public Management eingebunden werden muss. Anders als bei der Qualifizierung von Verwal-

---

297 Vgl. Budäus (2006a), S.119.
298 A.a.O., S.118. Die genannte Anzahl der verbliebenen Lehrstühle lag nach Kenntnis des Verfassers im Jahr 2007 bei nurmehr drei.
299 Vgl. a.a.O., S.120.

78

tungsmitarbeitern geht es in Universitäten nicht darum, Lernende in der Anwendung des Rechnungswesens zu schulen. Viel wichtiger erscheint es, dessen Gesamtbedeutung und Wirksamkeit als Informationsinstrument zu verstehen. So liegt es beispielsweise nahe, mit Studierenden die Defizite der Kameralistik und ihre ökonomisch weit reichenden Auswirkungen zu reflektieren, während bei der Qualifizierung von Verwaltungspraktiken weniger die Notwendigkeit des neuen öffentlichen Haushalts- und Rechnungswesens, als vielmehr Details wie etwa Bewertungsansätze und Produktgruppierungen wichtig sind. Vereinfacht gesagt, müssen die Einen den Gesamtzusammenhang der öffentlichen Reformnotwendigkeit und die geeigneten Reformkonzepte verstehen, und die Anderen Detailwissen erhalten und anwenden können.

2.3.1.1 Allgemeine Anforderungen an die Gestaltung betriebswirtschaftlicher Studienangebote

Die Universitäten in Deutschland wurden in den letzten Jahren einem erheblichen Wandel unterzogen. Zwar haben sie insgesamt an Autonomie gewonnen, jedoch sehen sie sich zugleich steigenden gesellschaftlichen Erwartungen ausgesetzt, die sie bei stagnierender staatlicher Grundfinanzierung erfüllen sollen.[300] Gesellschaftlichen Erwartungen ausgesetzt sind insbesondere die Wirtschaftswissenschaften. Mit ihrem vielfältigen Spektrum realwissenschaftlich orientierter Disziplinen nehmen sie im Kanon der Wissenschaften moderner Industriegesellschaften eine zentrale Rolle ein – besonders in einem Land unter Reformdruck wie Deutschland. Das Erkenntnisobjekt der Wirtschaftswissenschaften, Knappheitsprobleme zu lösen, gewinnt vor dem Hintergrund der wachsenden Diskrepanz von zunehmend knappen öffentlichen Ressourcen und den Ansprüchen der Bevölkerung vorrangige Bedeutung. So ist es nicht übertrieben, die Wirtschaftswissenschaften als ein Qualifizierungs- und Forschungsfeld von existenzieller Bedeutung für die zukünftige Entwicklung postindustrieller Gesellschaften zu bewerten.

Bei der Wirksamkeit der Wirtschaftswissenschaften in Deutschland, und hier insbesondere an den Hochschulen, werden unterdessen Defizite ausgemacht. So kommt der Wissenschaftsrat in einer Untersuchung zur Struktur, Organisation und Leistungsfähigkeit der Wirtschaftswissenschaften an den Hochschulen in Deutschland[301] zu dem Schluss, dass die deutsche wirtschaftswissenschaftliche Forschung international nicht breit genug sichtbar sei und besonders die empirische Wirtschaftsforschung, die Theorien auf ihre Tragfähigkeit prüft, konkrete wirtschaftliche Probleme analysiert und sich dabei der Analyse größerer Daten-

---

300 Vgl. Wissenschaftsrat (2006).
301 Wissenschaftsrat (2002).

sätze bedient, an den Hochschulen strukturell unterrepräsentiert sei.[302] Dies habe zur Folge, dass die wissenschaftliche Beratung für Politik und Öffentlichkeit nach wie vor weitgehend von großen außeruniversitären Wirtschaftsforschungsinstituten durchgeführt werde, während der Beitrag der Hochschulen zur angewandten ökonomischen Forschung gering bleibe. So sei die Situation hinsichtlich der Qualität der wirtschaftspolitischen Beratung unbefriedigend.[303]

Der Wissenschaftsrat empfiehlt unter anderem eine Intensivierung internationaler Forschungsanstrengungen, weitere Lehr- und Forschungskooperationen zwischen Hochschulen und außeruniversitären Forschungseinrichtungen, die Nutzung der zweistufigen Studienstruktur mit Bachelor- und Master-Abschlüssen, einen höheren Anwendungsbezug bei der Lehre volkswirtschaftlicher Theorien und empirischer Methoden sowie die Förderung problemorientierter Wirtschaftsforschung durch interdisziplinäre Projekte. Auch müssten bessere Voraussetzungen geschaffen werden, um die Hochschulen systematischer in wirtschaftspolitische Beratungsaktivitäten einzubeziehen.[304] Ausdrücklich unter dem Eindruck dieser Stellungnahme des Wissenschaftsrats setzte das BMBF im August 2005 einen neuen Schwerpunkt für ihre Forschungsförderung: "Wirtschaftswissenschaften für Nachhaltigkeit". Als besonders förderungswürdig gelten dabei praxisbezogene Vorhaben, die sich auf die Themenfelder „Ökonomische Konzepte für eine gesellschafts- und umweltverträgliche Globalisierung", „Ökonomie nachhaltigen Konsums" oder „Integrierte Modelle und Instrumente der ökologischen Steuerung" beziehen.[305]

Seine bereits 2002 an die Wirtschaftswissenschaften gerichtete Forderung nach einem stärkeren Anwendungsbezug in der Lehre hat der Wissenschaftsrat im Jahr 2006 noch einmal generell an die Universitäten adressiert.[306] Die Lehre der Universitäten müsse vor allem in den Bachelorstudiengängen und anwendungsorientierten Masterstudiengängen stärker an dem Ziel ausgerichtet werden, den Studierenden auch solche Kompetenzen zu vermitteln, die sie befähigen, wissenschaftliche Kenntnisse und Fertigkeiten außerhalb des Wissenschaftssystems zur Anwendung zu bringen.[307] Es müsse ein wesentliches Ziel der Universitäten sein, die Qualität ihrer Lehre zu steigern.[308]

Da das Fach Public Management einen Teil der Wirtschaftswissenschaften darstellt, adressieren die obigen Ergebnisse implizit auch die Qualifizierung zum

---

302 Vgl. a.a.O., S.74-77.
303 Vgl. a.a.O., S.74.
304 Vgl. a.a.O., S.74ff.
305 Vgl. BMBF (2005a).
306 Vgl. Wissenschaftsrat (2006).
307 Vgl. a.a.O., S.4.
308 Vgl. ebd.

neuen öffentlichen Haushalts- und Rechnungswesen. Außerdem zeigt sich, dass die Wünsche der Studierenden in die gleiche Richtung gehen, wie vorliegende Befragungsergebnisse belegen. Ihre Erwartungen an das Studium, ihre Wahrnehmung der Qualität der Lehre und die institutionellen Rahmenbedingungen an deutschen Hochschulen werden regelmäßig in den vom BMBF in Auftrag gegebenen Studien „Studiensituation und studentische Orientierungen. Studierendensurvey an Universitäten und Fachhochschulen"[309] dokumentiert. Eine auf den Ergebnissen der Studierendensurveys aufbauende Publikation[310] liefert ergänzend dazu fachspezifische Befunde zur Situation in der BWL. Damit sind die Ansprüche und Einstellungen der Zielgruppe für die universitäre Qualifizierung zum neuen öffentlichen Haushalts- und Rechnungswesen vergleichsweise gut dokumentiert.

Studierende der Wirtschaftswissenschaften verknüpfen – dem 9. Studierendensurvey zufolge – mit ihrem Studium in besonderem Maße Erwartungen an Einkommen und Karriere; eine dieserart materielle Orientierung übertrifft bei vielen Studierenden sogar die fachlich-wissenschaftliche Erwartung.[311] Speziell auf die BWL bezogen heißt es in der zweiten genannten Studie sogar:

> „Die vielfältigen beruflichen Optionen und materiellen Gratifikationen sind vielen Studierenden wichtiger, bedeutender als Fachinteresse und Begabung. Insbesondere haben materiell-extrinsische Motive als Kriterien der Fachwahl ein deutlich höheres Gewicht, wie das spätere Einkommen, die Arbeitsplatzsicherheit und die Karrieremöglichkeiten. Studentinnen verweisen mehr auf den sicheren Arbeitsplatz, während Studenten eher Einkommen und Karriere betonen"[312].

Für Studierende der BWL ist den Angaben zufolge auch spezifisch, dass die von ihnen vorgesehene Studiendauer im Vergleich zu Studierenden anderer Fachrichtungen am geringsten ausfällt.[313] Jeder zweite Studierende der BWL will sein Studium möglichst rasch abschließen.[314] Dabei ist die Effizienz des Studiums –

---

309 Mit BMBF (2005b) liegt der 9. Studierendensurvey vor. Generell differenzieren die Studierendensurveys die Studienrichtungen nur grob. Fachspezifische Befragungsergebnisse aus der Betriebswirtschaftslehre werden nicht publiziert, stattdessen werden die Wirtschaftswissenschaften zusammengefasst.

310 BMBF (2006b).

311 Vgl. BMBF (2005b), S.14.

312 BMBF (2006b), S.I.

313 Vgl. BMBF (2005b), S.17.

314 Vgl. BMBF (2006b), S.II. Allerdings ist bei den meisten BWL-Studierenden eine ausgeprägte Effizienz- und Erfolgsorientierung im Studium keineswegs durch eine intensive Arbeitshaltung gestützt. Den Angaben zufolge hebt nur jeder vierte hervor, besonders viel und intensiv für das Studium zu arbeiten; vgl. ebd.

gemeint ist das Ziel, es rasch, erfolgreich und arbeitsintensiv zu absolvieren – Studentinnen der BWL wichtiger als Studenten.[315]

Entsprechend ihrer am Berufsziel orientierten Erwartungshaltung sind die Studierenden der Wirtschaftswissenschaften in hohem Maße an einer stärker praktischen Ausrichtung des Studiums interessiert, wobei dieser Wunsch an den Universitäten häufiger geäußert wird als an Fachhochschulen.[316] Dort gilt das wirtschaftswissenschaftliche Studium wissens- und leistungsbezogener als an den Fachhochschulen, aber deutlich anforderungsärmer in überfachlicher oder praktischer Hinsicht – was Studierende bedauern: „Die Studierenden [der Wirtschaftswissenschaften; d. Verf.] an den Universitäten beklagen besonders Mängel bei der Anwendung des Erlernten"[317]. Insbesondere für Studierende der BWL scheint das Studium fast durchgängig Mittel zum beruflichen Ein- und Aufstieg zu sein.[318] Ihnen erscheint es besonders nützlich zur Verbesserung ihrer Berufsaussichten, praktische Arbeitserfahrungen zu gewinnen.[319] Faktisch erhalten die Studierenden in der BWL gegenüber den anderen Fächern an Universitäten allerdings eher weniger häufig Zusammenhänge aufgezeigt, die über das reine Fachwissen hinausgehen und die Praxis einbeziehen[320], was auch Abbildung 5 zeigt. Eine Stärkung des Praxisbezuges halten denn auch 55% der BWL-Studierenden an Universitäten für sehr dringlich.[321]

Insgesamt bemerkenswert und im vorliegenden Zusammenhang nicht zu vernachlässigen sind auch die Befragungsergebnisse im Themenbereich „Soziale Kontakte und Beratung". Hervorzuheben ist zunächst einmal die grundsätzliche Bedeutung dieser sozial-kommunikativen Aspekte. Positive Auswirkungen der Einbindung Einzelner in die Gruppe der Kommilitonen und einer Aufnahme in die „akademische Gemeinschaft" haben eine bedeutende didaktische Funktion:

> „Solche Kontakte sind nicht nur ein Ausweis der sozialen Einbindung an der Hochschule, sondern verhelfen zu einem besseren Studienerfolg. Denn Kontakte zu Kommilitonen, noch mehr zu Lehrenden, können einen konsistenten Studienverlauf und erfolgreichen Abschluss unterstützen"[322].

---

315 Vgl. a.a.O., S.III.
316 Vgl. BMBF (2005b), S.22.
317 ebd.
318 Vgl. BMBF (2006b), S.II. Dagegen nehmen Forschung und Wissenschaft bei den BWL-Studierenden einen vergleichsweise geringen Stellenwert ein. Nur wenige sind wissenschaftlich sehr interessiert; vgl. a.a.O., S.I.
319 Vgl. a.a.O., S.II.
320 Vgl. BMBF (2006b), S.42f.
321 Vgl. a.a.O., S.V.
322 BMBF (2005b), S.23.

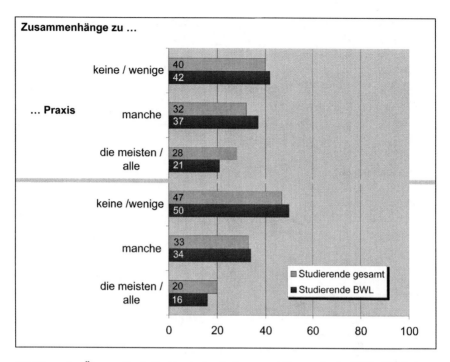

Abbildung 5: Übergreifende Bezüge in den Lehrveranstaltungen in der BWL (2004; Angaben in Prozent). Quelle: BMBF (2006b), S.42

Vor allem die Beratung und Betreuung der Studierenden ist von eklatanter Bedeutung:

> „Die persönliche Beratung durch die Lehrenden hat weitreichende Wirkungen. Je häufiger Studierende Beratungen erfahren, desto besser fühlen sie sich in das Studium integriert, desto weniger Belastungen und Schwierigkeiten haben sie und desto positiver beurteilen sie die Beziehungen zu den Lehrenden. Sie kommen besser mit Leistungsanforderungen und Prüfungen zurecht, im Studium haben sie viel weniger Orientierungsprobleme und fühlen sich an der Hochschule deutlich wohler als andere Studierende [...]. Die positiven Effekte erhöhen sich mit jeder Stufe im Beratungsumfang. Es besteht ein großer Unterschied für die Studierenden, ob sie Beratungen selten, manchmal oder häufig erhalten"[323].

Da sich mit den gängigen digitalen Kommunikationsmitteln erweiterte Gestaltungsoptionen für die soziale Interaktion ergeben, sind Befragungsergebnisse zu diesem Themenbereich in eine Analyse zur bedarfsgerechten Gestaltung von E-

---

323 A.a.O., S.25.

Learning einzubeziehen. Liegen im Bereich der sozialen Kontakte und der Beratung aus Sicht der Studierenden Defizite vor, muss deshalb überlegt werden, wie der gezielte Einsatz von E-Mail, Forum, Chat usw. die Situation verbessern bzw. Veränderungsprozesse technologie-basiert unterstützen kann, auch im Rahmen inhaltsbezogener E-Learning-Angebote.

Tatsächlich sind Studierende wirtschaftswissenschaftlicher Studiengänge mit der Beratungs- und Betreuungssituation unzufrieden. Demnach bestehen in den Wirtschaftswissenschaften ähnlich seltene Kontakte zu Lehrenden wie in der Rechtswissenschaft, wo „[...] nur sehr wenige Studierende öfters Umgang mit ihren Lehrenden [haben]. 43% haben nie mit Professoren Kontakt. Wenn Kontakte bestehen, dann sind sie vorwiegend selten"[324]. Von den BWL-Studierenden an Universitäten stehen nur 3% in häufigem Kontakt zu Professoren, 43% berichten dagegen, dass sie überhaupt keinen Kontakt zu ihren Professoren haben – für die Autoren der Studie „[...] ein sehr hoher Anteil"[325].

Ein Mal mehr stellt sich die Situation in der BWL resp. den Wirtschaftswissenschaften deutlich negativer dar, als in anderen Fachrichtungen. An den Universitäten insgesamt haben Studierende signifikant häufiger regelmäßigen Umgang mit Professoren als in der BWL.[326] Auch das soziale Klima, worunter die Beziehungen der Studierenden zu den Lehrenden und die Konkurrenz der Studierenden untereinander zusammengefasst werden, bewerten Studierende in den Wirtschaftswissenschaften – nach den Rechtswissenschaften – im Vergleich der Fachrichtungen am negativsten.[327]

Dabei wären mehr Beratung und Betreuung durch Lehrende ausdrücklich gefragt: 38% der Studierenden an Universitäten wünschen sich „sehr dringend" mehr Beratung.[328] Unter den Studierenden der BWL wird die Forderung besonders häufig erhoben: 45% von ihnen fordern dringend eine bessere Betreuung.[329] Entsprechend sind die Studierenden in der BWL mit ihren Kontakten zu Professoren insgesamt wenig zufrieden. Während in anderen Fachrichtungen an den Universitäten 35% der Studierenden ihre Kontaktsituation als positiv bezeichnen, sind es in der BWL nur 20%.[330] Im subjektiven Vergleich mehrerer Elemente der Studienqualität geben BWL-Studierende der Beratungs- und Betreuungsleistung

---

324 A.a.O., S.24.
325 BMBF (2006b), S.VI.
326 Vgl. BMBF (2005b), S.26.
327 Vgl. a.a.O., S.23ff.
328 Vgl. a.a.O., S.25. Unter den Studierenden wirtschaftswissenschaftlicher Fächer an Fachhochschulen wird dieser Wunsch dagegen von 26% geäußert; vgl. ebd.
329 Vgl. BMBF (2006b), S.VI.
330 Vgl. ebd.

denn auch das negativste Urteil; nur 28% bewerten sie als gelungen.[331] Auch wenn hier nur ein subjektives Urteil deutlich wird, mit Blick auf die Bedeutung der Kontakte zwischen Studierenden und Lehrenden sind diese Zahlen unbedingt negativ zu beurteilen:

> „Die Kontakte zu den Lehrenden, insbesondere den Professoren, sind für die Studierenden und deren Studienfortgang von sehr großer Bedeutung. Sie beinhalten nicht nur die Chance zur Information und Beratung, sondern ebenso zur Unterstützung und Förderung. Vor diesem Hintergrund sind die Kontakte zu den Lehrenden in BWL problematisch gering"[332].

Ähnlich wird die Situation im Hinblick auf Aspekte der Anonymität – etwa empfundene Isolation, Entpersonalisierung und Gleichgültigkeit – dargestellt.[333] Im 9. Studierendensurvey heißt es mit Blick auf die Situation in den Wirtschaftswissenschaften: „Auch hier fallen in allen drei Anonymitätsaspekten deutliche Unterschiede zwischen den Fächergruppen auf. Die Studierenden der Rechtswissenschaft berichten in jedem Bereich von der größten Anonymität. Sehr ähnliche Verhältnisse finden sich in den Wirtschaftswissenschaften und teilweise in der Medizin"[334]. In der zweiten genannten Studie, in der es im Speziellen um die BWL geht, wird festgestellt, dass Anonymität an den Universitäten bei jedem fünften BWL-Studierenden zu starken Belastungen führt.[335] Ähnlich wie im Kontext der sozialen Kontakte und der Betreuung wird auch beim Aspekt der Anonymität hervorgehoben, dass Defizite den Studienerfolg negativ beeinflussen:

> „Belastete Studierende haben mehr Schwierigkeiten mit der Studienführung. Auch nehmen Probleme mit Leistungsanforderungen und Prüfungsvorbereitungen zu,

---

331 Die 1.) inhaltliche Qualität des Studiums halten 66% der Studierenden für „gut" bis „sehr gut". 2.) Studienaufbau: 62% 3.) Durchführung von Lehrveranstaltungen: 47% 4.) Beratungs- und Betreuungsleistung der Lehrenden: 28%; vgl. dazu im Einzelnen die Ausführungen a.a.O.

332 A.a.O., S.VI. Zum Kontaktumfang und den Folgen im Studium heißt es weiter: „Studierende mit wenig Kontakt zu Lehrenden berichten häufiger von sehr ernsthaften Sorgen, das Studium nicht zu schaffen, und von großen Schwierigkeiten im Umgang mit Lehrenden. Sie erleben selten gute Beziehungen zu Lehrenden oder regelmäßige Beratungsmöglichkeiten. Bei häufigen Möglichkeiten zu persönlicher Beratung erfahren die Studierenden ihre Studiensituation positiver. Die Beziehungen zu Lehrenden werden besser beurteilt, Gedanken an einen Fachwechsel oder gar Studienabbruch treten seltener auf. Außerdem verringern sich die Schwierigkeiten und Belastungen durch Leistungsanforderungen und Prüfungen (vgl. ebd).

333 Vgl. BMBF (2005b), S.27

334 Ebd.

335 Vgl. BMBF (2006b), S.VIf. An Fachhochschulen berichtet dagegen „nur" jeder zwölfte von Belastungen; vgl. ebd.

Zweifel an der eigenen Studierfähigkeit verstärken sich und ebenso treten Überlegungen zum Fachwechsel oder zur Studienaufgabe häufiger auf"[336].

Beachtenswerte Befunde ergeben sich aus den Studien auch hinsichtlich der wahrgenommen Lehrqualität. Was die Einhaltung fünf didaktischer Prinzipien in der Hochschullehre angeht, die das Lehren und Lernen fördern und damit die Studienqualität erhöhen sollen[337], werden insgesamt „bemerkenswerte" Verbesserungen ausgemacht, welche nicht nur die didaktischen Prinzipien selbst betreffen, sondern insbesondere auch die Aktivierung und Motivierung der Studierenden: „Die studentischen Reaktionen belegen die verstärkten Anstrengungen um eine Aufwertung der Lehre. Die Bemühungen der Lehrenden sind bei den Studierenden angekommen, wie deren positive Rückmeldungen bestätigen"[338] (siehe dazu Abbildung 6).

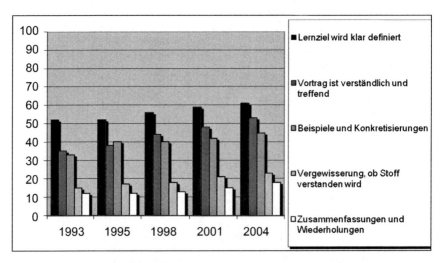

Abbildung 6: Einhaltung didaktischer Prinzipien in den Lehrveranstaltungen von Hochschulen im Urteil der Studierenden (Angaben in Prozent für die Kategorie: Trifft auf "die meisten" oder "alle" Lehrveranstaltungen zu). Quelle: BMBF (2005b), S.30

---

336 A.a.O., S.VII.
337 Konkret zielte die Befragung ab auf die Aspekte 1.) klare Definition des Lernzieles, 2.) verständlicher und treffender Vortrag, 3.) Vergewisserung über das Stoffverständnis, 4.) das Einbringen von Beispielen und Konkretisierungen sowie 5.) regelmäßige Zusammenfassungen und Wiederholungen
338 BMBF (2005b), S.31.

Gemäß der Rückmeldung der Studierenden werden alle fünf angesprochenen didaktischen Grundprinzipien auch in der BWL-Lehre gegenüber früher vermehrt eingehalten.[339] Vor allem die Bemühungen der Lehrenden um die klare Definition des Lernziels sowie um einen treffenden Vortrag haben sich deutlich gesteigert.[340]

Doch der 9. Studierendensurvey kommt eben auch zu folgendem Schluss: „Die Wirtschaftswissenschaften an Universitäten fallen vorrangig durch Schwächen auf. Die Studierenden bescheinigen ihren Lehrenden am seltensten, dass sie Beispiele und Konkretisierungen einbringen. Zusammen mit der Rechtswissenschaft berichten sie auch am seltensten von guten Vorträgen"[341]. Wie ausgeprägt die negative Wahrnehmung didaktischer Qualität insbesondere unter den Studierenden der BWL im Vergleich zu Studierenden anderer Fächer ist, zeigt Abbildung 7.

Während dem Studierendensurvey zufolge seit 1993 an deutschen Hochschulen insgesamt

• für alle fünf Prinzipien der Hochschuldidaktik eine vermehrte Einhaltung konstatiert werden kann,
• deutlich mehr Studierende in den meisten ihrer Veranstaltungen erleben, dass die Lehrenden wichtige hochschuldidaktische Grundsätze anwenden, zum Teil viel mehr als Anfang der 90er Jahre, und sich
• nach dem Urteil der Studierenden vor allem eine größere Verbesserung bei der Art des Vortrages der Lehrenden und bei der Veranschaulichung durch Beispiele und Konkretisierungen zum Lehrstoff eingetreten ist,

sind jene beiden Befunde, dass dem entgegen Studierende der Wirtschaftswissenschaften – zusammen mit den Studierenden der Rechtswissenschaften – am seltensten von guten Vorträgen berichten, und sie ihren Lehrenden auch am seltensten bescheinigen, Beispiele und Konkretisierungen einzubringen, beachtenswert. Dies gilt umso mehr, wenn wir uns in Erinnerung rufen, dass mit dem wirtschaftswissenschaftlichen Studium in besonderem Maße Erwartungen an Einkommen und Karriere verknüpft werden und konkret der Wunsch nach stärkerem Praxisbezug im Studium geäußert wird. Die Qualitätsbilanz des wirtschaftswissenschaftlichen Studiums wird dabei an Universitäten insgesamt niedriger bewertet, als an Fachhochschulen.[342]

---

339 Vgl. BMBF (2006b), S.IV.
340 Vgl. ebd.
341 BMBF (2005b), S.31.
342 Vgl. BMBF (2005b), S.37

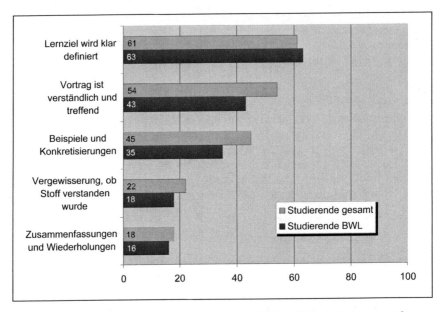

Abbildung 7: Einhaltung didaktischer Prinzipien an Universitäten in Lehrveranstaltungen der BWL sowie insgesamt im Urteil der Studierenden (Angaben in Prozent für die Kategorie: Trifft auf "die meisten" oder "alle" Lehrveranstaltungen zu. Stand: 2004). Quelle: BMBF

In Bezug auf die didaktische Gestaltung von E-Learning-Angeboten implizieren die Ergebnisse, dass die in der BWL aus Sicht der Studierenden besonders unbefriedigend (sowohl absolut als auch im Vergleich zum Durchschnitt aller Studierenden) eingehaltenen Didaktik-Prinzipien „Zusammenfassungen und Wiederholungen", „Vergewisserung, ob Stoff verstanden wurde" und „Beispiele und Konkretisierungen, Abbildung 7) im Mittelpunkt stehen sollten. Es muss das Ziel sein, die angesprochenen Defizite der Präsenzlehre auch durch ergänzende Online-Angebote zu entschärfen.

Es ist hier nicht weiter zu diskutieren, inwieweit jene dahingehend interpretierbaren Vorwürfe von Studierenden und Bildungsplanern, die wirtschaftswissenschaftliche Forschung und Lehre beschäftige sich gleichsam zu sehr mit praxisferner Ökonomietheorien, als berechtigt zu gelten haben. Tatsächlich verbindet sich jedoch auch mit dem so genannten Bologna-Prozess „[...] das Ziel und für die Hochschulen die Aufgabe einer inhaltlichen Reform, in deren Verlauf Studienangebote kritisch hinterfragt, auf ihre Aktualität und Relevanz überprüft und gegebenenfalls mit Blick auf neue Anforderungen aus Wirtschaft und Wissenschaft neu ausgerichtet werden"[343], wie die Hochschulrektorenkonferenz es auf ihrer Informationswebsite zum Bologna-Prozess formuliert. Zwar haben Fachhochschulen eine höhere Berufsbezogenheit aufzuweisen, während Universitäten theoretischer ausgerichtet sind und eine größere Nähe zur Forschung herstellen sollen. Dennoch ist – nachdem eingangs kurz die generell wachsende Bedeutung von Aus- und Weiterbildung angesprochen wurde – bis hierhin deutlich geworden, dass auch von den Universitäten zunehmend eine wirtschaftswissenschaftliche resp. betriebswirtschaftliche Forschung sowie Lehre gefragt ist, die sich stärker auf die Praxis bezieht und ihre Inhalte gleichsam konkretisiert; gerade die Anspruchsgruppe der Studierenden wünscht dies. Sie sind auch mehr als ihre Kommilitonen anderer Fächer an einem zeitlich straffen Studienverlauf interessiert und gerade sie beklagen in ihrem Fach die Beratungs- und Betreuungssituation, die soziale Situation zwischen ihnen und den Lehrenden und eine gewisse Anonymität.

Die wirtschaftswissenschaftliche Lehre an den deutschen Hochschulen steht darüber hinaus noch vor dem Hintergrund einiger weiterer Entwicklungen unter einem gewissen Qualitäts- und Effizienzdruck: Während die Zahl der deutschen Hochschulprofessoren seit 1994 stagniert, stieg die Gesamtzahl der Studierenden von 1990 bis 2006 von 1.712.608 auf 1.979.043[344], und in der Betriebswirtschaftslehre besonders deutlich von 123.079 auf 156.010[345]. Effizienz und Effektivität der Hochschulausbildung in Deutschland werden zunehmen müssen, wenn sich der seit 1995 anhaltende Trend steigender Studierendenzahlen fortsetzt. Die Kultusministerkonferenz hat prognostiziert, dass die Zahl der Studierenden auf 2,5 bis 2,7 Mio. in den Jahren 2012 bis 2014 steigen wird; danach soll die Zahl zwar bis 2020 kontinuierlich auf 2,3 bis 2,5 Mio. zurückgehen, doch liegt sie demnach auch in 15 Jahren noch deutlich über der Zahl des Jahres 2004.[346] Diese Zahlen legitimieren die von den Studierenden der Wirtschaftswissenschaften empfundenen Defizite der Betreuungssituation. Zugleich wird deutlich, dass das Problem in Zukunft eher noch zunehmen dürfte.

---

343 Hochschulrektorenkonferenz, redaktioneller Beitrag im Online-Informationsportal der „Service-Stelle Bologna" unter www.hrk-bologna.de/bologna/de/home/1923.php (12.11.2007).

344 Vgl. www.destatis.de/jetspeed/portal/cms/Sites/destatis/Internet/DE/Content/Statistiken/ Zeitreihen/LangeReihen/Bildung/Content100/lrbil01a,templateId=renderPrint.psml (12.11.2007).

345 Vgl. www.destatis.de/jetspeed/portal/cms/Sites/destatis/Internet/DE/Content/Statistiken/ Zeitreihen/LangeReihen/Bildung/Content100/lrbil02a,templateId=renderPrint.psml (12.11.2007).

346 Vgl. Kultusministerkonferenz, Prognose der Studienanfänger, Studierende und Hochschulabsolventen bis 2020 (Dokumentation Nr. 176 – Oktober 2005, Statistische Veröffentlichungen der Kultusministerkonferenz) (www.kmk.org/statist/dok176.pdf.zip, 17.10.2007), S.6.

Vor dem Hintergrund der Entwicklung hin zu steigenden Studierendenzahlen je Hochschullehrkraft und den bekannten Befunden, dass deutsche Studierende im internationalen Vergleich überhaupt erst spät ihr Studium aufnehmen und dieses auch erst vergleichsweise spät abschließen, mag die fortschreitende Einführung einer zweistufigen Studienstruktur mit Bachelor- und Master-Abschlüssen möglicherweise in die richtige Richtung weisen. Jedoch scheinen die Hochschulen auf die steigende Bedeutung von anwendbarem Wissen und beruflicher Weiterbildung bisher noch nicht adäquat zu reagieren.[347] Dies zeigt sich auch am geringen Engagement der Hochschulen in der Weiterbildung.

Obwohl die Beteiligung an der Weiterbildung bereits seit dem Erlass des Hochschulrahmengesetzes von 1976 zu den Aufgaben der Hochschulen gehört[348] und darüber hinaus 1998 mit der Novellierung des Hochschulrahmengesetzes zur offiziellen Kernaufgabe der Hochschulen neben Forschung, Lehre und Studium erklärt wurde[349], beteiligen sich die Hochschulen am Weiterbildungsmarkt nur sehr begrenzt[350]; in der wirtschaftswissenschaftlichen Weiterbildung dominieren die privaten Anbieter, Hochschulen spielen hier nur eine nachgeordnete Rolle.[351] Als Gründe für das geringe Engagement der Hochschulen in der Weiterbildung werden von Seiten der Hochschulen vor allem knappe Ressourcen und strukturelle Hemmnisse beklagt.[352] Zu dem geringen Weiterbildungsengagement beitragen dürften auch eine mangelnde Nachfrageorientierung der Hochschulen und die Tatsache, dass Weiterbildung kein klassisches Reputationskriterium für Lehrende darstellt. Dabei könnten die Hochschulen von dem mit der Weiterbildung verbundenen Praxiskontakt profitieren, während umgekehrt die wissenschaftliche Kompetenz der Hochschulen der Privatwirtschaft nutzen kann. „Durch die Verbindung von Wirtschafts- und Hochschulsystem via Weiterbildung können Synergieeffekte ausgenutzt und wichtige Potentiale für den wissenschaftlichen Technologie- und Wissenstransfer erschlossen werden"[353]. In diesem Sinne bietet es sich für Hochschulen außerdem an, Weiterbildung auch als Innovations- und Experimentierfeld zu nutzen, in dem neuartige Programme und Lehr-/Lernmethoden entwickelt und evaluiert werden.[354]

---

347 Vgl. dazu neben den Ausführungen oben auch Uhl (2003).
348 Vgl. Hochschulrektorenkonferenz, Die wissenschaftliche Weiterbildung an den Hochschulen (Dokumente zur Hochschulreform 84/1993), o.O. 1993, und Willich/Minks (2004), S.4.
349 Vgl. a.a.O., S.3.
350 Vgl. ebd.
351 Vgl. a.a.O., S.49.
352 Vgl. a.a.O., S.4.
353 Ebd.
354 Vgl. Hanft/Knust (2007), S.660.

Unterdessen wächst die potenzielle Nachfrage nach (Hochschul-)Weiterbildung, da im Zuge eines Trends zur Höherqualifizierung der Anteil der Hochschulabsolventen an der Bevölkerung steigt und gerade diese dem Konzept des „Lebenslangen Lernens" durch Weiterbildungsaktivitäten stärker folgen, als Personen mit abgeschlossener Berufsausbildung bzw. Lehre.[355] Auch genießen die Hochschulen als anerkannte gesellschaftliche Institutionen bisher einen guten Ruf als Bildungsinstitutionen, da ihre „relative Autonomie [...] die Möglichkeit bietet, sich bis zu einem gewissen Grad den marktförmigen Mechanismen des Praxisfeldes zu entziehen"[356]. Zugleich sind die Hochschulen jedoch nicht nur – wie bereits oben dargelegt – von Seiten Studierender mit dem Vorwurf der Praxis konfrontiert, ihnen mangele es an Bedarfsorientierung, Praxisnähe und Problembezügen.[357]

Zwar ist die tatsächliche Nachfrage nach formaler beruflicher Weiterbildung in Deutschland zuletzt – wahrscheinlich auf Grund der knappen Mittel im öffentlichen Sektor und dem Kostendruck in Unternehmen – zurückgegangen.[358] Dennoch könnten deutsche Hochschulen vermutlich weitaus stärker von der derzeitigen Nachfrage profitieren, wenn sie ihr Weiterbildungsangebot erweiterten: So zeigen empirische Befunde, dass deutsche Hochschulen Weiterbildung vor allem als Weiterqualifizierung von Hochschulabsolventen verstehen, während den Hochschulen in England, Finnland, Frankreich oder den USA die Ausrichtung wissenschaftlicher Weiterbildungsangebote auch auf nicht-traditionelle Zielgruppen entscheidende Wettbewerbsvorteile bringt.[359] Gerade auf internationaler Ebene könnte sich privaten Bildungsanbietern genauso wie Hochschulen mit praxisnahen Lehrinhalten und -konzepten ein erhebliches Marktpotenzial für berufliche wirtschaftswissenschaftliche Weiterbildung bieten.[360] Wachstumspotenziale ergeben sich hier insbesondere durch die wirtschaftliche Globalisierung, die auch die Weiterbildungsmärkte betrifft. Mit der Globalisierung und der weltweiten Standardisierung von Produkten und Verfahren nähern sich auch der Weiterbildungsbedarf und Zertifikate international an; dies gilt etwa für IT-Zertifikate und Qualitätssicherungsverfahren, aber eben auch für betriebswirtschaftliche und finanztechnische Methoden und Instrumente.[361] Die Chancen einer internationalen Verwertung von Bildungsprodukten wirtschaftswissenschaftlichen Inhalts

---

355 Vgl. Willich/Minks (2004), S.4.
356 Ebd.
357 Vgl. a.a.O., S.5.
358 Vgl. BMBF (2006a).
359 Vgl. Hanft/Knust (2007). Wobei insgesamt „[...] die Verzahnung von grundständiger Bildung, Weiterbildung und beruflicher Bildung in den Vergleichsländern weit vorangeschritten ist" (a.a.O., S.658).
360 Vgl. a.a.O., S.406ff.
361 Vgl. Severing (2003), S.5.

sind damit tendenziell gut.[362] Handelt es sich dabei um E-Learning-basierte Weiterbildungsangebote, dürften die Verwertungschancen sich noch positiver darstellen, gilt E-Learning in der Praxis doch als besonders chancenreiches Segment für international ausgerichtete Weiterbildungsangebote.[363] Hinzu kommt noch, dass die Qualität der Angebote deutscher Weiterbildungsanbieter ebenso wie das Ansehen deutscher Berufsbildung vergleichsweise hoch ist.[364]

Dennoch herrscht bei den inländischen Anbietern Zurückhaltung vor; auf dem expandierenden internationalen Weiterbildungsmarkt sie sind nur unzureichend vertreten.[365] Doch der deutsche Markt kann sich nicht abschotten, einheimische Anbieter treffen auch auf dem deutschen Ausbildungsmarkt zunehmend auf ausländische Mitbewerber: „In der privatwirtschaftlich finanzierten Weiterbildung sind bereits heute wesentliche und wachsende Marktanteile bei der Qualifikation von Führungskräften, bei der IT-Zertifizierung und im Sprachenbereich von transnationalen Konsortien und multinationalen Anbietern besetzt"[366]. Schon in der Vergangenheit erfolgte die Deregulierung der Bildungsmärkte unabhängig davon, wie sehr deutsche Anbieter an den daraus resultierenden Chancen partizipieren.[367]

Die wenigen bis hierhin skizzierten Entwicklungslinien zeigen, dass Hochschulen (wie auch die privaten Bildungsanbieter) in Deutschland einigen Anlass haben, ihre Aus- und Weiterbildungsangebote in den Wirtschaftswissenschaften durch die Einbeziehung von E-Learning qualitativ weiter zu entwickeln und den inhaltlichen Bezug zur Praxis weiter zu verengen. Dabei können und sollten die Chancen und Herausforderungen eines zunehmend privatisierten, internationalisierten Bildungsmarktes zukünftig weniger ausgeblendet werden. Hervorgehoben sei abschließend nochmals der ausnehmend große Handlungsbedarf im BWL-Studienangebot der Universitäten, den das BMBF wie folgt bilanziert:

> „Die Studierenden der BWL zeichnen sich nicht so sehr durch eine kritische Haltung aus. Insofern erscheint es beachtlich, dass nach ihren Angaben im Fach BWL die Schwächen die Stärken überwiegen. Trotz des hohen Zulaufes im Fach BWL muss man bilanzieren, dass die Attraktivität des Studiums nicht in einer hohen Studienqualität liegt und in einem breiten Studienertrag, sondern in einer pragmatischen, überschaubaren Anlage des Studiums, das immer noch, zuletzt mit Einschränkungen, günstige Berufsaussichten verspricht"[368].

---

362 Vgl. dazu auch Hanft/Knust (2007).
363 Vgl. BMBF (2006a), S.406ff.
364 Vgl. Severing (2003).
365 Vgl. BMBF (2003).
366 Severing (2003), S.6.
367 Vgl. a.a.O., S.6f.
368 BMBF (2006b), S.VIII.

2.3.1.2 Computernutzung und Medienkompetenz Studierender

Zur IT-Anwendungskompetenz, zur technischen Ausstattung und zur Online-Affinität der Studierenden lassen sich im Vergleich zur Zielgruppe der Verwaltungsmitarbeiter wesentlich spezifischere Aussagen treffen. Das liegt einerseits daran, dass häufiger gezielt Studierende befragt wurden. Andererseits können, was hier erfolgen soll, auch Befragungen der Gesamtbevölkerung herangezogen werden, sofern dabei nach Altersgruppen differenziert wurde; um empirische Grundeinschätzungen über Studierende treffen zu können, erscheint es im vorliegenden Zusammenhang beispielsweise ausreichend, sie der Altersgruppe der 20- bis 29-Jährigen zuzuordnen und ihnen die Merkmale dieser Gruppe zuzuschreiben.

Generell hat sich die technologische Revolution der vergangenen Jahrzehnte bis heute so weit fortgesetzt und beschleunigt, dass Computer in Industrienationen nicht mehr aus dem Alltagsleben wegzudenken sind; sie dienen als Instrumente für die alltägliche Information, Kommunikation und Organisation, und generell für die Teilnahme am öffentlichen Leben. Gerade Studierende verfügen zunehmend über ausgeprägte Medienkompetenzen – eine als wichtig einzuschätzende Bedingung für die Akzeptanz von E-Learning. Im bereits oben zitierten Studierendensurvey des BMBF wurde bereits 2005 konstatiert: „Der Computer ist für diese Studentengeneration fast zum alltäglichen Gebrauchsgegenstand geworden"[369].

Studierende haben klare Vorstellungen davon, welche Formen der Studiengestaltung ihre beruflichen Chancen verbessern können – und IT-Kenntnisse gehören dazu: In dem genannten Studierendensurvey des BMBF wurde es von 72% der Befragten als „sehr nützlich" für ihre Berufsaussichten erachtet, sich Kenntnisse im EDV-Bereich anzueignen. Damit rangiert dieser Aspekt einer Studienstrategie noch vor dem Ziel, ein gutes Abschlussexamen zu absolvieren (dies erachten lediglich 67% als sehr nützlichen Aspekt).[370] Speziell in der BWL betrachten die Studierenden EDV-Kenntnisse als eine wichtige Fertigkeit, die sowohl berufliche wie persönliche Vorteile beinhaltet. Sie legen großen Wert auf ihren Erwerb.[371]

Eine besonders positive Ausgangsbedingung für E-Learning im Haushalts- und Rechnungswesen könnte sein, dass gerade Studierende der Wirtschaftswissenschaften aktiv mit Computern arbeiten. Dabei zeigt sich ihre Aufgeschlossenheit nicht nur beispielsweise durch gute Kenntnisse von Präsentations- und Statistikprogrammen:

---

369 BMBF (2005b), S.32.
370 Vgl. a.a.O., S.14-15.
371 Vgl. BMBF (2006b), S.63.

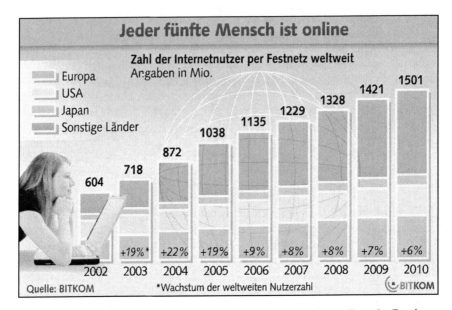

Jeder fünfte Mensch ist online

Zahl der Internetnutzer per Festnetz weltweit
Angaben in Mio.

Europa
USA
Japan
Sonstige Länder

604 | 718 | 872 | 1038 | 1135 | 1229 | 1328 | 1421 | 1501

+19%* | +22% | +19% | +9% | +8% | +8% | +7% | +6%
2002 | 2003 | 2004 | 2005 | 2006 | 2007 | 2008 | 2009 | 2010

Quelle: BITKOM   *Wachstum der weltweiten Nutzerzahl   BITKOM

Abbildung 8: **Internationale Entwicklung der Internetnutzung. Darstellung des Bundesverbands Informationswirtschaft Telekommunikation und neue Medien e.V.**[372]

Ähnlich wie die Studierenden der Natur- und Ingenieurwissenschaften nutzen sie Computer innerhalb der Hochschulen häufiger als die Studierenden anderer Fächer (jeder Fünfte täglich und ein weiteres Drittel „häufig").[373] Ähnlich verhält es sich mit der Computernutzung zu Hause bzw. privat: Während 90% der BWL-Studierenden an Universitäten im Jahr 2004 „häufig" oder „täglich" zu Hause Computer nutzten, lag die Nutzungsquote unter den Studierenden insgesamt signifikant niedriger (81%).[374]

Dabei begründet vor allem das Internet die intensive Computernutzung. Dies lässt sich an den Nutzerzahlen deutlich ablesen, sowohl international – wie Abbildung 8 verdeutlicht –, als auch in Deutschland. Im Rahmen der seit 1997 jährlich und repräsentativ durchgeführten Online-Studie von ARD und ZDF[375] hat sich gezeigt, dass der Anteil der Internetnutzer hier innerhalb von elf Jahren von 6,5 Prozent auf 62,7 Prozent im Jahr 2007 angestiegen ist.[376] In der Gruppe

---

372 Quelle: www.bitkom.org/48479_46069.aspx (22.10.2007).
373 Vgl. BMBF (2005b), S.32.
374 Vgl. BMBF (2006b), S.63.
375 Vgl. www.ard-zdf-onlinestudie.de (21.10.2007) und van Eimeren/Frees (2007).
376 Vgl. van Eimeren/Frees (2007), S.364.

der 20- bis 29-Jährigen, also der gemeinhin typischen Altersgruppe Studierender, betrug der Nutzungsgrad sogar 94,3 Prozent, wie auch Abbildung 9 zeigt.[377]

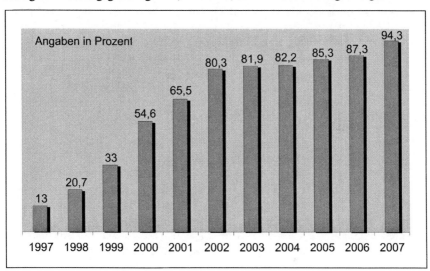

Abbildung 9: **Mindestens „gelegentliche" Internetnutzung der 20- bis 29-Jährigen in Deutschland. Quelle: ARD/ZDF Online-Studien 1997-2007**

2.3.1.3 Internetzugang / IT-Ausstattung

Studierende sind sehr aktive Online-Nutzer und beim Internetzugang gut ausgestattet. Bereits vor Jahren zeichnete sich ab, dass sie zunehmend selbstverständlich über einen Internetzugang in der eigenen Wohnung verfügen. Von 2000 bis 2003 wuchs der prozentuale Anteil der Studierenden mit privatem Internetanschluss stärker als in der Gesamtbevölkerung, weshalb ihnen eine „Vorreiterrolle" bei der Nutzung moderner Kommunikations- und Informationstechnologien attestiert werden konnte.[378] Im vorliegenden Zusammenhang der Qualifizierung zum neuen öffentlichen Haushalts- und Rechnungswesen kann besonders positiv bewertet werden, dass Studierende der Wirtschaftswissenschaften im Vergleich der Studienfächer überdurchschnittlich häufig einen privaten Internetanschluss besitzen; im Jahr 2003 waren es bereits 92 %.[379] Dabei sind Studenten offenbar generell

---

377 Vgl. a.a.O., S.378. Basis: Bevölkerung ab 14 Jahre in Deutschland, n=1142; vgl. www.ard-zdf-onlinestudie.de/index.php?id=17 (21.10.2007)
378 Vgl. HIS (2005), S.10.
379 Vgl. a.a.O., S.25-26.

gut ausgestattet: Über einen Breitband-Internetanschluss für hohen Datentransfer verfügten 2003 bereits 51% von ihnen[380], während die Verbreitung dieser Technologie unter allen 20- bis 29-Jährigen insgesamt nur bei 36% lag.[381] Bis heute ist die Verbreitung in dieser Altersgruppe auf zwei Drittel angestiegen[382], so dass aktuell unter Studierenden eine Verbreitung von mindestens bei 75% angenommen werden kann. Über eine *Flatrate* zur zeitlich unbeschränkten Internetnutzung zum Pauschaltarif verfügen ebenfalls zwei Drittel der 20- bis 29-Jährigen.[383] Sowohl die Verfügbarkeit, als auch die Qualität der Internetzugänge an den Hochschulen wird von den Studierenden mittlerweile ausgesprochen positiv beurteilt.[384] Dies gilt – einmal mehr – in besonderem Maße für die BWL.[385]

2.3.1.4 Online-Affinität und -Nutzungsverhalten

Viele junge Menschen nutzen das Internet täglich und bei allen denkbaren Fragen und Themen – dies geben 77% der 20- bis 29-Jährigen an, während es über alle Altersklassen hinweg nur 64% sind.[386] In qualitativer Hinsicht lässt sich bei den jüngeren Internetnutzern ein altersgruppenspezifisches Nutzungsmuster identifizieren, welches von ausgeprägter Offenheit gegenüber vielfältigen Online-Angeboten und -Funktionen zeugt:

> „Charakteristisch für die jüngeren Onliner, insbesondere die unter 30-Jährigen, ist ihre Neigung, die gesamte Vielfalt der Anwendungen im Netz auszuschöpfen. Surfen, an Gesprächsforen und Newsgroups teilnehmen, der Abruf von audiovisuellen Angeboten zählen für die Mehrheit der unter 30-Jährigen zur Nutzungsroutine"[387].

Dabei ist das dominante inhaltliche Motiv der Internetnutzung in der Gruppe der 20- bis 29-Jährigen die Befriedigung eines Informationsbedürfnisses.[388] Noch deutlicher wird dies anhand der Befragungsergebnisse einer Gegenüberstellung der Nutzungsmotive „Information" und „Unterhaltung", wie Abbildung 10 zeigt. Entsprechend werden „Aktuelle Nachrichten (Geschehen in Deutschland, Ausland)" und „Informationen aus Wissenschaft, Forschung, Bildung" am stärksten

---

380 Vgl. a.a.O., S.26. Zum Vergleich: Im Jahr 2004 – also ein Jahr später – verfügten insgesamt erst 9% *aller* Haushalte in Deutschland über einen Breitband-Anschluss; vgl. ebd.
381 Vgl. www.ard-zdf-onlinestudie.de/index.php?id=30 (21.10.2007).
382 Vgl. ebd. (22.10.2007)
383 Vgl. www.ard-zdf-onlinestudie.de/index.php?id=27 (22.10.2007)
384 Vgl. BMBF (2006b), S.64.
385 Vgl. ebd.
386 Vgl. van Eimeren/Frees (2007), S.367.
387 van Eimeren/ Frees (2007), S.365.
388 Dies geben 97% der Nutzer an; vgl. a.a.O., S.367. Zweit- und drittrangig sind die Motive, „weil es mir Spaß macht" (81%) und „weil ich Denkanstöße bekomme" (56%); vgl. ebd.

abgerufen.[389] Neben der Informationsfunktion des Internet steht die Kommunikation im Vordergrund.[390]

Nutzung des Internet überwiegend...

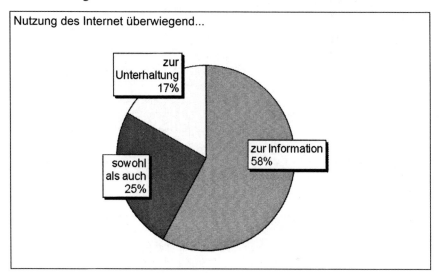

zur
Unterhaltung
17%

sowohl
als auch
25%

zur Information
58%

Abbildung 10: Internetnutzung zur Unterhaltung bzw. zur Information 2007 (20- bis 29-Jährige). Quelle: van Eimeren/Frees (2007), S.368

Bemerkenswert sind allerdings einige geschlechtsspezifische Nutzungsmuster, die sich bei den Online-Studien von ARD und ZDF zeigen. So laden Frauen wesentlich seltener Dateien aus dem Netz herunter als Männer, sie befassen sich auch weniger mit Computerspielen als diese, und sie nutzen seltener multimediale Anwendungen. Das Gleiche gilt für Audio- und Videodateien – sie werden von Männern sogar doppelt so häufig abgerufen, wie von Frauen – sowie für den Radiokonsum über das Netz. Dabei verfügen Frauen in der Gruppe der unter 50-Jährigen insgesamt gleichermaßen über Internetzugänge wie Männer. Als Ursache für diese Unterschiede kommt auch nicht etwa in Frage, dass der Nutzung multimedialer Anwendungen bei jungen Frauen technische Barrieren im Sinne von mangelnder Technikkompetenz oder mangelnder technischer Infrastruktur im Wege stehen.

Frauen konsumieren Medien auch nicht generell „passiver": Klassische Medien wie Radio und Fernsehen, aber auch Printmedien, nutzen Frauen wesentlich intensiver. So werden die Ursachen für die genannten geschlechtsspezifischen Un-

---

389 Diese Inhalte werden von jeweils 46% „häufig" oder „gelegentlich" genutzt. Dies ist im Vergleich der höchste Wert. Vgl. a.a.O., S.368.
390 Vgl. a.a.O., S.378.

terschiede, die den Befragungsergebnissen zufolge auch im jungen „Onlinerseg-
ment" der 14- bis 29-Jährigen existieren, in den multimedialen Angeboten selbst,
also den Inhalten, und in der „Nutzungssituation" vermutet.[391]

Doch welche Schlüsse sind daraus in Bezug auf E-Learning zu ziehen? Sind
Frauen per se schlechter mit E-Learning-Angeboten zu erreichen, ist also die Akzeptanz bei Männern höher? Ein solcher Schluss lässt sich auf Grundlage der
vorliegenden Daten nicht seriös ziehen. Es muss berücksichtigt werden, dass hier
allein die Nutzungsintensität bei „Freizeit-Internetaktivitäten" erhoben wurde.
Obwohl es sich bei den abgefragten Nutzungsformen womöglich um „typisch
männliche" Aktivitäten handelt, ist keineswegs ausgeschlossen, dass Frauen bereit sind, das Internet zu Bildungszwecken auch in dieser Hinsicht (inter)aktiver
zu nutzen. Insgesamt wird deutlich, dass die „personalen" Voraussetzungen und
technischen Infrastrukturen für E-Learning bei den Studierenden gegeben sind.

2.3.2 Nutzungspraxis und Akzeptanz von E-Learning in Universitäten

Das E-Learning-Angebot an den deutschen Hochschulen wurde seit den späten
1990er Jahren stark ausgebaut, wozu vor allem Förderprogramme von Bund und
Ländern beigetragen haben. Es wurde bereits angesprochen, dass sich Theorie-
diskussion und Praxis des E-Learning nach einer Phase der initialen Euphorie ob
des technologisch Machbaren – der schnell allgemeine Ernüchterung folgte[392] –
aktuell in einer Phase der pragmatischen Neuorientierung befinden. Dies gilt in
besonderem Maße für den Hochschulkontext, weil hier auch zum Thema E-
Learning geforscht und die Fachdiskussion maßgeblich vorangetrieben wird. Die
anfängliche Hoffnung, Lerninhalte ließen sich allein durch ein existierendes Angebot zeit- und ortsunabhängig nutzbarer E-Learning-Angebote effizienter und
im Sinne des Lernerfolgs auch effektiver vermitteln, war auch an Hochschulen
verbreitet. Infolge hoher Investitionen in technologische Infrastrukturen und digitale Lernangebote bei zugleich meist unbefriedigendem Kosten-Nutzen-
Verhältnis wurde das E-Learning an Hochschulen auf den Prüfstand bzw. teilweise sogar in Frage gestellt, bevor seine vollen Potenziale erschlossen worden
wären.393

BWL-Studierende an den Universitäten kennzeichnen ihr Studienfach im Vergleich zur Situation an den Hochschulen insgesamt etwas häufiger durch den
Einsatz neuer Medien.[394] Bereits im Jahr 2003 gaben 93% der Studierenden eines
wirtschaftswissenschaftlichen Faches an, internetgestützte Lehr- und Lernformen

---

391 Vgl. van Eimeren/Frees (2007), S.365.
392 Vgl. Kerres (2001).
393 Vgl. dazu vertiefend den Band Euler/Seufert (2001).
394 Vgl. BMBF (2006b), S.65.

zu kennen; sie gehören damit im Vergleich der Fächer zur Spitzengruppe.[395] Zu einem ähnlichen Ergebnis kam der Studierendensurvey des BMBF. Hier bildeten die Wirtschaftswissenschaften im Wintersemester 2003/04 mit den Natur- und Ingenieurwissenschaften jene Fächergruppe, in der neue Medien in der Lehre am häufigsten zum Einsatz kamen.[396]

Dabei fühlen sich Studentinnen häufiger gut über das vorhandene Angebot informiert als ihre männlichen Kommilitonen.[397] Sie sind auch aufgeschlossener gegenüber E-Learning und beurteilen den Nutzen von Lernsoftware positiver. Studentinnen an den Universitäten halten diese Form des Lernens häufiger für sehr geeignet für ihre Lernfortschritte (16% gegenüber 7% bei den Studenten).[398]

Insgesamt beurteilen Studierende der BWL die Nutzung von „Lernsoftware" jedoch noch eher zurückhaltend, ganz so wie die Studierenden insgesamt. Für ihren eigenen Lernfortschritt schätzen 12% der Studierenden an Universitäten ihren Einsatz als sehr geeignet ein. Etwa ein Drittel der BWL-Studierenden hält Lernsoftware für „eher geeignet". Für wenig geeignet hält sie etwas über ein Drittel und für 19% ist sie ganz ungeeignet.[399]

Die Einschätzung der Studierenden hinsichtlich des Nutzens von Lernsoftware für den Lernerfolg spiegelt die derzeitige Gestaltungspraxis von E-Learning in Universitäten wider. Tatsächlich lässt sich zwar festhalten, dass die Internetnutzung innerhalb der Universitäten vom Wintersemester 2000/01 zum Wintersemester 2003/04 insgesamt zugenommen hat, signifikant jedoch lediglich für den Zugang zu Skripten und Lehrmaterialien, die Bibliotheksrecherche bzw. Literatursuche und Kontakte zu Lehrenden.[400] Was die Verbreitung didaktisch anspruchsvoller, interaktiver Lernobjekte angeht, ergab sich dagegen ein anderes Bild:

> „Je aufwändiger internetgestützte Lehr- und Lernformen in ihrer Implementierung sind, desto geringer sind die Anteile der Studierenden, die Kenntnis über Angebote in den jeweiligen Bereichen haben. So stieg zwar auch der Anteil der Studierenden, die Kenntnis von interaktiven Lehrangeboten haben, auf etwa das Doppelte, doch bleibt dieser Anstieg weit hinter dem Anstieg bei den deutlich einfacher zur Verfü-

---

395 Vgl. HIS (2005), S.15.
396 BMBF (2005b), S.33.
397 Vgl. BMBF (2006b), S.65.
398 Vgl. ebd. „Mit dieser größeren Akzeptanz stehen die Studentinnen der BWL nicht gänzlich alleine. Auch an den Universitäten insgesamt halten die Studentinnen den Einsatz von Lernsoftware häufiger für geeignet" (ebd.).
399 Vgl. BMBF (2006b), S.65.
400 BMBF (2005b), S.35.

gung zu stellenden lehrveranstaltungsbegleitenden Materialien und Informationen zurück"[401].

Ähnliche Ergebnisse ergab 2006 eine Befragung von Hochschulmitarbeitern, die mit E-Learning befasst sind:

„Bei der Bewertung des Grades der Virtualisierung der Hochschullehre zeigt sich, dass der einfache Technikeinsatz (z.B. eine digitale Präsentation) durchschnittlich etwa bei der Hälfte der Lehrveranstaltungen Anwendung findet, interaktive und kooperative Lehrszenarien jedoch wesentlich seltener eingesetzt werden. Über alle E-Learning-Szenarien hinweg handelt es sich bei durchschnittlich 9% der Lehrveranstaltungen um E-Learning-Veranstaltungen. 19% der Lehrenden haben bereits E-Learning-Maßnahmen eingesetzt"[402].

Die an Hochschulen noch immer überwiegende Konzentration der Online-Aktivitäten darauf, etwa einen Satz digitalisierter Seminarunterlagen wie Texte und Präsentationsfolien zum Herunterladen anzubieten, erschließen die didaktischen Potenziale hinsichtlich Interaktivität, Visualisierung, Individualisierung, Lernerfolgskontrolle, Kooperation usw. bei weitem nicht. Praxiserfahrungen haben längst gezeigt, dass die Bereitstellung von Technologien und digitalen Lernangeboten nicht automatisch bessere Lernerfolge bewirkt. Symptomatisch dafür ist das in der Fachdiskussion mittlerweile viel zitierte Urteil Thomas Russells: Seine Analyse von 355 Studienergebnissen zu computerbasierten Lernumgebungen ließ ihn schon 1999 vom "No Significant Difference Phenomenon" bei E-Learning-Maßnahmen sprechen.[403] In Anbetracht der simplen Gestaltungspraxis von E-Learning ist zu bezweifeln, ob heute andere Ergebnisse erzielt würden.

Für Universitäten ein gleichsam idealtypisches didaktisches Gesamtkonzept für E-Learning-basierte Qualifizierung zum neuen öffentlichen Haushalts- und Rechnungswesen zu entwerfen, erscheint fast sinnlos. Das liegt nicht nur an der auch in Abschnitt 3 dieser Arbeit dargelegten generellen Anforderung, dass jede mediendidaktische Gesamtkonzeption auf der Grundlage einer Analyse des spezifischen didaktischen Feldes abzuleiten ist (Merkmale der Zielgruppe, Lehrinhalte und Lehrziele, Merkmale der Lernsituation und Spezifikation der Lernorganisation, Merkmale und Funktionen der gewählten Medien und Hilfsmittel[404]). Von besonderer Tragweite sind zusätzlich spezifische Organisationsmerkmale von Universitäten. Die Gestaltungspraxis von E-Learning an Universitäten ist und bleibt bis auf weiteres systemimmanent heterogen, so dass denkbare Gestaltungsgrundsätze ohnehin ins Leere liefen. Das liegt weniger an unterschiedlichen

---

401 HIS (2005), S.15-16.
402 Werner (2006), S.15.
403 www.nosignificantdifference.org/ (01.11.2007).
404 Vgl. Kerres (2005), S.160.

verfügbaren Plattformen und Werkzeugen; ausschlaggebend sind vor allem die persönlichen Präferenzen einzelner Lehrender.

Tatsächlich können „die Motivation und Medienkompetenz" der Lehrenden als wichtigste Einflussfaktoren gelten, deren Existenz sich besonders förderlich, und deren Fehlen sich besonders hemmend auf die Verbreitung von E-Learning an Hochschulen auswirkt.[405] Und die Möglichkeiten der Kombination digitaler Anwendungen miteinander bzw. mit Elementen klassischer Präsenzlehre sind praktisch grenzenlos.[406] So zeichnet sich in der Praxis eine weiter zunehmende Heterogenität und Variabilität der Lehr- und Lernpraktiken ab, „[...] in denen sich die unterschiedlichen Präferenzen und Kompetenzen verschiedener Dozenten und Studenten ebenso wie die divergierenden Traditionen und Bedürfnisse verschiedener Disziplinen, Fakultäten oder Universitäten widerspiegeln"[407]. Schulmeister plädiert denn auch dafür, pragmatisch anzuerkennen, dass Lehrende die für *sie* geeignete optimale Methode und das für *sie* geeignete Programm finden müssten. „Der eine Lehrer ist beliebt, weil er Experimente mit Begeisterung vorführen kann, der andere Lehrer kann die Schüler hervorragend zu selbstgestalteten Projekten motivieren, der dritte wird von den Schülern nur akzeptiert, wenn er sorgfältig vorbereitete Übungen präsentiert"[408]. Er fordert die wechselseitige Anerkennung der jeweiligen Stärken und Schwächen von Lehrenden und Computern.

Trotz der relativ zurückhaltenden Einschätzung von „Lernsoftware" für den eigenen Lernerfolg fordern Studierende die vermehrte Anwendung von Multimedia und Internet in der Lehre. Im Wintersemester 2003/04 hielten 78% aller Studierenden diesen Ausbau an den Hochschulen für zumindest teilweise wichtig (darunter 34% für sehr wichtig).[409] Bei der Akzeptanz und Nutzung digitaler Lernangebote gehören Studierende der Wirtschaftswissenschaften zur Spitzengruppe.[410] Insbesondere die BWL-Studierenden an den Universitäten fordern die vermehrte Anwendung von Multimedia und Internet in den Lehrveranstaltungen. Die große Mehrheit hält einen stärkeren Einsatz von multimedialen Anwendungen in der

---

405 Vgl. Werner (2006), S.15. Ein weiterer wichtiger Faktor sind personelle Ressourcen; vgl. ebd.

406 Vgl. Geser (2005), S.131.

407 Ebd.

408 Schulmeister (2002), S.417.

409 Vgl. BMBF (2005b), S.34. A.a.O. heißt es weiter: „Ein Teil jener Studierenden, der einen weiteren Ausbau weniger dringlich einschätzt, gehört Studiengängen an, die sich bereits durch eine vielfältigere Anwendung neuer Medien auszeichnen. Daher sehen sie offenbar keine dringliche Notwendigkeit für einen verstärkten Ausbau".

410 Vgl. HIS (2005), S.21-22.

Lehre für wichtig: Rund 90% sprechen sich für deren Ausbau aus, 48% davon halten dies für sehr wichtig.[411]

Einschränkend ist festzuhalten, dass dieser absolute Akzeptanzwert noch nichts über die relative Priorität solcher Angebote aussagt, also über den Wunsch nach E-Learning im Vergleich zu anderen möglichen Maßnahmen der Hochschulen. Tatsächlich wird E-Learning keineswegs herbeigesehnt: Befragt nach ihren Forderungen zur konzeptionellen Hochschulentwicklung, rangierte bei Studierenden im Wintersemester 2003/04 der Wunsch nach häufigerer Anwendung von Multimedia und Internet in der Lehre erst auf Platz 10; lediglich rund ein Drittel der Studierenden hielt dies für „sehr wichtig".[412] Allerdings muss auch dieses Bild wieder relativiert werden, da Studierende bis heute überwiegend mit einfachen, statischen Online-Materialien konfrontiert sind. Diese bieten praktisch keinen medialen oder didaktischen Mehrwert gegenüber klassischen Druckmaterialien. Somit ist anzunehmen, dass die Forderung nach vermehrter Anwendung von Multimedia und Internet in der Lehre bei künftigen Befragungen deutlicher ausfallen wird, wenn im Hochschulalltag erst mehr positive Beispiele für didaktisch ambitionierte, interaktive E-Learning-Angebote existieren. Auf ein solches Akzeptanzpotenzial deuten auch die Ergebnisse der angesprochenen Befragung zur konzeptionellen Hochschulentwicklung: Der Aspekt „Steigerung der Lehrqualität, besseres Lehrangebot" wird am dritthäufigsten gefordert, zwei Plätze dahinter rangiert die Forderung nach „hochschuldidaktischen Reformen und Innovationen".[413] Demnach dürfte die Forderung nach E-Learning deutlicher ausfallen, sobald Angebote aufgrund ihrer Gestaltungsmerkmale stärker als qualitative resp. als didaktische Verbesserung des Lehrangebots wahrgenommen werden können.

Im Kontext der Nutzungsbereitschaft und Nutzungspraxis von E-Learning zeigt sich somit erneut, dass von vergleichsweise positiven Ausgangsbedingungen für E-Learning ausgegangen werden kann, und dies insbesondere in den Wirtschaftswissenschaften bzw. der BWL.

Studierende nutzen computergestützte Lernangebote weniger für die systematische Aneignung von Wissen, als für die Rekapitulation, Selbsttests und gezielte

---

411 Vgl. BMBF (2006b), S.65.
412 Vgl. BMBF (2005b), S.57. Deutlich wichtigere „Konzepte zur Entwicklung der Hochschulen" wären demnach (Nennung in der Reihenfolge der Zustimmung): „Praktikum als fester Bestandteil des Studiums", „Ausstattung der Hochschulen mit mehr Stellen", „Steigerung der Lehrqualität, besseres Lehrangebot", „verstärkte Kooperation zwischen Hochschulen und Wirtschaft", „hochschuldidaktische Reformen und Innovationen", „inhaltliche Studienreform/Entrümpelung von Studiengängen", „Erweiterung der Ausbildungskapazitäten/mehr Studienplätze", „Beteiligung von Studierenden an der Lehrplangestaltung", „frühzeitige Eignungsfeststellung im gewählten Studienfach"; vgl. ebd.
413 Vgl. BMBF (2005b), S.57.

Recherchen.[414] Die „inhaltliche Qualität" von E-Learning-Angeboten ist Studierenden besonders wichtig; dabei geht es ihnen um Verständlichkeit, Strukturiertheit und ergänzende Informationen.[415]

> „Die bereitgestellten Materialien müssen verständlich, aktuell und fehlerfrei sein, eine klare, übersichtliche Struktur aufweisen, einen dem Lernanlass angemessenen Umfang besitzen und die für den zugehörigen Lernkontext relevanten Informationen darbieten. Für die Anbieter bedeutet dies, dass sie parallel zur Ausweitung des Angebots auch die Qualität desselben permanent überprüfen und verbessern müssen"[416].

Geschätzt werden Möglichkeiten der Lernerfolgskontrolle, d.h. Online-Tests, mit denen der individuelle Lernfortschritt den Lehrzielen gegenübergestellt werden kann.[417]

Inwieweit solche Qualitätsmaßstäbe Studierender überhaupt die dominante Maßgabe bei der Gestaltung sein sollten, sei an dieser Stelle zunächst noch einmal dahingestellt.[418] In jedem Fall muss es ein generelles Ziel jeder Integration von E-Learning in die universitäre Lehre sein, den Studienerfolg zu fördern. Dies gilt besonders in Anbetracht einer Studienabbrecherquote in Deutschland von aktuell fast 30 Prozent und der damit verbundenen Verschwendung öffentlicher Ressourcen in Höhe von jährlich etwa 2,2 Milliarden Euro.[419] Die von Studierenden geschätzten Möglichkeiten der Lernerfolgsmessung können helfen, die aktuelle Situation zu verbessern, und doch stellen sie nur eine mögliche Einzelmaßnahme dar. Um die Studienabbrecherquote zu verringern, werden umfassendere Maßnahmen diskutiert, die ebenfalls teilweise durch E-Learning unterstützt werden können. Beispielsweise wird gefordert, die Hochschulen sollten Eignungsfeststellungsverfahren etablieren, und es liegt nahe, dass sich online-basierte *Self-Assessments* didaktisch sinnvoll mit der Bereitstellung adäquater Lerninhalte verschränken ließen. Doch im Kontext dieser Arbeit muss vielmehr eine weitere Forderung in den Mittelpunkt rücken, die auch im Zusammenhang mit den neu

---

414 Vgl. Zimmer (2004).
415 Vgl. HIS (2005), S.47.
416 Ebd.
417 Vgl. HIS (2005), S.47.
418 Vgl. dazu etwa den Hinweis Eulers in einem Review zu Ehlers, U.-D., Qualität im E-Learning aus Lernersicht, Wiesbaden 2004: „[...] die Lernenden [stellen] nur eine Anspruchsgruppe dar, d. h. die Gestaltung umfassender Qualitätssysteme ist zumeist gehalten, über den untersuchten Rahmen hinaus zu gehen" (www.elearning-reviews.org/topics/quality/quality-elearning/2004-ehlers-qualitaet-e-learning-lernersicht/, 30.11.2007).
419 Vgl.   www.stifterverband.de/site/php/politik.php?SID=&seite=Pressemitteilung&pmnr=324&detailansprechnr=684 (15.10.2007).

eingeführten Studiengebühren immer häufiger vorgebracht wird. Es geht hierbei um die steigende Erwartung einer „Qualitätsoffensive für die Lehre".

Damit sind freilich nicht nur die personelle Ausstattung, die Betreuungsintensität und Seminargrößen angesprochen. In den Mittelpunkt einer Qualitätsverbesserung in der Lehre rückt zwangsläufig die Didaktik, und dabei kann E-Learning nicht ausgeblendet werden. Dies gilt nicht nur auf Grund der erweiterten didaktischen Gestaltungsmöglichkeiten, die digitale Lernplattformen bieten, sondern umso mehr, je stärker man die allgemein wachsenden Ansprüche an Flexibilität im Studium berücksichtigen möchte, die sich aus den aktuellen Hochschulreformen und Tendenzen hin zum Teilzeitstudium ergeben.

2.3.3 Zusammenfassende Schlussfolgerungen

2.3.3.1 Makro-Ebene der Bildungspraxis

1.) Die universitäre Lehre zum neuen öffentlichen Haushalts- und Rechnungswesen stellt ein zentrales Element des in Deutschland notwendigen Forschungs- und Ausbildungsschwerpunktes Informations-, Struktur und Finanzmanagement öffentlicher Verwaltungen (Public Management) dar.

2.) Tatsächlich steht die derzeitige Entwicklung der inhaltlichen Schwerpunktsetzung an den Universitäten in Deutschland allerdings in eklatantem Widerspruch zur Notwendigkeit eines Forschungs- und Ausbildungsfeldes Public Management. Damit unterlassen Universitäten dringend erforderliche Maßnahmen und Aktivitäten zur Bewältigung und Korrektur der Fehlsteuerung in wesentlichen Bereichen von Staat und Verwaltungen in den vergangenen dreißig Jahren.

3.) Dabei sind die Universitäten in Deutschland, und hier insbesondere die Wirtschaftswissenschaften, generell gefordert, steigende gesellschaftliche Erwartungen und legitime Ansprüche gebührenzahlender Studierender zu erfüllen.

4.) Die Universitäten müssen den Praxisbezug der BWL steigern. Mehr als ihre Kommilitonen anderer Fächer verfolgen Studierende der BWL eine ausgeprägt pragmatische, am zügigen Abschluss und Berufseintritt ausgerichtete Studienstrategie. Der Berufsbezug des Studiums hat für sie einen außerordentlich hohen Stellenwert. So gehen die studentischen Forderungen zur konzeptionellen Ausgestaltung von Forschung und Lehre vor allem in Richtung eines stärkeren Praxis- bzw. Anwendungsbezugs. Dabei muss es vor allem darum gehen, vermehrt Beispiele und Konkretisierungen der Lehrinhalte zu vermitteln.

5.) Die Kommunikation untereinander sowie zwischen ihnen und den Lehrenden bewerten Studierende der BWL negativ. Vor dem Hintergrund steigender Studierendenzahlen bei zugleich bereits heute häufig anzutreffender Situationen einer "Massenlehre" stehen die Universitäten insbesondere vor der Herausforderung, die Betreuungssituation im Studium zu verbessern.

6.) Allgemein ergibt sich das Gesamtbild einer ausgesprochen positiven Ausgangssituation für universitäres E-Learning, und dies insbesondere bei Studierenden der Wirtschaftswissenschaften bzw. der BWL.

7.) Für die Wirtschaftswissenschaften in Deutschland bestehen vergleichsweise günstige Chancen auf dem zunehmend internationalen Markt der beruflichen Weiterbildung. Dies gilt insbesondere für E-Learning-basierte Angebote. Die Hochschulen sollten diese Marktchancen nutzen und sich wesentlich stärker als bisher an der beruflichen Weiterbildung in den Wirtschaftswissenschaften beteiligen. Im Rahmen einer entsprechenden Gesamtstrategie könnte dadurch zugleich der derzeit noch nicht befriedigende Bezug zur Praxis im wirtschaftswissenschaftlichen Studium erhöht werden.

2.3.3.2 Meso-Ebene der Bildungspraxis

1.) Das neue öffentliche Haushalts- und Rechnungswesen muss im Rahmen der universitären Lehre in einen thematischen Gesamtzusammenhang Public Management eingebunden werden.[420]

2.) Bei der Gestaltung einer Lehrveranstaltung oder eines Kursmoduls an Universitäten geht es anders als bei der Qualifizierung von Verwaltungsmitarbeitern nicht zuvorderst darum, Lernende in der Anwendung des Haushalts- und Rechnungswesens zu schulen. Deutlich wichtiger ist es, dessen Gesamtbedeutung und Wirksamkeit als Informationsinstrument zu verstehen. Studierenden müssen deshalb auch die Defizite der Kameralistik und ihre ökonomisch weit reichenden Auswirkungen vermittelt werden

---

420 Dies bewirkte auch eine angemessene Einbeziehung des Reformbereichs E-Government, der in der Verwaltungspraxis ebenfalls eine zentrale Bedeutung einnimmt und dort in einen strategischen Einklang mit der Implementierung E-Learning-basierter Qualifizierung zum neuen öffentlichen Haushalts- und Rechnungswesens zu bringen ist (vgl. dazu Abschnitt 2.2.5).

(während bei der Qualifizierung von Verwaltungspraktiken weniger die generelle Notwendigkeit des neuen Haushalts- und Rechnungswesens, als vielmehr Details wie etwa Bewertungsansätze und Produktgruppierungen wichtig sind).

3.) Innerhalb einzelner Lehrveranstaltungen müssen von Lehrenden der BWL vor allem zwei didaktische Prinzipien stärker als bisher berücksichtigt werden: "Vergewisserung, ob Stoff verstanden wurde" und "Zusammenfassungen und Wiederholungen".

4.) Die IT-Nutzungsbereitschaft und Anwendungskompetenz der BWL-Studierenden ist generell hoch. Entsprechend bietet sich an, neue Medien verstärkt in Lehrveranstaltungen einzubeziehen.

5.) E-Learning kann auch deshalb systematisch in Lehrveranstaltungen integriert werden, weil der Umfang der Internetnutzung für die meisten Studierenden auf Grund der weiten Verbreitung von *Flatrates* keinen Einfluss auf ihre Verbindungskosten hat. Diese Ausstattungsmerkmale spiegeln das heute besonders aktive Online-Verhalten der typischen studentischen Altersgruppe wider.

6.) Generell positiv für E-Learning mag die Tatsache interpretiert werden, dass Studierende das Internet eher zur Befriedigung eines Informations- und Kommunikationsbedürfnisses nutzen, als zur reinen Unterhaltung.

2.3.3.3 Mikro-Ebene der Bildungspraxis

1.) Studierende können flexibel auch auf umfangreiche E-Learning-Angebote zugreifen: Während die Verbreitung und technische Qualität von Internetzugängen in Privathaushalten allgemein weiter zunimmt, zeichnet sich bei Studierenden eine besonders positive Entwicklung ab; die Verbreitung ist sehr hoch, und es stehen zumeist moderne Datenleitungen zur Verfügung.

2.) Studierende nutzen die Funktionen und multimedialen Angebote des Internets vergleichsweise intensiv. Sie berichten von guten technischen Computer-Ausstattungen an den Hochschulen und sie sind es gewohnt, auch außerhalb der Hochschulen am privaten Computer zu arbeiten. Damit kann davon ausgegangen werden, dass sie auch solche E-Learning-

Angebote relativ problemlos zu nutzen wissen, die Web-Technologien wie Java, JavaScript oder Flash intensiv einbeziehen.[421]

3.) Beim Einsatz der genannten Web-Technologien sollte gleichwohl grundsätzlich der konkrete Nutzen abgewogen werden, weil *Onliner* vorsichtig sind, wenn sie zu aktivem Handeln aufgefordert werden. Insbesondere mit dem Installieren von Webprogrammen und Software-Updates sind sie faktisch zurückhaltend: So berichten Gscheidle und Fisch von aktuellen Zahlen, nach denen fast jeder Internetnutzer zwar bereits mit einer solchen Situation konfrontiert war, aber nur 4 Prozent der Internetnutzer den Installationsanweisungen folgten; die große Mehrheit (44%) bricht den Vorgang ab.[422]

4.) Frauen weisen ein spezifisches Online-Nutzungsverhalten auf. Empirische Daten deuten darauf hin, dass die allgemeine Akzeptanz von Multimedia bei ihnen geringer ist als bei Männern; dies gilt insbesondere bei Medien mit Unterhaltungsfunktion. Da Frauen – im Unterschied zu Männern – klassische Medien heute nicht signifikant weniger nutzen als in der jüngeren Vergangenheit, hängt ihre Akzeptanz von Online-Angeboten womöglich stärker vom tatsächlichen multimedialen Mehrwert ab. Studentinnen sind gegenüber „Lernsoftware" sogar etwas aufgeschlossener als ihre männlichen Kommilitonen.

---

421 Grundsätzlich werden diese Technologien mittlerweile von den meisten Websites verwendet. Die Scriptsprache JavaScript kommt fast ausnahmslos auf Webseiten zum Einsatz. Auch Flash findet immer mehr Verwendung, etwa in der Online-Werbung oder als Video-Format.

Die Nutzung dieser Techniken erfordert im Falle von JavaScript lediglich eine bestimmte Einstellung im *Internet-Browser*, die – außerhalb von Organisationen mit besonders restriktiver „Sicherheitspolitik", und insbesondere auf privaten Computern – ohnehin standardmäßig vorliegt. Flash und Java erfordern kostenlose Zusatzprogramme, die mittlerweile ebenfalls sehr weit verbreitet sind (so liegt die Verbreitung des *Flash-Players* in Europa bei über 99%; vgl. www.adobe.com/products/player_census/flashplayer/version_penetration.html, 12.11.2007).

Für die reibungslose Nutzung von Online- bzw. E-Learning-Angeboten, die diese Techniken einsetzen, ist es daher im Einzelfall allenfalls wichtig, auf dem verwendeten Computer entsprechende Einstellungen korrigieren bzw. Software installieren zu können. Dafür muss der Nutzer über sog. „Administratorrechte" verfügen. Bei der Nutzung des eigenen, privaten Rechners ist dies in der Regel der Fall. An Rechnern der Hochschulen dürften ebenfalls zumeist keine Probleme auftreten. Erfahrungsgemäß können die Rechenzentren es sich weniger als Administratoren privater Unternehmen erlauben, die Nutzung der genannten Standard-Techniken einzuschränken. Damit sind die technischen Ausgangsbedingungen für E-Learning auf Seiten der Studierenden bzw. hinsichtlich der von ihnen genutzten Infrastruktur wesentlich positiver als bei Verwaltungsmitarbeitern.

422 Vgl. Gscheidle/Fisch (2007), S.402.

5.) Bei der Akzeptanz Studierender gegenüber E-Learning ergibt sich ein differenziertes Bild. Zwar beurteilen die BWL-Studierenden den Nutzen von "Lernsoftware" für den eigenen Lernfortschritt relativ gering, doch sie fordern zugleich dezidiert den verstärkten Einsatz von Multimedia in der Lehre. So kann von einer grundsätzlichen Offenheit gegenüber E-Learning ausgegangen werden, die sich mit dem Anspruch an einen konkreten Mehrwert der Angebote verbindet.

6.) Studierende schätzen E-Learning-Angebote insbesondere für die Wiederholung von Lerninhalten, Lernfortschrittsmessungen und gezielte Recherchen. Besonders wichtig ist ihnen die „inhaltliche Qualität" von E-Learning-Angeboten, sie schätzen Verständlichkeit, Strukturiertheit und ergänzende Informationen. Die systematische Erarbeitung von Wissen mit einem E-Learning-Angebot schätzen Sie offenbar weniger.

3 E-Learning: Lehren und Lernen mit digitalen Medien

Nach den vorangegangenen Bedarfsanalysen wird im Folgenden zunächst systematisch auf didaktische Potenziale von E-Learning und die in der Praxis gängigen Gestaltungsausprägungen eingegangen. Anschließend wird die Frage „guter Gestaltungspraxis" behandelt. Mithin geht es dabei darum, wie die genannten didaktischen Potenziale im Kontext der Qualifizierung zum neuen öffentlichen Haushalts- und Rechnungswesen konzeptionell nutzbar gemacht werden können. Zu diesem Zweck erfolgt eine – pragmatisch kompakte – Analyse anerkannter und häufig herangezogener Theorien, Modelle, Gestaltungsgrundsätze und -vorschläge aus der Fachliteratur. Die Analyse der verschiedentlich theoretisch oder empirisch fundierten Fachliteraturen erfolgt analog zu ihren unterschiedlichen Konkretisierungsgraden innerhalb eines gestuften Bezugsrahmens mit mehreren spezifischen Theorieebenen, die eine zunehmende Nähe zur Gestaltungspraxis herstellen. Im Mittelpunkt steht dabei jeweils die Frage des konkreten didaktischen Mehrwerts von E-Learning gegenüber herkömmlicher Qualifizierung.

Das Ziel der Ausführungen in diesem Abschnitt ist es, konkrete Hinweise für die angemessene didaktische Gesamtkonzeption von E-Learning-basierter Qualifizierung zum neuen öffentlichen Haushalts- und Rechnungswesen zu erarbeiten. Es geht hier also weniger um die Begründung eines Kanons differenzierter Qualitätsaspekte, an denen etwa ein alleinstehendes E-Learning-Objekt wie das im weiteren Verlauf dieser Arbeit zu beurteilende EL-ÖHR WBT bemessen werden sollte; dafür gibt es – etwa mit der oben angesprochenen DIN EN ISO 9241-110 oder den Kriterienkatalogen für Lernsoftware – hinreichend adaptierbare Vorlagen, die auch in der späteren Fallstudie dieser Arbeit zur Anwendung kommen. An dieser Stelle steht vielmehr im Mittelpunkt, ein gleichsam „ganzheitliches" didaktisches Qualitätsverständnis für die Gestaltung von E-Learning zu erarbeiten. Dieses Qualitätsverständnis wird am Ende in Erfolgsfaktoren konkretisiert und später mit den Ergebnissen der Bedarfsanalysen zusammengeführt, um so abschließend Erfolgsfaktoren für Blended-Learning-Konzepte für Verwaltungen und Universitäten zu beschreiben, in die das EL-ÖHR WBT eingebunden werden kann. In die Erfolgsfaktoren am Ende dieses Abschnitts fließen allerdings nicht allein die Maßgaben der auf Didaktik und E-Learning bezogenen Literatur ein. Ergänzend kommen auch die in obigen Abschnitten zum Qualifizierungsbedarf in Verwaltungen und Universitäten erarbeiteten Erkenntnisse zur Geltung.

3.1 Didaktische Potentiale und Gestaltungspraxis

Die häufigsten der sowohl in der Gestaltungspraxis, als auch in der Fachdiskussion genannten, spezifischen Potenziale, die sich für die Gestaltung von Qualifizierung durch eine Einbeziehung von E-Learning ergeben, wurden bereits in der Einleitung dieser Arbeit genannt. An dieser Stelle seien sie noch einmal systematisch aufgeführt. Eine anschauliche Systematisierung haben Seufert und Euler vorgelegt, nach der wie folgt allgemeine im Vergleich zu variantenspezifischen Potenzialen unterscheiden werden können[423]:

Allgemeine didaktische Potenziale von E-Learning, wie:

- *Individualisierung des Lernprozesses:* Eine Ziel- und Inhaltsauswahl kann nach den Bedürfnissen des einzelnen Lernenden erfolgen. Flexibilität kann einerseits dadurch gegeben sein, dass jeder Lernende – bei bestimmten Varianten von E-Learning – nach seinem individuellem Lerntempo vorgehen kann. Andererseits werden Potenziale vor allem in der zeitlichen und räumlichen Flexibilität gesehen, um Lernen nach individuellen Bedürfnissen zu organisieren;[424]
- *Unterstützung des selbstgesteuerten Lernens:*[425] E-Learning bietet darüber hinaus das Potenzial, neue Lehr- und Lernformen zu generieren. Erweiterte, didaktische Gestaltungsoptionen ergeben sich für das begleitete Selbststudium, insbesondere für die gestufte Heranführung an die Selbststeuerung des Lernprozesses, d. h. vor allem die Bereitstellung von gestuften Hilfsangeboten (z. B. in Form von Internet-Ressourcen, Hypertext- bzw. Hypermedia[426]-Nachschlagesysteme, Betreuung durch Tele-Tutoren).[427]

---

423 Vgl. Seufert/Euler (2005), S.13f.

424 Nach a.a.O., S.13. Beachtenswert ist in diesem Zusammenhang auch, dass bestimmte Zielgruppen womöglich „[...] über das Netz (leichter) auf Lernressourcen zugreifen können, die ihnen beispielsweise aufgrund von Krankheit oder anderen Handicaps ansonsten verwehrt blieben" (Euler (2005), S.236).

425 Vgl. dazu im Einzelnen den Abschnitt 3.1.4.

426 Vgl. zum Hypertext- bzw. Hypermedia-Konzept und dem zugehörigen Begriffskanon grundlegend Kuhlen, R., Hypertext. Ein nicht-lineares Medium zwischen Buch und Wissensbank, Berlin/Heidelberg/New York 1991.

427 Nach Seufert/Euler (2005), S.13. Siehe dazu auch den Hinweis Eulers, dass die Verbindung von virtuellen Phasen des Selbstlernens (in denen Lernprozesse auch in Teams eingebunden wären) mit Phasen des so genannten Präsenzlernens Potenziale zur Förderung spezifischer Sozialkompetenzen begründen (vgl. Euler (2005), S.236).
     In Bezug auf Hochschulen führt Euler noch ein weiteres Potenzial an, das hier womöglich ebenfalls den allgemeinen Potenzialen zuzuordnen wäre: Er weist darauf hin, dass sich durch die Varianten des E-Learning neue Optionen ergeben, das so genannte Präsenz-

Didaktische Potenziale durch das Lernen mit E-Medien, wie:

- *Anschauliche Präsentation von Lerninhalten:* die multimediale Inhaltsaufbereitung (z. B.: Film, Standbild, Animation, Ton und Text in einem einzigen Medium) kann die Aufnahme und Verarbeitung von Lerninhalten fördern[428]; beispielsweise sollen durch die Integration von Video- und Audiosequenzen emotionale und affektive Aussagen besser transportiert werden können (z.B. bei der Darbietung von Fallstudienmaterial);[429]
- *Höhere Aktualität der Lerninhalte* durch die zeitnahe Bereitstellung von Lerninhalten und Wissensressourcen über Netzwerke;[430]
- *Aktive Auseinandersetzung mit den Lerninhalten* durch vielfältige Interaktionen (z. B. mit Hypertext bzw. -media oder Simulationssystemen), welche eine hohe kognitive Verarbeitungsintensität beim Lernenden fördern können.[431]

Didaktische Potenziale durch das Lernen mit E-Communication, wie:

- *Neue Kommunikations- und Kooperationsmöglichkeiten*, die neue Formen der Interaktion zwischen Studierenden und Dozierenden erlauben (z. B. intensivere Betreuung durch Dozierende während Selbststudienphasen);[432]
- *Neue Kommunikations- und Kooperationsformen* unter den Studierenden, um [kooperatives und] kollaboratives Lernen[433] zu fördern;[434]
- *Einbindung zusätzlicher Kommunikationspartner*, wie beispielsweise Studierende aus anderen Ländern oder nur schwer zugängliche Experten oder Praxispartner.[435]

Eine dieserart vertretene Fokussierung und Systematisierung des konzeptionellen Innovationspotenzials von E-Learning ergibt sich aus der dezidiert didaktischen Sichtweise der Autoren. Dabei wird häufig gerade die Innovationsfunktion von

---

lernen für anspruchsvolle Lernziele zu nutzen, in denen der offene Diskurs mit Lehrenden und Mitlernenden gefordert ist (vgl. ebd.).

428 Nach Seufert/Euler (2005), S.13.
429 Vgl. Euler (2005), S.235.
430 Nach Seufert/Euler (2005), S.13.
431 Nach ebd. und Euler (2005), S.235.
432 Nach Seufert/Euler (2005), S.13.
433 Zum Konzept und der Unterscheidung von kooperativem und kollaborativem Lernen vgl. den Abschnitt 3.1.4.
434 Nach Seufert/Euler (2005), S.13. An anderer Stelle führt Euler dazu aus, für bestimmte Lernende könnten zusätzliche Möglichkeiten des Telelernens neue Möglichkeiten der Kontaktgestaltung mit den Mitlernenden oder auch dem Lehrenden darstellen (vgl. Euler (2005), S.235). Die „dosierte Anonymität" beim Lernen (man ist allein, kann aber via Netz einen virtuellen Kontakt zu anderen Menschen aufnehmen) könne einen Anreiz zu Risiko und Experimentierfreude schaffen (vgl. ebd.).
435 Nach Seufert/Euler (2005), S.13.

E-Learning betont, die sich auf Neuerungen der Organisation, der Inhalte und/oder Methoden des Lehrens beziehen. Hierbei geht es darum, im Kontext von E-Learning selbstgesteuertes sowie kollaboratives und kooperatives Lernen zu fördern. Die angestrebten Neuerungen des Lehrens sollen „[...] den vorangegangenen Zustand der Kompetenzentwicklung merklich verändern und als Konsequenz auch einen Wandel der intendierten Bildungs- und Lernprozesse bewirken"[436]. Nur der Vollständigkeit halber seien an dieser Stelle erneut die vielfach zitierten organisatorischen Vorteile eines räumlich und zeitlich flexiblen Lehrens und Lernens mit E-Learning-Angeboten genannt.[437]

Betrachtet man die hier angeführten Potenziale von E-Learning vor dem Hintergrund des in den Abschnitten 2 und 3 dargelegten spezifischen Qualifizierungsbedarfs in Verwaltungen und Universitäten, so zeigt sich, dass für Verwaltungen insbesondere die „allgemeinen didaktischen Potenziale von E-Learning" von Bedeutung sind: Eine Individualisierung des Lernprozesses durch die flexible Ziel- und Inhaltsauswahl gemäß den Bedürfnissen des einzelnen Lernenden entspräche der Anforderung, der hochgradig heterogenen Zielgruppe „Verwaltungsmitarbeiter" (vgl. Abschnitt 2.2.6) ein qualitativ sowie quantitativ differenziertes Qualifizierungsangebot bereitzustellen (vgl. Abschnitt 2.2.9). Auch das zweite „allgemeine didaktische Potenzial", die Unterstützung des selbstgesteuerten Lernens, erscheint gerade für die Qualifizierung in Verwaltungen interessant. Die künftig vermehrt erforderliche Eigenverantwortung Lernender für ihren individuellen Lernerfolg innerhalb der gesamten „Organisation Verwaltung" (vgl. ebd.) ließe sich so fördern. Unabhängig von didaktischen Intentionen, die im Einzelfall mit einer Qualifizierungskonzeption verfolgt werden, gerät im Bildungskontext Verwaltung also insbesondere die angesprochene Innovationsfunktion von E-Learning in den Mittelpunkt. Darüber hinaus ist erstrebenswert, für Verwaltungen das didaktische Potenzial der aktiven Auseinandersetzung mit Lerninhalten durch Interaktionen nutzbar zu machen, um den erforderlichen Wissenstransfer in die Anwendungspraxis durch E-Learning zu unterstützen.

Mit Blick auf die dargelegten Qualifizierungsanforderungen in Universitäten (vgl. Abschnitt 2.3.3) gerät insbesondere das Potenzial von E-Learning, neue Kommunikations- und Kooperationsmöglichkeiten anzubieten, in den Blickpunkt. Die universitäre Lehre sollte außerdem die Möglichkeiten der anschaulichen Präsentation von Lerninhalten durch multimediale Aufbereitung aufgreifen, und so u.a. den Ansprüchen an einen höheren Praxisbezug entgegen kommen.

---

436 Hasanbegovic (2005), S.247. Siehe auch Reinmann-Rothmeier, G., Didaktische Innovation durch Blended-Learning. Leitlinien anhand eines Beispiels aus der Hochschullehre, Bern 2003.

437 Vgl. zu den didaktischen Potenzialen von E-Learning auch Euler (2005), S.235f., Buschor (2005), und die grundlegenden Arbeiten von Schulmeister (2002) und Kerres (2001).

Dabei sind die gute technische Ausstattung Studierender, ihre Vorerfahrungen mit Multimedia und ihre grundsätzliche Nutzungsbereitschaft als Chancen aufzufassen. Die dargelegten Ansprüche Studierender an die Qualität und den Mehrwert von Multimedia stellen dabei freilich eine gestalterische Herausforderung dar.

3.1.1 Kategorisierungen und Ausprägungen von E-Learning in der Gestaltungspraxis

Zu den unterschiedlichen praktischen Ausprägungen und Einsatzmöglichkeiten von E-Learning-Elementen gehen aus der Literatur verschiedene Systematisierungen hervor. Nach Seufert/Euler kann die Gestaltungspraxis von E-Learning sich im Einzelfall auf die Makro-, Meso oder Mikro-Ebene der Bildungspraxis beziehen, wie Abbildung 11 veranschaulicht: Während auf der Makro-Ebene die Gestaltung von umfangreichen Bildungsprogrammen thematisiert wird, fokussiert die Meso-Ebene eine Lehrveranstaltung oder ein Kursmodul und die Mikro-Ebene die Gestaltung einzelner Lernszenarien bzw. Lernressourcen.[438]

<table>
<tr><td rowspan="3">*Gestaltungspraxis*</td><td>*Makro-Ebene*
Gestaltung eines Bildungsprogramms in der Hochschullehre und in der betrieblichen Bildung</td></tr>
<tr><td>*Meso-Ebene*
Gestaltung eines Moduls, Kurses, Lernangebots im Rahmen eines Bildungsprogramms</td></tr>
<tr><td>*Mikro-Ebene*
Prozesse: Gestaltung von Lernszenarien
Produkte: Gestaltung von Lernressourcen</td></tr>
</table>

Abbildung 11: Unterscheidung einer Makro-, Meso- und Mikro-Ebene der Gestaltungspraxis von E-Learning nach Seufert/Euler (2005), S.6 und 15

Auf der Mikro-Ebene kann E-Learning nach Euler die beiden Ausprägungen E-Medien und E-Communication aufweisen.[439] E-Medien unterscheidet er wiederum in Präsentations- und Interaktionsmedien, wobei Präsentationsmedien der Darbietung von Lehrinhalten dienen, Interaktionsmedien dagegen die didaktische

---

438 Vgl. Seufert/Euler (2005), S.6. Siehe dazu auch die Abbildung 16.
439 Vgl. Euler (2005), S.232-235. Die Unterscheidung von E-Medien und E-Communication findet sich auch in der oben angeführten Systematisierung didaktischer E-Learning-Potenziale nach Seufert/Euler (2005) wieder.

Funktion erfüllen sollen, „[…] die in Kontaktveranstaltungen durch die Lehrenden wahrgenommen werden"[440]. E-Medien können demnach faktisch mit dem Multimedia-Begriff gleichgesetzt werden. Multimedia bezieht sich nach Kerres auf technische Systeme, die in der Lage sind, verschiedene Datentypen, wie Texte Grafiken, Ton und Bewegtbild, zu verarbeiten und für den interaktiven Abruf vorzuhalten[441] – etwa in Hypertext-Strukturen.

Auf der anderen Seite fasst Euler unter dem Begriff E-Communication den Einsatz digitaler Kommunikationsinstrumente wie E-Mail, Diskussionsforen und so genannte virtuelle Klassenzimmer im Kontext des Studierens und Lernens zusammen.[442] Er unterscheidet dabei drei Formen, E-Instruktion, E-Tutoring und E-Moderation bzw. E-Coaching.[443] E-Instruktion beschreibt nach Euler eine Lernumgebung, in der ein Lehrender über das Netz Inhalte vermittelt, etwa durch die digitale Aufzeichnung eines Vortrags oder zeitlich synchron über Videokonferenz-Technologie.[444] Mit E-Tutoring bezeichnet Euler Lernumgebungen, in denen Lehrende dann zur Verfügung stehen, wenn Lernende im Prozess des selbstgesteuerten Lernens mit E-Medien eine Lernhilfe oder Rückmeldung benötigen. Der Lehrende stellt in diesem Sinne prozessbezogene Lernhilfen bereit.[445] Der dritte Begriff, E-Moderation bzw. E-Coaching, bezieht sich auf Lernumgebungen, in denen die Lernenden kooperativ oder kollaborativ an einer Aufgaben- oder Problemstellung arbeiten. Hierbei kommen digitale Kommunikationsinstrumente typischerweise intensiv zum Einsatz.[446]

Von Schulmeister liegt eine ähnliche Differenzierung der Gestaltungspraxis von E-Learning vor. Er beschreibt vier Ebenen: E-Learning-Typen; Szenarien; Lernmodelle und Lernumgebungen; Interaktivität von Lernobjekten.[447] Schulmeister unterscheidet dabei zwei grundsätzlich unterschiedliche E-Learning-Typen,[448] die sich dem hier verwendeten Ebenenmodell von Seufert und Euler auf der Meso-Ebene zuordnen lassen.

Hier finden sich die oben bereits genannten Bereiche des konzeptionellen Innovationspotenzials von E-Learning für Organisationen wieder, das selbstgesteuerte und das kollaborative bzw. kooperative Lernen.

---

440 Euler (2005), S.232. Vgl. dazu im Einzelnen Abschnitt 3.1.6.
441 Vgl. Kerres (2001), S.13-19, und Schulmeister (2001), S.19-33.
442 Vgl. Euler (2005), S.233-235, und Seufert/Euler (2005), S.6.
443 Vgl. dazu im Einzelnen Euler (2005), S.233-235.
444 Vgl. a.a.O., S.234.
445 Vgl. Euler (2005), S.234.
446 Vgl. a.a.O., S.235.
447 Vgl. Schulmeister (2005a), S.487-490. Im selben Kontext differenziert er z.T. sogar sechs Ebenen; vgl. a.a.O., S.486.
448 Schulmeister spricht auch von „E-Learning-Welten".

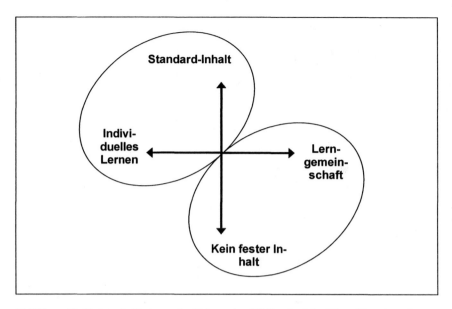

Abbildung 12: Unterscheidung zweier E-Learning-Welten (auf der Meso-Ebene) nach Schulmeister (2005), S.487

Wesentliches Merkmal des einen Typs E-Learning-basierter Lernumgebungen ist nach Schulmeister, dass ein umfangreiches Angebot an Standard-Lerninhalten besteht; Lernende setzen sich hier also überwiegend mit vorgefertigten Lernobjekten auseinander. In der zweiten Ausprägung starten E-Learning-Seminare anfangs ohne Lerninhalte. Damit verbindet sich gewissermaßen der Unterscheidungsfaktor, ob der Hauptzweck einer Lernumgebung das Selbstlernen ist oder ob sie der Kommunikation und dem Diskurs gewidmet ist.[449]

Mit dem Begriff der Lernumgebung sind auf der Meso-Ebene auch jene E-Learning-Instrumente angesprochen, über die typischerweise E-Medien bereitgestellt werden und mit denen die E-Communication stattfindet: Lernplattformen und so genannte virtuelle Klassenzimmer.[450] Die digitalen Lernplattformen erweitern gewissermaßen das „klassische" Methodenrepertoire der Didaktik, weshalb sich eine Lernumgebung – verstanden gleichsam als didaktischer Gesamtzu-

---

449   Vgl. Schulmeister (2005a), S.487.
450   Vgl. dazu Schulmeister (2003) sowie Baumgartner, P./Häfele, H./Meyer-Häfele, K., E-Learning Praxishandbuch. Auswahl von Lernplattformen, Innsbruck 2002, und Euler, D./Wilbers, K., Selbstlernen mit neuen Medien didaktisch gestalten, in Euler, D.,/Metzger, C. (Hrsg.), Hochschuldidaktische Schriften (Bd. 1), St. Gallen 2002, S.10.

sammenhang aus der Perspektive des Lernenden – unterschiedlicher darstellen kann, als zuvor. Es werden drei Typen von Lernumgebungen unterschieden:

- *Konventionelle Lernumgebungen*, die lediglich die traditionellen Medien sowie die didaktische Kommunikation und Interaktion in der „realen" Welt berücksichtigen;
- *virtuelle Lernumgebungen* [*auf* Lernplattform], die ausschließlich auf E-Learning-Formen aufbauen und von Formen des Präsenzlernens absehen (mit Lernplattform);
- *hybride Lernumgebungen* [*mit* Lernplattform], welche Formen des Präsenzlernens mit E-Learning-Szenarien kombinieren (Blended-Learning).[451]

Analog dazu vertritt Schulmeister eine Skala zur Unterscheidung von E-Learning-Szenarien[452], die von „Präsenz" nach „Virtuell" reicht, und dabei noch zwei weitere Skalen mit den Extremen „Information" vs. „Kooperation" und „Instruktion" vs. „Lernen" umfasst[453], wie Abbildung 13 zeigt.

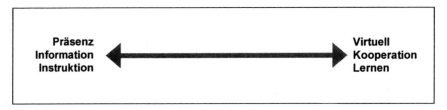

Präsenz
Information
Instruktion

Virtuell
Kooperation
Lernen

Abbildung 13: Drei Skalen zur Differenzierung von Lernszenarien nach Schulmeister (2005), S.488

Während es bei diesen beiden Beschreibungsrastern insbesondere um den Grad der Virtualisierung – also gewissermaßen den E-Learning-Anteil – geht[454], fokussiert Romiszowski nur E-Learning-basierte Angebote und unterscheidet dabei drei Typen, die zur Verortung eines Kurses oder eines Bildungsprogramms herangezogen werden können (Meso- und/oder Makro-Ebene)[455]:

---

451 Vgl. Seufert/Euler (2005), S.7.
452 Wobei seine Bezeichnung „E-Learning-Szenarien" sich an der Begrifflichkeit der eigenen Abstufung orientiert. In dem hier vertretenen Bezugsrahmen werden die Skalen dennoch der Meso-Ebene zugeordnet (und nicht der Mikro-Ebene, auf der derselbe Begriff verwendet wird).
453 Vgl. Schulmeister (2005a), S.488.
454 E-Learning-Ausprägungen werden häufig nach dem Virtualisierungsgrad kategorisiert, obwohl dieser als Differenzierungskriterium letztlich zu vage und intransparent ist; vgl. Hasanbegovic (2005), S.251f.
455 Vgl. Seufert/Euler (2005), S.8.

- *E-Learning als „Distance Education":* Konventionelle „Korrespondenzstudien" werden mit Hilfe von Informations- und Kommunikationsmedien durchgeführt;
- *E-Learning als „kursunterstützende Transaktionssoftware":* Einsatz von digitalen Lernplattformen, um Kurse zu organisieren, Materialien zu präsentieren, Termine und Aufgabenstellungen zu kommunizieren und computerunterstützte Tests durchzuführen;
- *E-Learning als medienunterstütztes, interaktives Lernen:* Das Lernen selbst – nicht nur die Distribution von Informationen – wird technologiebasiert unterstützt (unabhängig davon, ob es sich um einen Online-Test oder eine interaktive CD-ROM für die Erarbeitung neuer Lerninhalte handelt).[456]

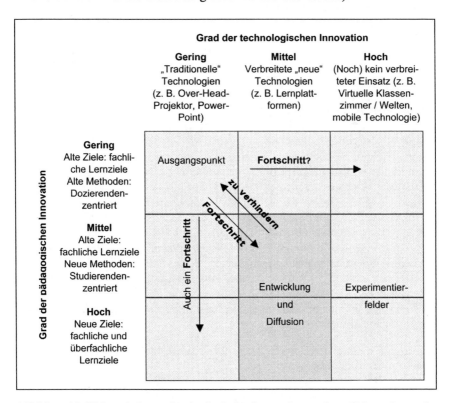

Abbildung 14: Pädagogischer und technologischer Innovationsgrad von E-Learning nach Seufert/Euler (2005), S.9

---

456 Nach ebd.; vgl. Romiszowski, A. J., How's the E-Learning Baby? Factors Leading to Success or Failure of an Educational Technology Innovation, in: Educational Technology (44/1; 2004), S.5-27.

Auf die angesprochene Innovationsfunktion von E-Learning bezieht sich wiederum ein Beschreibungsraster von Seufert und Euler. Sie unterscheiden einen pädagogischen und einen technologischen Innovationsgrad von E-Learning. Dabei steht der pädagogische Innovationsgrad für die normative Zielsetzung, inwieweit die Innovation E-Learning eine – aus ihrer didaktischen Sicht – wünschenswerte Neuerung für die Zielgruppen mit sich bringt. Der technologische Innovationsgrad bezeichnet die relative Neuartigkeit und Verbreitung der eingesetzten Technologien, mit denen E-Learning umgesetzt wird (siehe Abbildung 14).[457]

Diese ausgewählten, in der Fachdiskussion des E-Learning vielfach herangezogenen Beschreibungsmodelle lassen sich nunmehr drei Ebenen der Gestaltungspraxis zuordnen (siehe Abbildung 15).

Die hier unterschiedenen Ausprägungen von E-Learning sind nunmehr kontextspezifisch auszuwählen und konkret auszugestalten. Aus pragmatischen Gründen sollte dabei von der Überlegung ausgegangen werden, inwieweit durch E-Learning überhaupt bestimmte didaktische Ziele erreicht werden können, die anders nicht, bzw. nur aufwändig erreichbar waren. Tatsächlich besteht im Einzelfall der Planung und Gestaltung von E-Learning eine konzeptionelle Herausforderung darin, dass die Verwirklichung der facettenreichen Potenziale von E-Learning von der konkreten Ausprägung und der Qualität der Umsetzung abhängt. Wichtig ist demnach die Frage des Wirkungsgrades einer E-Learning-Methode für bestimmte didaktische Ziele innerhalb eines spezifischen Bildungskontextes.[458] Doch sie lässt sich freilich nur beantworten, wenn jeweils die spezifische didaktische Gesamtkonzeption im Vordergrund einer Betrachtung steht. Es ist die Gesamtkonzeption, mit der letztlich ein didaktischer „Mehrwert" bewirkt werden kann oder eben nicht, sei es mit oder ohne E-Learning-Elementen.[459] Die Bedeutung eines Mediums und seine Wirksamkeit ergeben sich eben nur aus dem jeweiligen Kommunikationszusammenhang.[460] Aus einer didaktischen Perspektive ist daher eine „[...] grundsätzliche, kontextunabhängige Überlegenheit bestimmter eLearning-Varianten bzw. Mediensysteme [...]"[461] – sofern eine solche im Einzelnen überhaupt identifiziert und als allgemein gültig vertreten werden kann – nicht entscheidend.

E-Learning muss generell durch einen didaktischen Mehrwert gegenüber klassischen Präsenz-Veranstaltungen gerechtfertigt sein.

---

457   Vgl. dazu im Einzelnen Seufert/Euler (2005), S.9-10.
458   Vgl. Seufert/Euler (2005), S.12.
459   Vgl. ebd.
460   Vgl. Kerres (2001), S.11.
461   Seufert/Euler (2005), S.12.

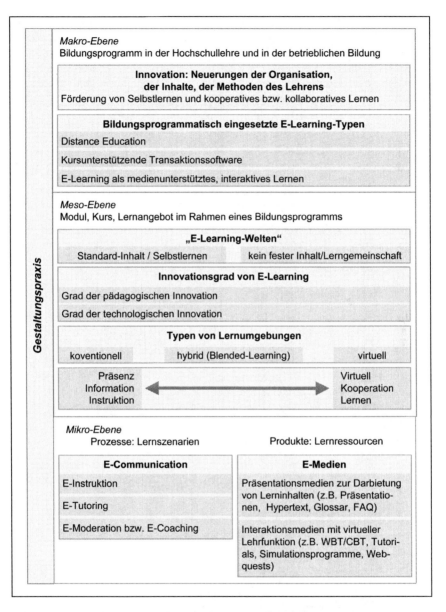

Abbildung 15: Beschreibungsmodell der Ausprägungen von E-Learning in der Gestaltungspraxis auf der Makro-, Meso- und Mikro-Ebene. Eigene Darstellung in Anlehnung an Seufert/Euler (2005), Euler (2005), Schulmeister (2005) und Romiszowski (2004)

119

Allein um die erfolgskritische Nutzerakzeptanz zu erreichen, muss E-Learning-basierte Qualifizierung mindestens genauso effektiv und effizient sein wie die traditionelle Lehre.[462] Wird E-Learning in der Praxis nicht genutzt, so bleibt der didaktische Nutzen minimal, auch wenn ein Lernprogramm überragende technische Merkmale aufweist.[463] Doch empirisch ist die Frage nach dem didaktischen Mehrwert von E-Learning schwierig zu beantworten:

> „Empirische Studien haben jedoch ihre Grenzen, da die Wirkungsvariablen trotz des Einsatzes aufwändiger statistischer Verfahren nur zum Teil kontrolliert werden können und die Generalisierbarkeit der Befunde fraglich ist. Nicht zuletzt ist es als problematisch anzusehen, von welcher Referenzgrösse beim ‚didaktischen Mehrwert' (im Vergleich zu welcher Lehr-/Lernmethode) ausgegangen werden sollte […]. Denn prinzipiell ist ein Vergleich letztlich immer nur im Hinblick auf konkrete Referenzpunkte möglich. Beispielsweise besitzt die Bearbeitung einer Fallstudie in einer Videokonferenz zwischen Studierenden aus mehreren Ländern je nach Fachinhalten höhere didaktische Potenziale als eine nicht international zusammengesetzte Gruppe oder als die Bearbeitung über eine E-Mail-Kommunikation […]. Vermutlich ist jedoch diese eLearning-Variante einer Lerngruppe, welche die gleichen Merkmale aufweist, im Rahmen eines Präsenzseminars unterlegen"[464].

Weil einzelne E-Learning-Komponenten dementsprechend in ihrem jeweils spezifischen Zusammenhang betrachtet werden müssen, kann ihnen praktisch kein genereller Wirkungsgrad zugeschrieben werden. Konkrete Gestaltungsempfehlungen, die für unterschiedliche Kontexte geeignet wären, lassen sich daher kaum empirisch legitimieren.[465] Damit wird deutlich, wie wichtig und zugleich schwierig es ist, die notwendigerweise schon in der Projektplanung zu stellende Frage nach dem vorgesehenen Weg zur Realisierung eines konkreten Mehrwerts von E-Learning zu beantworten.

Damit wird die Bedeutung der Planungsphase deutlich. Allgemein kann gesagt werden, dass jede spezifische mediendidaktische Gesamtkonzeption auf der Grundlage einer Analyse des didaktischen Feldes abzuleiten ist.[466] Wesentlich sind dabei nach Kerres

- Merkmale der Zielgruppe;
- Spezifikation von Lehrinhalten und Lehrzielen;

---

462 Vgl. ebd. Eine weitere Ursache dieser Anforderung liegt natürlich in der Notwendigkeit, die mitunter beträchtlichen Entwicklungskosten sowie des Aufwands einer qualifizierten tutoriellen Begleitung von E-Learning zu rechtfertigen.

463 Vgl. auch die Argumentation in Kerres (2005).

464 Seufert/Euler (2005), S.12.

465 Vgl. dazu vertiefend die Ausführungen „Die Unmöglichkeit, allgemeine Aussagen zu treffen" in Schulmeister (2005a), S.477-485.

466 Vgl. Kerres (2005), S.160.

- Didaktische Methode: didaktische Transformation und Strukturierung der Lernangebote;
- Merkmale der Lernsituation und Spezifikation der Lernorganisation;
- Merkmale und Funktionen der gewählten Medien und Hilfsmittel.[467]

3.1.2 Theoretische Fundierung kontextspezifischer Gesamtkonzeptionen

Vor einer systematischen Betrachtung theoretisch fundierter Ansätze, die Hinweise für die „gute Gestaltungspraxis" von E-Learning geben, drängt sich im vorliegenden Zusammenhang der Qualifizierung zum neuen öffentlichen Haushalts- und Rechnungswesen die Frage auf, ob möglicherweise spezifische Aussagen zur Anwendung von E-Learning in den Wirtschaftswissenschaften getroffen werden können. Schulmeister kam anhand der Ergebnisse empirischer Studien zum Medieneinsatz an deutschen Hochschulen zu dem Schluss, bestimmte Fächer schienen diesbezüglich günstigere Ausgangsbedingungen zu haben, als andere; zu diesen Fächern zählte er unter anderem die Wirtschaftswissenschaften und verweist dabei auf das didaktische Potenzial, Praxisbezug und Problemorientierung des Studiums etwa durch das Lernen mit virtuellen „Scheinfirmen" zu erhöhen.[468] Strategische Positionierungsmöglichkeiten für Hochschulen durch den Interneteinsatz in der betriebswirtschaftlichen Aus- und Weiterbildung betont dagegen Enders.[469] Aufgrund ihrer Informationsintensität seien Aus- und Weiterbildungsangebote generell, und wirtschaftswissenschaftliche Bildungsangebote insbesondere dazu prädestiniert, durch die Nutzung des Internets weitreichend transformiert zu werden. Er geht davon aus, dass die Ausbreitung des Internets im Bereich der wirtschaftswissenschaftlichen Aus- und Weiterbildung weitreichende Veränderungen mit sich bringen wird und Universitäten als Anbieter besonders betroffen sein werden.[470]

Enders hat angeführt, dass in der betriebswirtschaftlichen Literatur diesem Bereich bis dahin erst vergleichsweise wenig Beachtung geschenkt worden ist.[471] Daran hat sich bis heute freilich wenig geändert. Konkrete Hilfestellungen für die didaktisch-konzeptionelle Mediengestaltung und Durchführung von E-Learning im Wirtschaftsstudium lassen sich auch aus seiner Arbeit kaum ableiten. Enders benennt und differenziert in seiner Arbeit inhaltliche Anforderungen, die an betriebswirtschaftliche Studienangebote gestellt werden können, und kategorisiert sie in „Deklaratives Wissen", „Kognitive Fähigkeiten" und „Soziale Kompe-

---

467 Vgl. ebd.
468 Vgl. Schulmeister (2001), S.5.
469 Vgl. Enders (2002).
470 Vgl. a.a.O., S.2.
471 Vgl. ebd.

tenz". Diese Kategorien differenziert er noch nach jeweils zwei bis vier Aspekten.[472] Hierauf folgen Ausführungen zu lernpsychologischen Erkenntnissen der vergangenen Jahrzehnte; umfassend referiert Enders behavioristische, kognitive und konstruktivistische Ansätze[473] – jedoch ohne dabei enge Bezüge zu den zuvor referierten spezifisch betriebswirtschaftlichen Anforderungen an Studienangebote herzustellen. Zusammenfassend kommt er zu der (im Sinne der Lerntheorien konstruktivistisch geprägten) Forderung, „[...] komplexe Ausgangsprobleme zu präsentieren, Authentizität und Situiertheit zu gewährleisten, multiple Perspektiven anzubieten, die Möglichkeit zur Artikulation und Reflektion zu schaffen sowie den zentralen Austausch zwischen Lehrern und Lernern zu unterstützen"[474]. Einen direkten Bezug zum Einsatz des Internet stellt Enders letztlich dadurch her, dass er für drei „Marktsegmente" (Erstausbildung, Zweitausbildung und „Weiterbildung in Modulen") unterschiedliche Intensitäten des Interneteinsatzes vorschlägt[475], die versprechen, „[...] die Anforderungen der individuellen Zielgruppen bestmöglich zu erfüllen"[476]. Dafür kommt er abschließend zu unterschiedlichen Geschäftsmodellen für die Erstellung internetbasierter Studienangebote.[477]

Bei der Recherche nach Literatur, die einer Erfolg versprechenden Konzeption von E-Learning in wirtschaftswissenschaftlichen Aus- und Weiterbildungsangeboten dienlich sein könnte, gerät unweigerlich die Wirtschaftsdidaktik in das Blickfeld. Die Wirtschaftsdidaktik beschäftigt sich mit der Konzeption ökonomischer Qualifizierung und behandelt neben klassischen didaktischen Fragestellungen wie didaktischen Modellen, lernpsychologischen Grundlagen, Lernmethoden und Unterrichtsplanung auch Handlungskompetenzen und „Soft-Skills" wie Sozial- und Selbstlernkompetenzen. Der Bezug zu charakteristischen Lehrinhalten des Wirtschaftsstudiums bleibt dabei durchweg erhalten, wobei Bezüge zwischen Theorie und Praxis vielfach im Mittelpunkt stehen.

Als Ausgangspunkt für weitere Überlegungen können nunmehr verschiedene (allgemeine sowie dezidiert auf E-Learning bezogene) lerntheoretische Ansätze, daraus abgeleitete Prinzipien und Modelle sowie Gestaltungsempfehlungen aus der Literatur herangezogen werden. Eine Analyse Seuferts und Eulers[478] hat ge-

---

472 Vgl. a.a.O., S.39-43.
473 Vgl. dazu die Erklärungen in Abschnitt 3.1.3.
474 Enders (2002), S.66.
475 Vgl. a.a.O., S.160.
476 A.a.O., S.192.
477 Vgl. a.a.O., S.163-190.
478 Vgl. Seufert/Euler (2005).

zeigt, innerhalb welchen Bezugsrahmens diese Fragen aufgenommen und diskutiert werden[479] (vgl. Abbildung 16).

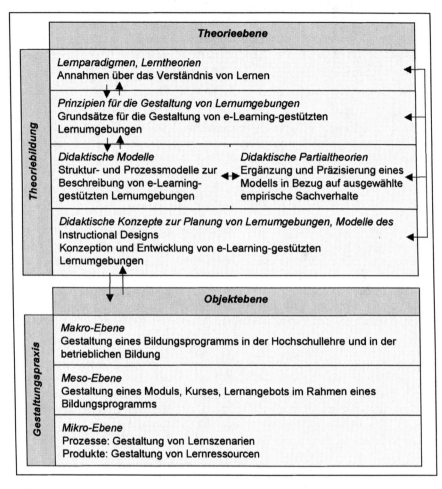

**Abbildung 16: Bezugsrahmen der Theoriebildung und Gestaltungspraxis von E-Learning
nach Seufert/Euler (2005), S.15**

Die Abbildung zeigt, dass in Bezug auf die didaktische Gestaltung von E-
Learning-gestützten Lernangeboten mehrere Theorieebenen differenziert werden

---

479 Ähnlich beispielsweise auch in der Wirtschaftsdidaktik, vgl. Euler/Hahn (2004).

können. Sie weisen einen unterschiedlichen Grad der Konkretisierung, d.h. eine zunehmende Nähe zur Gestaltungspraxis auf der Makro-, Meso- und Mikro-Ebene auf.[480] Dabei sollen didaktische Theorien hier nicht etwa in der Annahme vorgestellt werden, aus ihnen ergäben sich gleichsam Anweisungen für die Gestaltungspraxis. Vielmehr wird an dieser Stelle wie in der Wirtschaftsdidaktik ein Verständnis von didaktischen Theorien vertreten, das diese pragmatisch als ein „Interpretationsangebot zum Vor- und Nachdenken über Praxisprobleme" versteht.[481]

Auf der Ebene der *Lerntheorien* werden die aus der lern- bzw. kognitionspsychologischen Literatur zu entnehmenden Grundannahmen über Lernprozesse (Lernparadigmen) diskutiert. In Bezug auf E-Learning geht es hierbei vor allem darum, ob neue oder weiterentwickelte Lerntheorien notwendig sind, um das Lernen mit neuen Medien zu erklären.[482] Die auch im Kontext von E-Learning immer wieder herangezogenen Theorien des Behaviorismus, Kognitivismus und Konstruktivismus sind dieser Ebene zuzuordnen.[483]

Auf der Ebene der grundlegenden *Prinzipien für die Gestaltung von Lernumgebungen* verlagert sich das Erkenntnisinteresse vom Lernprozess auf das Verhalten des Lehrenden. Es geht darum, wie das Lernen unterstützt werden kann, ob es dafür grundsätzliche Handlungsleitlinien gibt und ob sich diese im E-Learning-Kontext ändern. Das Ziel ist die Ableitung prinzipiengeleiteter didaktischer Handlungskonzepte, die Gestaltungsvorschläge für spezifische Praxisfelder beinhalten.[484] In diesem Sinne geht es um die interpretative Anwendung von grundlegenden Prinzipien zur Gestaltung von Lehrprozessen.[485]

Noch konkreter werden *Didaktische Modelle*, soweit sie einen unmittelbaren Bezug zur Objektebene herstellen. Nach dem komplexen Konzept einer Wirtschaftsdidaktik, das Euler und Hahn vorgelegt haben, vermitteln sie einen „begrifflich-kategorialen Ordnungsrahmen für die Gestaltung einer Lernumgebung"[486]. Insofern reichen sie für die praktische Umsetzung noch nicht aus. Er-

---

480 Vgl. dazu vertiefend Seufert/Euler (2005), S.15, sowie die anschaulichen wirtschaftsdidaktischen Ausführungen innerhalb einer weitgehend analogen Abstufung in Euler/Hahn (2004), S.46-60 und S.95-109.
481 Vgl. Euler/Hahn (2004), S.67.
482 Vgl. Seufert/Euler (2005), S.16.
483 Vgl. vertiefend etwa Euler/Hahn (2004), S.95-116 oder anschaulich in Bezug auf E-Learning Schulmeister (2002), S.71-114.
484 Vgl. Seufert/Euler (2005), S.16.
485 Vertiefend dazu auch Euler/Hahn (2004), S.56.
486 Vgl. a.a.O., S.48.

gänzend dazu präzisieren *Didaktische Partialtheorien* ein Modell, um empirisch fundiert auf einzelne Zusammenhänge vertiefend einzugehen.[487]

Konzepte zur Planung von Lernumgebungen stellen spezifische Konkretisierungen didaktischer Modelle dar. Dabei geht es um die Formulierung und Strukturierung praktischer Planungsschritte für die Konzeption und Entwicklung.[488]

Unter Rückgriff auf diese Systematisierung soll im Folgenden zusammengefasst werden, welche für die didaktische Gestaltung von E-Learning relevanten Implikationen sich aus der unterschiedlich theoretischen resp. praxisbezogenen Literatur ergeben. Berücksichtigt werden dabei nicht nur dezidiert auf E-Learning bezogene Ergebnisse. Da mit dem öffentlichen Haushalts- und Rechnungswesen im vorliegenden Zusammenhang ein konkreter Lehr- bzw. Lerninhalt feststeht, sollen zwar stets mediendidaktische, aber im Einzelfall auch fachdidaktische Maßgaben einbezogen werden, die sich auf die Wirtschaftswissenschaften beziehen.

3.1.3 Lerntheorien

Die Grundlagenliteratur der Lernpsychologie diskutiert Lerntheorien überwiegend in einer Dreiteilung[489] in

- behavioristische Lerntheorien, die das so genannte klassische und das operante Konditionieren[490] umfassen,
- sozial-kognitive Lerntheorien, in denen etwa das Lernen am Modell eine zentrale Rolle spielt[491], und
- kognitive Lerntheorien[492], die „[...] sehr unterschiedliche Fragen aufgreifen und ein Inventar an zentralen Grundbegriffen bereitstellen"[493].

---

487 Vgl. Seufert/Euler (2005), S.17; vertiefend dazu auch Euler/Hahn (2004), S.53.
488 Vgl. ebd.
489 Vgl. Euler/Hahn (2004), S.96.
490 Vgl. dazu im Einzelnen Klafki, W., Neue Studien zur Bildungstheorie und Didaktik, Weinheim 1993, S.260 und 277ff.
491 Vgl. dazu im Einzelnen Bandura, A., Lernen am Modell, Stuttgart 1976, und ders., Sozialkognitive Lerntheorie, Stuttgart 1979. Das auch als „Modell-Lernen" bekannte sozialkognitive Konzept Banduras kann als Übergang von behavioristischen zu kognitiven Lerntheorien betrachtet werden; vgl. Euler/Hahn (2004), S.96.
492 Renommierteste Vertreter sind hier Jean Piaget und Jerome S. Bruner. Die wichtigsten im Kontext des Kognitivismus bekannten Konzepte sind das Entdeckende Lernen (vgl. dazu im Einzelnen die in Schulmeister (2002), S.427, referenzierte Literatur Bruners) und das Lernen mit Mikrowelten (vgl. dazu im Einzelnen a.a.O., S.458 die Literatur Paperts); vgl. Schulmeister (2002), S.71.
493 Euler/Hahn (2004), S.96.

Diese Dreiteilung wird auch in der aktuellen Wirtschaftsdidaktik vertreten[494], wobei an dieser Stelle freilich noch der gerade im Kontext von E-Learning häufig genannte theoretische Bezugsrahmen des

- Konstruktivismus [zu nennen ist], mit dem letztlich bestimmte Auffassungen kognitiver Lerntheorien verneint werden.

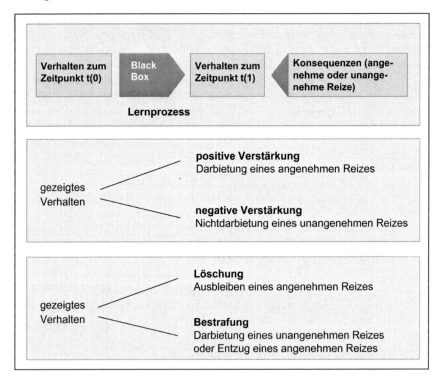

Abbildung 17: Lernverständnis des Behaviorismus: Aufbau von erwünschtem Verhalten, Abbau von unerwünschtem Verhalten (nach Darstellungen von Euler/Hahn (2004), S.96f.)

Ein behavioristisches Lernverständnis geht davon aus, dass ein erwünschtes Verhalten (das Lernziel) gelernt oder abgebaut wird, wenn das Ausgangsverhalten angenehme oder unangenehme Konsequenzen auslöst; man spricht deshalb auch vom „Lernen am Erfolg".[495] Erwünschtes Verhalten kann nach diesem Verständnis durch unterschiedliche Formen von Belohnung oder Zwang aufgebaut sowie

---

494 So auch a.a.O.
495 Vgl. Euler/Hahn (2004), S.115, sowie vertiefend a.a.O., S.96-100.

unerwünschtes Verhalten „durch Löschung oder Bestrafung" abgebaut werden.[496] Mentale Phänomene wie Denkvorgänge, Einsichten oder Absichten werden dabei als Spekulation ignoriert; Denkvorgänge bezeichnen Behavioristen selbst als „*Black Box*" (vgl. Abbildung 17).

Dagegen führt die sozial-kognitive Lerntheorie Annahmen über das Lernen ein, sie „[…] öffnet die ‚Black Box' des Behaviorismus […]"[497]. Die sozial-kognitive Lerntheorie nimmt an, dass der Ausgangspunkt in der Nachahmung einer Modellperson besteht (Lernen am Modell), und führt vier zentrale Aspekte des Lernprozesses ein: Aufmerksamkeit, Behalten, motorische Reproduktion und Motivation/Verstärkung (vgl. Abbildung 18).[498]

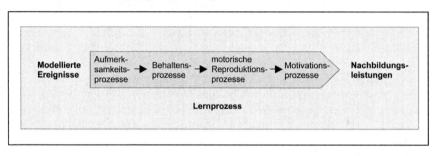

Abbildung 18: Lernverständnis der sozial-kognitiven Lerntheorie („Lernen am Modell")
(nach Euler/Hahn (2004), S.101).

Im Mittelpunkt kognitiver Lerntheorien steht die Frage, wie der Mensch seine Umwelt geistig strukturiert[499]: „Grundlegend sind Theorien mit unterschiedlichen Begriffen über den Aufbau kognitiver Strukturen (zum Beispiel Wissen über Sachverhalte, Handlungsabläufe, Problemlösungstechniken) sowie solche über den Prozess der Veränderung dieser Strukturen […]"[500].

Mit dem Begriff des Konstruktivismus wird nach Euler und Hahn zwar gelegentlich ein gänzlich neues Paradigma in Lerntheorie und Didaktik vertreten, damit liege im Hinblick auf seine didaktische Anwendung jedoch keine geschlossene Theorie vor.[501] Demnach handelt „[…] es sich im Kern um eine Akzentuierung und Vertiefung bekannter Fragen und Konzepte […], wobei sich das vermeint-

496 Vgl. Euler/Hahn (2004), S.115.
497 Ebd.
498 Vgl. Euler/Hahn (2004), S.115, sowie vertiefend S.100-103.
499 Vgl. a.a.O., S.115, sowie vertiefend S.103-110.
500 A.a.O., S.115.
501 Vgl. a.a.O., S.521

lich Neue teilweise lediglich als eine neue Begrifflichkeit entpuppt"[502]. Schulmeister beschreibt den Unterschied des Konstruktivismus zu anderen kognitivistischen Ansätzen unterdessen wie folgt:

> „Wichtig zur Unterscheidung von anderen kognitivistischen Ansätzen ist, dass Wissen im Akt des Erkennens konstruiert wird, es existiert nicht unabhängig vom erkennenden Subjekt, wird dynamisch generiert und nicht fest gespeichert und kann deswegen auch nicht einfach an jemand anderen ohne eigene Rekonstruktion ‚übermittelt' werden"[503].

Die Entwicklung von mediengestützten Lernumgebungen hat nicht zur Heranbildung einer neuen Lerntheorie geführt.[504] Im Kontext von E-Learning werden insbesondere konstruktivistische Lehr- und Lernarrangements vertreten,[505] wenngleich in der Gestaltungspraxis faktisch ein Überwiegen von WBTs nach behavioristischem Muster beobachtet werden kann.[506] Tatsächlich wird mittlerweile die Auffassung vertreten, dass es in der Mediendidaktik nicht um die Entscheidung zwischen alter und neuer Lerntheorie geht.[507] Demnach kann die Lösung für eine konkrete Anforderungssituation mit bestimmten Lehrinhalten und -zielen, Zielgruppen und Rahmenbedingungen konstruktivistische Elemente, aber eben auch traditionelle Vermittlungselemente behavioristischer Prägung beinhalten.[508] Dem wird jedoch zum Teil entgegengehalten, die reine Betrachtung von E-Learning auf einer Methodenebene greife zu kurz; häufig sei die Beurteilung von E-Learning mehr auf das paradigmatische Lernverständnis als auf die Methodenfrage zurückzuführen.[509] Nach Euler führen Fürsprecher und Kritiker von E-Learning häufig eine verdeckte Auseinandersetzung. Sie diskutierten nur scheinbar darüber, welche Methode einer anderen überlegen sei, genauer betrachtet dokumentierten sich darin jedoch unterschiedliche Grundpositionen über das Lernen.[510]

Da die genannten Lerntheorien an anderer Stelle bis heute vielfach dargestellt worden sind, insbesondere jedoch weil sie – wie eingangs bereits erwähnt – lediglich Annahmen über das Verständnis von Lernen darstellen und somit keine

---

502 Ebd.
503 Schulmeister (2002), S.73f.
504 Vgl. Seufert/Euler (2005).
505 Vgl. a.a.O., S.19, und vertiefend dazu z.B. die mediendidaktischen Ausführungen in Schulmeister (2002) und Kerres (2001).
506 Vgl. Seufert/Euler (2005), S.19.
507 Vgl. Kerres (2005), S.162, und im Einzelnen auch die Ausführungen zur Realisierung des selbstgesteuerten Lernens in Abschnitt 3.1.4.
508 Vgl. a.a.O., S.161.
509 Vgl. Seufert/Euler (2005), S.20.
510 Vgl. ebd. sowie im Einzelnen Euler (2005), S.229. Vgl. dazu auch die Ausführungen von Kerres in Kerres (2001), S.56-84.

konkreten didaktischen Gestaltungsempfehlungen oder -konzepte im Sinne des Ziels der vorliegenden Arbeit liefern, sei an dieser Stelle lediglich auf die in den obigen Anmerkungen angegebene Literatur hingewiesen.[511] Die im Folgenden vorgestellten Prinzipien, Modelle und Konzepte mit ihrem zunehmenden Konkretisierungsgrad versprechen dagegen höhere Erkenntnisgewinne, außerdem berücksichtigen bzw. interpretieren sie grundlegende Erkenntnisse der Lerntheorien.[512]

3.1.4 Prinzipien für die Gestaltung von Lernumgebungen

Häufig empfohlene Prinzipien für die didaktische Gestaltung von Lernumgebungen sind die konzeptionelle Förderung des selbstgesteuerten Lernens, die Förderung des kollaborativen und des kooperativen Lernens sowie die problem- resp. handlungsorientierte Gestaltung.

Die Idee des selbstgesteuerten Lernens bezeichnet ein gewandeltes Lernverständnis „[...] vom Lernen als Informationsbearbeitung mit mechanistischen Zügen hin zu einer Auffassung von Lernen als sozialer und individueller Prozess der Kompetenzentwicklung [...]"[513]. Dabei geht es um die Überwindung einer häufig bemängelten Kluft zwischen Wissen und Handeln.[514] Im Mittelpunkt der geforderten „Handlungsorientierung" steht der Anwendungstransfer theoretischen Wissens, der insbesondere durch eine stärkere Selbststeuerung individueller Lernprozesse begünstigt werden soll. Fremd- und Selbststeuerung werden dabei nicht als Alternativen, sondern als Kontinuum aufgefasst. In bestimmten Lernsituationen bleiben dozentenzentrierte Instruktionsphasen demnach durchaus erforderlich, es geht vielmehr um einen im spezifischen Kontext angemessenen Grad und die didaktische Ausprägung der Selbststeuerung.[515]

Dieses gewandelte Lernverständnis soll nun mit Hilfe der technologischen Möglichkeiten, die sich im Zusammenhang mit E-Learning ergeben, besser unterstützt werden können: Lehrende übernehmen stärker die Rolle eines Mentors und Tutors, der digitale Lernobjekte in einer virtuellen Lernumgebung bereitstellt; in

---

511 Ergänzend dazu siehe die Literaturhinweise in Seufert/Euler (2005), S.18-20.

512 Vgl. ergänzend zu den folgenden Ausführungen auch z.B. die Integrationen von Lerntheorien mit teilweise konkreten Mediengestaltungshinweisen in den Bänden von Gillani (2003) oder Anderson/Elloumi (2004).

513 Hasanbegovic (2005), S.249.

514 Vgl. a.a.O., S.248.

515 Vgl. ebd. Hier zeigt sich erneut die Auffassung, dass in einer didaktischen Anforderungssituation neben beispielsweise konstruktivistischen Elementen auch traditionelle Vermittlungselemente behaviouristischer Prägung als adäquate Mittel angesehen werden (siehe auch Abschnitt 3.1.3).

der virtuellen Lernumgebung können Lernende dann „[…] gravierender und folgenreicher als in anderen Lernumgebungen mit entscheiden, ob, was, wann, wie und woraufhin gelernt wird"[516].

Kooperatives Lernen bezeichnet Lernprozesse, die durch Kommunikation und Zusammenarbeit von Mitgliedern einer Gruppe gekennzeichnet sind. Demnach werden beim kooperativen Lernen in der Gruppe gemeinsam Probleme gelöst und Wissen und Fertigkeiten aufgebaut und verfestigt.[517] Das Konzept der Kooperation entspricht einer arbeitsteiligen Lösung von Teilproblemen, während die Kollaboration von einer Interaktion zwischen zwei oder mehreren Personen ausgeht, in deren prozessualem Verlauf diese Personen gemeinsam und gleichsam wechselseitig neue mentale Strukturen aufbauen.[518] Ein wesentlicher didaktischer Mehrwert beider Ansätze wird darin gesehen, dass neben dem Erwerb und der Anwendung von Sachwissen auch Sozial- und Lernkompetenzen zur Mitwirkung im Team erforderlich sind und entsprechend gefördert werden.[519]

Im E-Learning kann kollaboratives und kooperatives Lernen nunmehr mithilfe digitaler Kommunikationsinstrumente wie E-Mail, Internetforen, Chat oder Videokonferenzsysteme unabhängig von einer räumlichen Distanz zwischen den Lernenden, aber auch flexibel zeitversetzt realisiert werden.[520] Als gutes Gestaltungsprinzip einer Lernumgebung wird hierbei ausgegeben, ein komplexes Problem mit hohem Anwendungsbezug zur Grundlage kollaborativen und kooperativen Lernens zu machen.[521] Der Anwendungsbezug dient dabei der Förderung intrinsischer Motivation, indem Lernende sich gewissermaßen betroffen fühlen, er dient aber auch als Ausgangspunkt für den Wissenstransfer durch Reflexion. Die Reflexion erworbenen Wissens zielt auf die Übertragbarkeit der erworbenen Fertigkeiten auf analoge Kontexte in der Praxis:

> „Wird die Übertragung des Gelernten auf andere Problemstellungen ermöglicht und werden Kenntnisse und Fertigkeiten unter multiplen Perspektiven gelernt, kann ein hoher Nutzungsgrad des Gelernten und die Sicherung der Flexibilität bei der Anwendung des Gelernten gewährleistet werden. Gerade der soziale Kontext ermöglicht durch kooperatives Lernen und Problemlösen in Gruppen die angehende Enkulturation im Lernprozess"[522].

Dabei würde in einer problemorientiert konzipierten Lernumgebung, über die kommuniziert und kooperiert wird, in der im Einzelfall aber auch Lerninhalte

---

516 Ebd.
517 Vgl. Hasanbegovic (2005), S.249, und grundlegend die a.a.O. angegebene Literatur.
518 Vgl. ebd.
519 Vgl. ebd.
520 Vgl. ebd.
521 Vgl. ebd.
522 Ebd.

bereitstehen, im Idealfall das multimediale Potenzial der anschaulichen Aufbereitung und Darbietung von Lerninhalten ausgeschöpft. Im Rahmen der Gesamtkonzeption ist freilich die Gefahr einer kognitiven Überforderung beim Fehlen
von „Unterstützungskomponenten" zu berücksichtigen.[523] Dass diese Lernform
von Lernenden ein stärkeres Engagement und von Lehrenden entsprechende Unterstützung erfordert, gilt als empirisch belegt.[524] Die Anforderung, dass die Entwicklung kollaborativer bzw. kooperativer Szenarien Lernmethoden erfordert,
welche Gruppenarbeit durch unterschiedliche Maßnahmen strukturieren[525], stellt
mithin ein wichtiges Prinzip für die Gestaltung von Lernumgebungen dar.

Bis hierhin ist deutlich geworden, dass die Ansätze des selbstgesteuerten Lernens
nicht getrennt von denen des kooperativen und kollaborativen Lernens gesehen
werden, sondern vielmehr in der Praxis miteinander zu verbinden sind. Außerdem haben die Ausführungen gezeigt, dass das zu Beginn dieses Abschnitts zunächst nur kurz genannte Prinzip der problem- resp. handlungsorientierten Gestaltung von Lernumgebungen aus didaktischer Sicht mit jenen des kooperativen
und kollaborativen resp. dem des selbstgesteuerten Lernens zu verschränken
sind. Eine vereinfachte bildhafte Darstellung des Zusammenhangs zwischen der
selbstgesteuerten und kooperativen bzw. kollaborativen Bewältigung praxisbezogener Problemstellungen mit tutorieller Unterstützung als Ausgangspunkt für die
Kompetenzentwicklung zeigt beispielhaft Abbildung 19.

Vertiefend wird im Folgenden ein differenziertes wirtschaftsdidaktisches Verständnis des problemorientierten Lernens[526] nach Euler und Hahn dargelegt, wie
es auch hier vertreten werden soll. Dieser Ansatz erscheint in besonderem Maße
dafür geeignet, den unmittelbaren praktischen Bezug des neuen öffentlichen
Haushalts- und Rechnungswesens aufzugreifen und in der Qualifizierung anfor-
derungsgerecht zu berücksichtigen.[527]

---

523   Vgl. Hasanbegovic (249), S.249.
524   Vgl. ebd., und im Einzelnen die a.a.O. angegebene Literatur. Gleiches gilt bis zur stärke-
      ren Verbreitung von Lernerfahrungen mit selbstgesteuerten Lernprozessen sicherlich ge-
      nerell für E-Learning.
525   Vgl. a.a.O., S.250, und im Einzelnen die a.a.O. angegebene Literatur.
526   Nach Euler/Hahn (2004), S.110-114.
527   Die besondere Eignung eines wirtschaftsdidaktischen Ansatzes für die Qualifizierung zum
      neuen öffentlichen Hausalts- und Rechnungswesen wird hier jedoch nicht allein wegen
      der Orientierung am Aufbau von Handlungskompetenzen auf Grundlage der problemori-
      entierten Anwendung theoretisch fundierten Sachwissens vertreten. Mit dem in Abschnitt
      3.1.5 vorgestellten Strukturmodell einer Wirtschaftsdidaktik liegt ein Modell für die Be-
      schreibung von Lehr-/Lernsituation vor, das die Grundsätze der problemorientierten Di-
      daktik integriert und dabei umfassend die Dimensionen Lernen, didaktisches Kommuni-
      zieren, Lehren und Rahmeneinflüsse berücksichtigt. Außerdem liegt bereits ein darauf

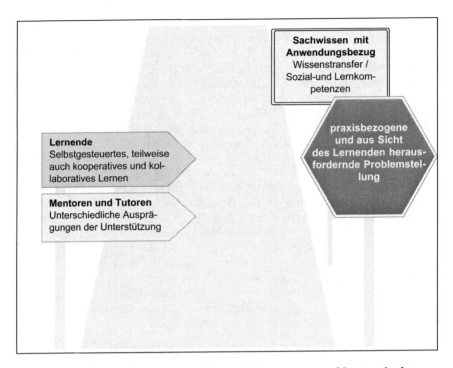

Sachwissen mit
Anwendungsbezug
Wissenstransfer /
Sozial-und Lernkom-
petenzen

Lernende
Selbstgesteuertes, teilweise
auch kooperatives und kollaboratives Lernen

praxisbezogene
und aus Sicht
des Lernenden heraus-
fordernde Problemstel-
lung

Mentoren und Tutoren
Unterschiedliche Auspra-
gungen der Unterstützung

Abbildung 19: Weg zur Kompetenzentwicklung: Selbstgesteuerte und kooperative bzw. kollaborative Bewältigung praxisbezogener Problemstellungen mit tutorieller Unterstützung. Vereinfachte Darstellung

Konstitutiv für die „Problemorientierte Didaktik", die aktuelle Ansätze insbesondere im Kontext einer handlungsorientierten Didaktik mit den traditionellen lernpsychologischen Theorien verbindet[528], ist die Anbindung des Lernens an eine praxisbezogene und aus Sicht des Lernenden herausfordernde Problemstellung.[529] Dabei ist der Zuschnitt von eingeführten Praxisproblemen hochgradig an den angestrebten Lernergebnissen bzw. Lernzielen auszurichten sowie mit den Voraussetzungen der Lernenden abzustimmen.[530] Die problemorientierte Didak-

---

aufbauendes Prozessmodell vor, das entsprechende Hinweise zu einzelnen Phasen des Lehr-/Lernprozesses gibt. Dieses wird ebenfalls in Abschnitt 3.1.5 vorgestellt.

528 Vgl. Euler/Hahn (2004), S.110. Dafür plädiert letztlich auch Kerres; vgl. sein Fazit am Ende der Darstellung verschiedener Ansätze mediengestützten Lernens, welche die mediendidaktische Diskussion in der Vergangenheit entscheidend geprägt haben und sich auf unterschiedliche Auffassungen vom Lernen beziehen (Kerres (2001), S.82-84).

529 Vgl. Euler/Hahn (2004), S.111.

530 Vgl. a.a.O., S.111f. Damit werden häufig vorgebrachte Forderungen, problemorientierte Didaktik müsse von „komplexen", „mehrdimensionalen" oder „authentischen" Problem-

tik ist nicht zwingend mit Formen eines hochgradig selbstgesteuerten, entdeckenden Lernens zu verbinden.[531] Der Lernprozess kann durch unterschiedliche Ausprägungen der Unterstützung gefördert werden, wesentlich ist allein, dass eine subjektiv als herausfordernd wahrgenommene Problemstellung Raum zum Nachdenken und zur Lösungsentwicklung gibt.[532] Im Zeitverlauf sollte der Anteil selbstgesteuerter Lernprozesse allerdings zunehmend überwiegen.[533] Der – typisch konstruktivistische – Hinweis, das Problemlösen sei in kooperative Lerngemeinschaften einzubringen, ist nach diesem Verständnis nicht zwingend; die Arbeit an Problemstellungen kann vielmehr im Rahmen unterschiedlicher Aktions- und Sozialformen erfolgen.[534] Auch können Problemsituationen sowohl durch Lehrende eingeführt, als auch zwischen Lehrenden und Lernenden erarbeitet oder durch die Lernenden erschlossen werden.[535] Die wesentlichen Konstituenten einer problemorientierten Didaktik zeigt Abbildung 20.

Die Darstellung dieser im Kontext von E-Learning häufig empfohlenen Gestaltungsprinzipien zeigt eindrucksvoll den möglichen Nutzen E-Learning-basierter Qualifizierung für Verwaltungen und Universitäten. Wird ein E-Learning-Angebot in obigem Sinne prinzipiengeleitet gestaltet, erschließen sich damit eben genau solche didaktischen Potenziale, die spezifischen Qualifizierungsanforderungen gerecht werden.[536] So entspricht die konzeptionelle Förderung des selbstgesteuerten und des kollaborativen bzw. kooperativen Lernens ebenso wie das Prinzip der Problem- resp. Handlungsorientierung der Anforderung, in Verwaltungen die Lernkultur zu verändern und den Praxistransfer erworbenen Wissens zu unterstützen.[537] In Universitäten sollte das didaktische Prinzip der Problem- und Handlungsorientierung ebenfalls stärker in den Mittelpunkt der Qualifizierung rücken, solange ein engerer Praxisbezug gefordert wird.[538] Von dem Gestaltungsprinzip der Förderung eines kollaborativen und des kooperativen Lernens würden ebenfalls beide Gruppen profitierten; es könnte die von Studierenden kritisierte Anonymität im Studium verringern und in Verwaltungen den Ausgangspunkt für informelles Lernen der Mitarbeiter voneinander am Arbeitsplatz darstellen.

---

stellungen ausgehen, in Frage gestellt. Vgl. dazu im Einzelnen die überzeugende Argumentation von Euler und Hahn a.a.O., S.112.
531 Vgl. Euler/Hahn (2004), S.112f..
532 Vgl. a.a.O., S.113.
533 Vgl. ebd.
534 Vgl. ebd. und Seufert/Euler (2005), S.21.
535 Vgl. Euler/Hahn (2004), S.113.
536 Vgl. Abschnitt 3.1.
537 Vgl. Abschnitt 2.2.9.
538 Vgl. Abschnitt 2.3.1.1.

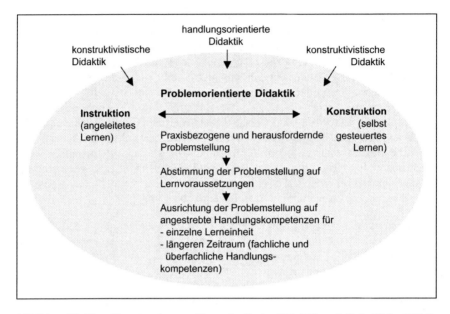

Abbildung 20: Konstituenten einer problemorientierten Didaktik nach Euler/Hahn (2004), S.114

3.1.5 Didaktische Modelle

Ein klassisches Lehr- und Lernmodell ist die so genannte Programmierte Instruktion. Das Modell der programmierten Instruktion wurde bereits vor der Verbreitung von Computern in Anlehnung an Annahmen des Behaviorismus entwickelt[539] und war bis Ende der 1970er in den USA weit verbreitet.[540] Auch wenn noch immer zahlreiche Lehr- und Lernmodelle sowie Lernprogramme existieren, die an das Modell der programmierten Instruktion angelehnt sind[541], gilt es in der heutigen Didaktik als überholt. Nach diesem Modell besteht ein Lernangebot aus einer linearen Folge von Einzelabschnitten. Lernenden wird dabei jeweils eine Antwort abverlangt – sie werden „aktiviert" –, und durch die Rückmeldung, ob der Lernende richtig geantwortet hat, wird er „verstärkt". Dieses Vorgehen erweist sich im Allgemeinen jedoch schnell als „unterträglich stereotyp"[542]. Sowohl aus der Perspektive des Lehrers (Didaktik), als auch aus Lernerperspektive

---

539   Vgl. Skinner, B. F., Teaching Machines, in: Science (128/3330), S 969-977.
540   Vgl. Seufert/Euler (2005), S.18.
541   Vgl. a.a.O., S.18f., und Kerres (2001), S.65.
542   Ebd.

(Akzeptanz) gilt das bei der Konzeption von Lernprogrammen lange vorrangige Modell der Programmierten Instruktion heute als problematisch:

> „Ein tieferes Verständnis der Lerninhalte erschließt sich dem Lernenden kaum, weswegen die Anwendungen vielfach auf einfaches Faktenwissen beschränkt bleiben. Es zeigt sich, dass die Motivation eines Lerners, derartige CBT-Kurse komplett durchzuarbeiten, rapide sinkt, wenn der Neuigkeitseffekt verfliegt. So stoßen solche Medien nach kurzer Zeit auf nur mäßige Akzeptanz, wenn nicht schiere Ablehnung bei den Benutzern"[543].

Während es bei der Programmierten Instruktion um die Einführung neuer Lerninhalte geht, sollen mit ähnlich behaviouristisch geprägten *Drill&Practice*-Programmen bereits erworbene Kenntnisse geübt werden. Beispielsweise in Sprachlernprogrammen wird dieses Modell noch heute häufig realisiert.[544]

Angelehnt an eine in der Wirtschaftsdidaktik vertretende Unterscheidung didaktischer Modelle, die sich auf den Aufbau von Lehr-/Lernsituationen beziehen (Strukturmodelle), von solchen mit Bezug zu Schritten bzw. Phasen eines Lehr-/Lernprozesses (Prozess- oder Ablaufmodelle)[545], haben Seufert und Euler vier bekannte didaktische Modelle miteinander verglichen. Alle vier stellen heuristische Strukturmodelle dar, die mehrdimensionale Beschreibungskategorien für E-Learning-gestützte Lernumgebungen beinhalten; so lassen sich mit ihrer Hilfe jeweils Zusammenhänge zwischen didaktischen Kategorien aufzeigen. Als Ordnungsrahmen ermöglichen sie zudem die Komplexitätsreduktion für zentrale, didaktische Entscheidungen bei der Gestaltung einer E-Learning-basierten Lernumgebung (siehe Abbildung 21).[546]

Dabei zeigen sich weit gehende Unterschiede der von den einzelnen Autoren vertretenen Modelle. So betonen Seufert und Euler im Kontext ihrer Gegenüberstellung, dass sich die theoretische Anbindung der Modelle grundlegend unterscheidet. Während einige spezifisch für E-Learning bzw. die virtuelle Lehre entwickelt worden sind, knüpfen andere an gängige didaktische Grundbegriffe an.[547] Dabei stelle sich die grundsätzliche Frage, ob E-Learning grundlegend neue didaktische Modelle oder eher die Erweiterung bestehender didaktischer Modelle erfordere. Dementsprechend variierten der Geltungsbereich und die Antwort auf die Frage, ob sie für alle Formen – konventionelle, hybride und virtuelle Lernumgebungen – oder ausschließlich auf die virtuelle Lehre anwendbar sind.[548]

---

543   Kerres (2001), S.65.
544   Vgl. Seufert/Euler (2005), S.18.
545   Vgl. Euler/Hahn (2004), S.46.
546   Vgl. Seufert/Euler (2005), S.23.
547   Vgl. ebd.
548   Vgl. Seufert/Euler (2005), S.23.

Vergleichskriterien	Modell von Baumgartner et al.	Modell von Euler & Wilbers	Modell von Kerres & de Witt	Modell von Schulmeister
Generelle Beschreibung	Lehr-Lern-Modell als dreidimensionaler Würfel, um verschiedene Perspektiven und Zusammenhänge aufzuzeigen (die jedoch nicht systemimmanent vorgegeben werden, kein präskriptives Modell)	Kein explizites E-Learning-Modell, vielmehr Erweiterung bestehender didaktischer Kategorien, Bausteinmodell zur Gestaltung von Lernumgebungen	3-2-1 Modell didaktischer Elemente, 3C-Komponenten-Modell zur Gestaltung von hybriden, Blended-Learning-Arrangements	Didaktisches Dreieck virtuellen Lernens unter der Annahme der Dominanz des Lernobjekts im virtuellen Raum, Kommunikation als notwendige begleitende Unterstützung
Geltungsbereich	Zwar im Kontext von E-Learning entstanden, jedoch allgemein auf die Gestaltung von Lernumgebungen anwendbar	Gestaltung von traditionellen, hybriden und virtuellen Lernumgebungen	Gestaltung insbesondere von hybriden Lernumgebungen (Blended-Learning-Konzepte)	E-Learning als Auseinandersetzung mit Lernobjekten, bezieht sich dezidiert auf die virtuelle Lehre

Elemente einer E-Learning-Umgebung			
Lehr-Lernebene: Welche Lernsituation liegt vor (z.B. komplexe Situation, Problemlösen)? Handlungsebene: Welche Fertigkeiten sollen erworben werden (z.B. rezipieren, anwenden, entdecken)? Ebene der sozialen Organisation: Welche Rolle spielen die Lehrenden (Vermittler, Tutor, Coach)?	Sozialformen: Einzellernen, Teamlernen, Lernen im Plenum stützen sich auf die soziale Organisation der Lernenden ab. Aktionsformen: Erweiterung sozial-kommunikativer Lehr-Aktionsformen (Rolle des Lehrenden in Präsenzsituationen) um E-Lehr-Aktionsformen (Rolle der Lehrenden in E-Learning Szenarien) Medien: Erweiterung traditioneller Medien um E-Medien (z. B. interaktive Lernsysteme, Webressourcen)	Content-Komponente: Materialien zur Anregung der erforderlichen kognitiven, motivationalen und emotionalen Prozesse beim Lernenden Kommunikationskomponente: persönlicher Austausch zwischen Lernenden, Tutoren oder Lehrenden Konstruktionskomponente: individuelle sowie kooperative Lernaktivitäten führen zu einem gegenständlichen Ergebnis	Kognition: Konstruktion von Wissen, vor allem abhängig vom Grad der Interaktivität des Lernobjekts sowie von Art und Qualität der Kontextualität des Wissens Kommunikation: Lernende mit anderen Lernenden und mit den Lehrenden zur Konventionalisierung von Wissen Kollaboration von Individuen mit gemeinsamen Lernobjekten Konstituiert Prozesse der Konstruktion von Wissen

Abbildung 21: Vergleich ausgewählter didaktischer Modelle zur Gestaltung von E-Learning nach Seufert/Euler (2005), S.24

Gleichwohl lassen die Modelle auf Spezifika von E-Learning schließen, da sie, wenn auch unterschiedlich, drei maßgebliche Komponenten bzw. Bausteine anführen, die bei der Gestaltung von Lernumgebungen berücksichtigt werden sollten: Medien, neue Kommunikationsformen und die neue Rolle des Lehrenden.[549]

Mit dem im Folgenden dargelegten Strukturmodell einer Wirtschaftsdidaktik von Euler und Hahn[550] liegt außerdem ein Ordnungsrahmen vor, der sich zwar nicht dezidiert auf die Gestaltung von E-Learning bezieht, der jedoch alle im Sinne des hier vertretenen wirtschaftsdidaktischen Verständnisses relevanten Gestaltungsdimensionen berücksichtigt. Es erscheint sinnvoll, dieses Modell ergänzend heranzuziehen. Besonders hilfreich ist das Modell, da zugleich ein an das Strukturmodell angelehntes Prozessmodell vorliegt.

Im Mittelpunkt des Strukturmodells steht das *Lernen*, das vor allem auf den Aufbau von Handlungskompetenzen abzielt. Die beiden Gestaltungsbereiche *Kommunizieren* und *Lehren* sind auf das Lernen ausgerichtet: Anders als in einem behavioristischen Verständnis, nach dem das Lehren im Mittelpunkt stünde, wird damit die unterstützende Funktion des Lehrens betont.[551] Nach diesem wirtschaftsdidaktischen Verständnis konkretisieren und verbinden sich Lernen und Lehren im Prozess des Kommunizierens.[552] Obwohl argumentiert werden kann, dass das Kommunizieren zumindest implizit bereits im Lehren aufgehoben ist, wird diese Kategorie hervorgehoben, um „[...] das Implizite der Methode bewusst und damit gestaltbar zu machen"[553]. Als viertes – und im Unterschied zu den meisten auf E-Learning bezogenen Modellen – hebt das Modell einer Wirtschaftsdidaktik auch die Rahmenbedingungen hervor. Sie definieren – kurzfristig – die Bedingungen, die didaktisches Handeln begrenzen können, auch wenn sie als langfristig veränderbar gelten können.[554] Eine mögliche Integration einiger der oben angeführten Kategorisierungen von E-Learning in das Strukturmodell einer Wirtschaftsdidaktik[555] zeigt Abbildung 22.[556]

---

549   Vgl. ebd.
550   Nach Euler/Hahn (2004), 81-83.
551   Vgl. Euler/Hahn (2004), S.81.
552   Vgl. ebd.
553   Ebd.
554   Vgl. a.a.O., S.82.
555   Vgl. ebd.
556   Vgl. zur wirtschaftsdidaktischen Fokussierung der vier Faktoren Lernen, Kommunikation, Lehren und Rahmenbedingungen grundlegend Euler/Hahn (2004).

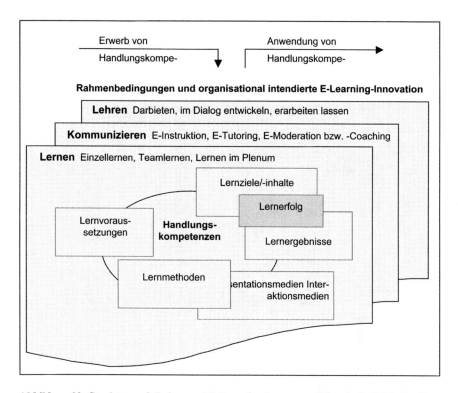

Abbildung 22: Strukturmodell einer auf E-Learning bezogenen Wirtschaftsdidaktik. Eigene Darstellung in Anlehnung an Euler/Hahn (2004), S.82, und Euler (2005)

In Anlehnung an ihr Strukturmodell haben Euler und Hahn nunmehr ein praxisbezogenes Prozessmodell vorgeschlagen, welches sich ebenfalls in Bezug auf E-Learning erweitern lässt, wie in Abbildung 23. In der Abbildung wurden relevante E-Learning-spezifische Aspekte der Planung hinzugefügt und durch ein „fettes" Schriftbild hervorgehoben.

Dieses wirtschaftsdidaktische Prozessmodell kann nun beispielsweise um die didaktischen Gestaltungshinweise für die Mikro-Ebene von E-Learning ergänzt werden, die Euler im Kontext seiner Beschreibung typischer Präsentations- und Interaktionsmedien gibt.[557] Mit seinen Beispielen lässt sich das Arbeitspaket der Umsetzungsarbeiten des obigen Prozessmodells konkretisieren (siehe dazu den folgenden Abschnitt).

---

557 Vgl. Euler (2005), S.231-233.

Grundentscheidungen treffen (Grobplanung)
Rahmeneinflüsse klären **(auch: Ressourcen für E-Learning-Angebot und E-Moderation
bzw. Tutoring)**
Lerninhalte bestimmen
Lernvoraussetzungen grob erfassen **(auch: Online-Anwendungskompetenz, technische
Ausstattung und Verfügbarkeit, grundsätzliche E-Learning-Akzeptanz)**
Leitvorstellungen für didaktisches Handeln bewusst machen **(auch: organisational inten-
dierte E-Learning-Innovation, Priorität der Förderung selbstgesteuerten / kooperativen
/ kollaborativen Lernens)**
Lernziele festlegen
Lernmethoden grob bestimmen
Experimentalbereich überlegen

Verlaufsplanung konkretisieren (Feinplanung)
Inhalte und Ziele im Detail strukturieren
Unterrichtsverlauf in einer Disposition entwerfen
Kritische Ereignisse antizipieren *(auch: Berücksichtigung E-Learning-
Akzeptanzmerkmale / „Mehrwert")*

Verlaufsplanung überprüfen
Leitvorstellungen reflektieren
Zusammenhang zwischen Ziel, Methoden und Lernvoraussetzungen reflektieren
Experimentalmöglichkeiten überprüfen

Umsetzungsarbeiten durchführen
Konkrete Frage-, Aufgaben- und Problemstellungen formulieren
Materialien/**E-Medien/E-Kommunikation vorbereiten und zusammenstellen (auch: E-
Medien-Konzeption, Entwicklung, Tests, Lernplattform vorbereiten, Zugang sicher-
stellen, Hilfen implementieren)**
Leitvorstellungen für die Gestaltung der Kommunikation aufbauen
Kritische Phasen/Ereignisse detailliert ausarbeiten

Unterrichtseinheit nach der Durchführung reflektieren
(auch: digitale Lernumgebung und E-Learning-Prozesse evaluieren)

Abbildung 23: Prozessmodell einer auf E-Learning bezogenen wirtschaftsdidaktischen
Planung. In Erweiterung von Euler/Hahn (2004), S.503[558]

Insgesamt zeigt sich, dass mit diesen beiden wirtschaftsdidaktischen Modellen
begrifflich-kategoriale Ordnungsrahmen für die Gestaltung von Lernumgebungen
vorliegen, mit denen sich die (didaktischen) Innovationspotenziale von E-
Learning[559] systematisch und angemessen im Sinne des spezifischen Qualifizierungsbedarfs für das neue öffentlichen Haushalts- und Rechnungswesen[560] nutzen lassen: So lenken die Modelle den Blick zunächst auf die Ausgangsbedin-

---

558 Vgl. dazu im Einzelnen auch Euler/Hahn (2004), S.503-507.
559 Vgl. die Ausführungen am Beginn des Abschnitts 3.1.
560 Vgl. die Abschnitte 2.2.9 und 2.3.3.

gungen und strategischen Innovationsziele einer Organisation, betonen die relevante Funktion sozial-kommunikativer Elemente, unterscheiden Formen der didaktischen Unterstützung, beziehen die Gestaltungsmöglichkeiten von E-Medien systematisch mit ein und stellen den Praxisbezug in den Mittelpunkt.

3.1.6 Didaktische Partialtheorien

Innerhalb des hier verwendeten Bezugsrahmens der Theoriebildung und Gestaltungspraxis von E-Learning ergänzen nunmehr didaktische Partialtheorien die didaktischen Modelle. Partialtheorien beziehen sich auf empirische Sachverhalte eines bestimmten Ausschnitts eines Praxisfeldes, für das didaktische Modelle einen kategorialen Beschreibungsrahmen liefern.[561] Didaktische Partialtheorien werden als Aussagen über einzelne Zusammenhänge verstanden, die im Bezugsrahmen eines didaktischen Modells zunächst nur grob gekennzeichnet sind.[562] Euler und Hahn identifizieren drei Modi didaktischer Konzepte: *Beschreibungen, Erklärungen* und *Rezeptologien.*

Beschreibungen geben demnach differenzierte Informationen über die Struktur empirischer Sachverhalte in einem didaktischen Feld.[563] Seufert und Euler ordnen beispielsweise das bekannte E-Moderation-Modell von Salmon[564] als Beschreibung ein.[565] Das in der Fachdiskussion, wie auch in der Praxis viel beachtete Modell bezieht sich auf die Gestaltung von E-Communication und die unterstützende Rolle des Lehrenden. Ausgehend von empirischen Untersuchungen zum Anteil unterschiedlicher Ausprägungen der Unterstützung Lernender, hat Salmon ein idealtypisches 5-Stufen-Modell vorgelegt (siehe Abbildung 24). Demnach erfordert jede Stufe im Lehr-/Lernprozess von den Teilnehmern auch bestimmte technische Fertigkeiten (in der Darstellung in der linken unteren Ecke eines jeden Schritts), und vom Moderator spezifische didaktisch-kommunikative Fertigkeiten und Zielsetzungen (jeweils oben rechts). Der Balken am rechten Rand der Abbildung soll signalisieren, mit welcher Intensität in der jeweiligen Phase typischerweise Interaktivität zwischen Teilnehmern auftritt bzw. auftreten kann. Zu jeder Stufe gibt Salmon Beschreibungen guter Gestaltungspraxis.[566]

---

561 Vgl. dazu im Einzelnen Euler & Hahn (2004), S.53.
562 Vgl. ebd.
563 Vgl. ebd.
564 Vgl. Salmon, G., E-Moderating. The Key to Teaching and Learning Online, London 2000.
565 Vgl. Seufert/Euler (2005), S.25.
566 Vgl. dazu im Einzelnen Salmon (2000). Auf der Website der Autorin findet sich ergänzend eine autorisierte Darstellung des hier abgebildeten des 5-Stufen-Modells, in der Kurzfassungen der angesprochenen Stufenbeschreibungen aufgerufen werden können; vgl. www.atimod.com/e-moderating/fivestepflash.htm (23.11.2007).

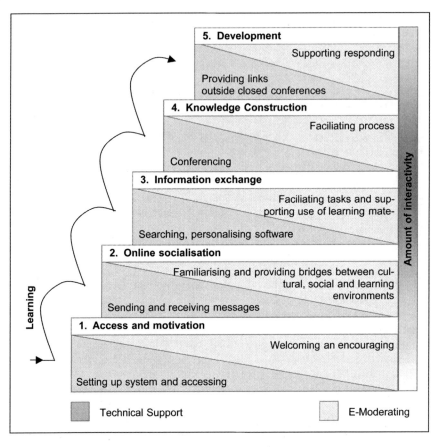

Abbildung 24: 5-Stufen-Modell der Moderation und tutoriellen Unterstützung von E-Learning nach Salmon (2000), S.26

So genannte *Erklärungen* al s Ausprägungen didaktischer Partialtheorien „[...] streben Informationen über empirische Regelmäßigkeiten im Sinne von Wenn-Dann-Aussagen an"[567]. Entsprechende empirische Studien basieren im E-Learning nach einer Analyse von Seufert und Euler meist auf „Quasi-Experimenten und Feldstudien".[568] Dabei würden überwiegend Methodenvergleiche mit Kontrollgruppen durchgeführt, um Unterschiede hinsichtlich der Effizienz (Zielerreichungsgrad, höhere Lernerfolge) und Effektivität (Zeit in Relation zur Leistung) von E-Learning mit einer gewählten Methode treffen zu kön-

---

567 Euler/Hahn (2004), S.54.
568 Vgl. Seufert/Euler (2005), S.25.

nen.[569] Solche vergleichenden Evaluationen weisen freilich erhebliche methodologische Schwächen auf[570], Argumente für die Begründung didaktischer Konzepte und ihr Funktionspotenzial innerhalb eines spezifischen Settings lassen sich damit kaum stichhaltig untermauern.

Rezeptologien stellen reflektierte Handlungsweisen aus der didaktischen Praxis dar, „[...] so genannte Alltagstheorien, die auch einer Überprüfung unterzogen werden können"[571]. Als Rezeptologie kann demnach etwa Eulers Benennung von Beispielen für E-Medien (also Präsentations- und Interaktionsmedien[572]) gelten. Als – didaktisch angemessene – Präsentationsmedien gelten ihm

- filmisch-authentische Darbietungen einer Fallsituation bzw. von Fallbeispielen zur Illustration abstrakter Zusammenhänge;
- Lehrclips im Sinne der audio-visuellen Aufzeichnung einer Lehrsequenz;
- Präsentationsfolien mit Animationselementen;
- *Hypertext* als Einstieg oder Zusammenfassung einer Lehreinheit mit Verweisen auf Vertiefungen, visuelle Veranschaulichungen, Übungen u.a.;
- Hinweise auf aktuelle Fachinformationen.[573]

Als zweite Form von E-Medien sollen Interaktionsmedien Lernende herausfordern, Lehrinhalte aktiv zu erarbeiten und sie auf Problemstellungen anzuwenden und erworbenes Wissen zu reflektieren.[574] Diese didaktische Herausforderung kann nach Euler gestaltet werden durch

- Fragestellungen, die auf die Reproduktion und das Verstehen von Wissen abzielen;
- Aufgabenstellungen, die auf die Anwendung von Wissen abzielen, also Lernenden die Möglichkeit geben, abstrakte Fachinhalte auf konkrete Situationen anzuwenden;

---

569 Vgl. ebd.
570 Vgl. a.a.O., S.26, und im Einzelnen insbesondere die Einwände Schulmeisters in der a.a.O. angegebenen Literatur.
571 Euler/Hahn (2004), S.55. Rezeptologien können freilich bestritten werden in der Annahme, sie seien nicht überprüft und würden vorschnell generalisiert. Nach Euler und Hahn können sie jedoch bei näherer Betrachtung „[...] als realitätsbezogene, prinzipiell überprüfbare Aussagen erweisen, die pragmatisch formuliert und auf eine unmittelbare Anwendung hin ausgelegt sind" (a.a.O., S.55f.).
572 Vgl. zu dieser Unterscheidung Abschnitt 3.1.1.
573 Vgl. Euler (2005), S.232. Euler gibt a.a.O. noch konkretere Beispiele, die als Ausgangspunkt für eigene Planungen und Zusammenstellungen entsprechender Elemente genutzt werden können.
574 Vgl. Euler (2005), S.232.

143

- Problemstellungen, die auf die Erbringung kreativer Elemente zur Lösung von Problemen abzielen, da bisher erworbenes Wissen allein zur Problemlösung nicht ausreicht.[575]

Darüber hinaus gibt Euler konkrete Beispiele für die Integration von Frage-, Aufgaben und Problemstellungen in E-Medien[576]:

- Lernsoftware (Tutorials, *Drill&Practice*- und Simulationsprogramme);
- arbeitsanaloge Lernaufgaben, die Lernende mit einer praxisnahen Problemstellung konfrontieren, für deren Bewältigung Lernressourcen zur Verfügung stehen;
- Fallaufgaben mit unterschiedlichen Anforderungen (er unterscheidet an dieser Stelle anschaulich Problemlösungsfälle, Untersuchungsfälle, Problemfindungsfälle und Beurteilungsfälle);
- *Webquests*[577] als Sonderform der problemorientierten Fallaufgabe, die selbstständig und i.d.R. hauptsächlich anhand von Online-Ressourcen gelöst werden soll;
- eine Zusammenstellung häufig vorkommender Fragen und Antworten im Rahmen eines Lehrgebietes, sog. *Frequently-aksed-Questions* (FAQ);
- Navigations-Hypertext „[...] als Überblick über die zentralen Frage-, Aufgaben und Problemstellungen eines Inhaltsbereichs und Rahmen für die selbstgesteuerte Wissenserarbeitung"[578].

Bezogen auf das individuelle Lernen einerseits und andererseits das kooperative bzw. kollaborative Lernen gibt Schulmeister im Kontext seiner Differenzierung zweier grundlegend unterschiedlicher E-Learning-Typen (siehe Abbildung 12) eine bestechend einfache, und doch überzeugende Rezeptologie aus: Demnach hängt die Qualität des Lernens ab

- in E-Learning-Umgebungen für das Selbstlernen mit Standard-Inhalt überwiegend von der Interaktivität der Lernobjekte, und
- in E-Learning-Umgebungen für das Lernen in Lerngemeinschaften ohne festen Inhalt von der Qualität der Moderation.[579]

---

575 Vgl. a.a.O., S.232f.
576 Vgl. a.a.O., S.233; differenzierter dazu auch Euler, D., High Teach durch High Tech? Überlegungen zur Neugestaltung der Universitätslehre mit Hilfe der neuen Medien, in: Scheffler, W./Voigt, K.-I. (Hrsg.), Entwicklungsperspektiven im Electronic Business, Wiesbaden 2000, S.53-80.
577 Siehe zum Konzept von Webquests, das sich an einer konstruktivistischen Auffassung des Lernens orientiert, vertiefend die Literaturangaben unter www.webquest.org/indexresearch.php (15.11.2007).
578 Euler (2005), S.233.
579 Vgl. Schulmeister (2005a), S.487.

Zum zweiten genannten Punkt, der Gestaltung von Moderation im E-Learning, gibt wiederum Salmon differenzierte Handlungsempfehlungen[580], auf die hier jedoch nicht weiter eingegangen werden muss. Genauso sei in diesem Zusammenhang nur der Vollständigkeit halber auf die praxisbezogenen Rezeptologien Häfeles und Maier-Häfeles für die Gestaltung von E-Communication verwiesen, nämlich ihre 110 Beispiele für den methodischen Einsatz von Chats, virtuellen Klassenzimmern, Diskussionsforen, E-Mail und so genannte *Wikis*.[581] Darauf im Einzelnen einzugehen, würde den Rahmen der vorliegenden Arbeit sprengen.

Mit Blick auf die Fallstudie in dieser Arbeit erscheint es interessanter, nochmals auf den erstgenannten Qualitätsaspekt Schulmeisters einzugehen, die geforderte „Interaktivität von Lernobjekten", von der auch Euler im Kontext von Interaktionsmedien gesprochen hat. Schulmeister gibt zwei Beispiele extremer Interaktionsformen, denen er gleichermaßen negative Effekte auf die Motivation zuschreibt[582]:

- „Die rigorose Einschränkung der Navigation auf das Blättern, [...] das sehr an den Stil des Programmierten Unterrichts erinnert, erzeugt beim Lernenden ein Gefühl der Kontrolle durch das Programm"[583].

Sein zweites Beispiel zeigt, dass er mit seiner Forderung nach „offenen Lernumgebungen" keineswegs beliebig unstrukturierte Hypertexte meint:

- „Die freie Navigation bei ungeheurer Informationsmenge ohne geeignete Fortschrittsanzeige kann bei Lernenden das Gefühl auslösen, daß ihnen zu viel zugemutet wird [...]"[584].

Die „originäre Aufgabe hervorragender Lernmaterialien" besteht nach Schulmeister vielmehr darin, „[...] den Benutzer zu eigenen Aktionen herauszufordern, ihn zu aktivem Lernen zu veranlassen und aus einer rezeptiven Erwartungshaltung herauszuholen"[585].

Bei der Gestaltung von Hypertext bzw. Hypermedia-Systemen bietet es sich freilich an, ergänzend zu diesem auf die didaktische Motivation abzielenden Grundsatz der herausfordernden Interaktivität grundsätzlich auch ergonomische Prinzipien zu berücksichtigen. Die im ersten Teil dieser Arbeit genannten DIN EN ISO

---

580 Vgl. Salmon (2000); Salmon gibt hier ergänzende und teilweise konkretere Handlungsempfehlungen, als die oben angesprochenen Erläuterungen ihres 5-Stufen-Modells.
581 Vgl. Häfele, H./Maier-Häfele, K., 101 E-Learning Seminarmethoden. Methoden und Strategien für die Online- und Blended Learning Seminarpraxis, Bonn 2004.
582 Vgl. Schulmeister (2002), S.295.
583 Schulmeister (2002), S.295.
584 Ebd.
585 Ebd.

9241-110 beschreiben entsprechende „[...] Grundsätze der Dialoggestaltung, die grundsätzlich unabhängig von einer bestimmten Dialogtechnik sind, und die bei der Analyse, Gestaltung und Bewertung von interaktiven Systemen angewendet werden sollten"[586]. Dabei geht es darum, unabhängig von didaktischen Überlegungen im eigentlichen Sinn Lernsoftware so zu gestalten, dass jede notwendige Mensch-Maschine-Interaktion optimal am Interesse des Benutzers und seiner Ziele ausgerichtet ist.[587]

Eine Rezeptologie für die Gestaltung von Lernerfolgskontrollen und Rückmeldungen, deren Existenz und spezifische Merkmale lange als zentrale Qualitätsfaktoren von E-Medien aufgefasst wurden[588], gibt Kerres aus Sicht so genannter „situierter Ansätze" konstruktivistischer Prägung. Er betont dabei seine Überzeugung, dass „[...] Wissen letztlich ein jeweils neu entstehendes Resultat der Interaktion von Personen mit Objekten in einer konkreten Situationen ist (also z.B. auch mit Multimedien)"[589]. Nach diesem Verständnis stellt die regelmäßige – und automatisierte – Prüfung des Wissens des Lernenden eine unnötige und fragwürdige Einengung des Potenzials an Erfahrungen und Lernmöglichkeiten dar.[590] Gleichwohl schreibt er Lernerfolgskontrollen, die nicht einem rigiden Frage-Antwort-Schema folgen und so „[...] als unangemessene Fremdsteuerung aufgefasst werden [...]"[591] können, eine sinnvolle Unterstützungsfunktion zu.

Lernerfolgskontrollen sollen demnach

- verhindern, dass Lernende meinen, etwas verstanden zu haben, was sie aber nur flüchtig gelesen haben;
- dazu beitragen, dass Lernende sich Gedanken machen über die Lerninhalte;
- dazu beitragen, dass Lernende die Lerninhalte aktiv wiedergeben.592

Daraus lässt sich mit Kerres folgende Rezeptologie für die Gestaltung von Lernerfolgskontrollen ableiten[593]:

---

586 DIN (2006), S.4.
587 Ein Dialog wird verstanden als die „'Interaktion zwischen einem Benutzer und einem interaktiven System als Folge von Handlungen des Benutzers (Eingaben) und Antworten des interaktiven Systems (Ausgaben), um ein Ziel zu erreichen', wobei Benutzer-Handlungen nicht nur Dateneingaben umfassen, sondern auch navigierende und andere steuernde Handlungen des Benutzers" (ebd.).
588 Dies ist begründet in der weiten Verbreitung behavioristisch geprägter Lernsoftware. Tests und Rückmeldung hatten die dem Lernverständnis zugrunde liegende Funktion der Verstärkung.
589 Kerres (2001), S.206.
590 Vgl. ebd.
591 Ebd.
592 Vgl. ebd.

- Lernerfolgskontrollen sollten als Angebot zur Selbstkontrolle betrachtet werden, und nicht automatisch an bestimmten Stellen der Anwendung eingestreut werden, deren Bearbeitung verpflichtend ist;
- Lernerfolgskontrollen sind nur dann sinnvoll, wenn sie tatsächlich einen diagnostischen Wert haben, der dem Lernenden ersichtlich und sichtbar gemacht wird;[594]
- Fehler bei einer Lernerfolgskontrolle sollten unmittelbar und ohne weitere evaluative Hinweise korrigiert werden;
- Bei Fehlern kann das Programm eine Wiederholung anbieten, ein automatisches Verzweigen an die Wiederholung sollte vermieden werden.[595]

Die hier angeführten didaktischen Partialtheorien sind in der Praxis des E-Learning als Ausgangspunkte für kontextspezifische didaktische Überlegungen weitgehend anerkannt. So sollen sie in dieser Arbeit auch nicht weiter diskutiert werden. Gleichwohl stellt sich im vorliegenden Zusammenhang die Frage, inwieweit die Ansätze in Überlegungen zur Gestaltung von Qualifizierungsangeboten für das neue öffentliche Haushalts- und Rechnungswesen einzubeziehen sind. Dabei zeigt sich, dass die angeführten Partialtheorien einige zentrale Gestaltungsbereiche des hier vertretenen Strukturmodells einer auf E-Learning bezogenen Wirtschaftsdidaktik (vgl. Abbildung 22) adressieren. So bezieht sich das genannte 5-Stufen-Modell Salmons zur Gestaltung von Moderation und tutorieller Unterstützung (vgl. Abbildung 24) auf den Gestaltungsbereich "Kommunikation" des Strukturmodells. Da diesem Bereich auch nach dem wirtschaftsdidaktischen Verständnis eine hochgradig relevante Unterstützungsfunktion zuzumessen ist und Salmon anerkannte Gestaltungsempfehlungen zu entsprechenden Zielsetzungen, Lehr-/Lernphasen sowie Fertigkeiten und Rollen der Beteiligten gibt, kann hier allgemein empfohlen werden, Salmons Modell in die Konzeption von Qualifizierungsangeboten zum neuen öffentlichen Haushalts- und Rechnungswesen einzubeziehen.

Ein zweiter Gestaltungsbereich des wirtschaftsdidaktischen Strukturmodells, das "Lernen", lässt sich wiederum mit den angeführten Beispielen Eulers für didaktisch angemessene E-Medien konkretisieren. In Bezug auf das in der Fallstudie dieser Arbeit analysierte "EL-ÖHR WBT" (vgl. Abschnitt 4) zeigen die Beispiele Eulers freilich, dass ein solches WBT nur eine Ausprägung von E-Medien unter vielen darstellt.[596] Die Qualität eines WBTs ist nach dem oben wiedergegebenen

593 Vgl. Kerres (2001), S.206.
594 Die reine Mitteilung numerischen Wertes hat nach diesem Verständnis keinen diagnostischen Wert; vgl. Kerres (2001), S.206.
595 Vgl. Kerres (2001), S.206.
596 Das EL-ÖHR WBT kann im Sinne Eulers als Navigations-Hypertext gelten, der einen Überblick über die zentralen Frage-, Aufgaben und Problemstellungen eines Inhaltsbe-

Plädoyer Schulmeisters insbesondere anhand seiner Interaktivitätsmerkmale zu beurteilen, soweit es sich bei dem Programm um ein Lernobjekt für das Selbstlernen mit Standard-Inhalt handelt. Des Weiteren ist auch die Rezeptologie Kerres' heranzuziehen, um nach ihren Kriterien eine Einschätzung zu treffen, inwieweit vorhandene Lernerfolgskontrollen im Sinne einer sinnvollen Unterstützungsfunktion gestaltet sind.

3.1.7 Didaktische Konzepte zur Planung von Lernumgebungen

Didaktische Konzepte – auch allgemein als Modelle eines *Instructional Design*, oder im deutschsprachigen Raum als „didaktisches Design" bezeichnet – liefern Vorgehensmodelle für die Konzeption und Entwicklung von Lernumgebungen.[597] Maßgebende Konzepte für die Planung (digitaler) Lernumgebungen waren über Jahrzehnte Instructional-Design-Modelle, die aus einer heutigen, konstruktivistischen Sicht als „historische Antworten auf den Behaviorismus"[598] gelten. Ausgehend von Kritik an strikt linear sequenzierten Modellen des so genannten Programmierten Unterrichts mit ihren beschränkten Verzweigungsmöglichkeiten, war es ein zentrales Ziel des Instruktionsdesigns, durch methodische Variationen eine effektivere Form der Individualisierung von Lernangeboten zu erreichen.[599] Als Begründer des Instruktionsdesigns wird vor allem Gagné genannt, der bereits 1965 eine entsprechende Theorie mit nachhaltigen praktischen Auswirkungen vorlegte.[600] Nach Gagné lässt sich wie in Abbildung 25 eine Art prototypischen Ablaufs „guten" Unterrichtens in neun Lehrschritten darstellen.

Ausgehend vom Behaviorismus integrierten Instruktionsdesign-Modelle im Zeitverlauf z.T. auch kognitivistische Annahmen. Dabei wurde zunächst davon ausgegangen, das Lehrziel sei die Integration von vermeintlich außerhalb des Lernenden existierenden objektiven Wissens.

„Aus einer genauen Definition der Lernziele durch den Lehrer bzw. durch den Instruktionsdesigner werden präskriptive Strategien zur adäquaten Vermittlung dieser Lerninhalte abgeleitet, welche meist bestimmte Interaktionsformen für jedes Lernziel und die Sequentialisierung der Inhalte festlegen"[601].

---

reichs gibt und den Rahmen für die selbstgesteuerte Wissenserarbeitung darstellt. Vgl. dazu auch Abschnitt 4.
597 Vgl. Seufert/Euler (2005), S.27f.
598 Schulmeister (2001), S.115.
599 Vgl. a.a.O., S.115ff.
600 Vgl. a.a.O., S.115f., und Seufert/Euler (2005), S.28.
601 Seufert/Euler (2005), S.29.

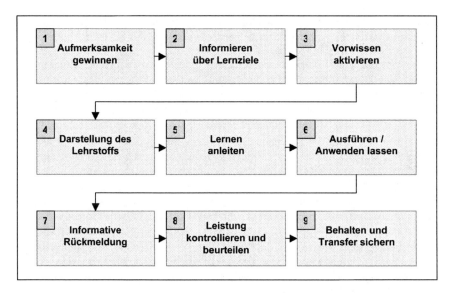

Abbildung 25: Instructional Design nach neun Lehrschritten nach Gagné (nach Seufert/Euler (2005), S.28, in Anlehnung an Gagné et al., 1988)

Ausgehend von Kritik an den Instruktionstheorien, sie wiesen zu wenig komplexe Ziele auf, verträten ein passives, zu wenig interaktives Lernmodell, und bauten Lehrziele gleichsam modular auf, wurde schließlich ein Instruktionsdesign zweiter Generation vertreten.[602] Dieses orientierte sich stärker am Konstruktivismus, nahm stärker die Perspektive des Lernenden ein und berücksichtigte äußere Rahmenbedingungen. Es wurden „instruktionale Transaktionen", verstanden als wechselseitiger dynamischer Austausch zwischen dem Instruktionssystem und dem Lernenden, eingeführt, die das bisher dominante Moment der Präsentation mit einfacheren Interaktionen methodisch erweiterten.[603] Auch diese Modelle konnten sich nicht durchsetzen. Ihnen wird insbesondere vorgeworfen, dass das „Instruktionsdesign 2" bei der zentralen Annahme bleibt, dass Wissen unabhängig von den Lernenden existiere und durch entsprechende didaktische Planung als objektive Wissensbasis vermittelt werden könne, wie Seufert und Euler es ausdrücken.[604] Zwischen Vertretern des Instruktionsdesigns und Konstruktivisten kam es zu teilweise bemerkenswert emotionalen Auseinandersetzungen;

---

602 Vgl. Schulmeister (2001), S.125.
603 Vgl. a.a.O., S.125f
604 Vgl. Seufert/Euler (2005), S.29.

Schulmeister spricht von einem Grabenkrieg zwischen Instruktionsdesign und Konstruktivisten und verzweifelter Gegenwehr der Instruktionalisten.[605]

Heute werden statt Lehrprozessen vielmehr Lernprozesse betont. Didaktische Aktivitäten sollten demnach in erster Linie Lernen ermöglichen, denn „[...] Lehren ist weder eine notwendige noch eine hinreichende Bedingung für effektive Lernprozesse"[606]. Konstruktivisten plädieren für „offene Lernsituationen" als Gegenbild zu einem lernzielorientierten und strukturierten instruktionalistischen Lernangebot, in dem der Lernende Schritt für Schritt geführt wird, quasi analog zur Entwicklung des netz- bzw. hypertextbasierten Internets.[607] In dem Zusammenhang wird – hier mit Blick auf Studierende als Nutzergruppe von E-Learning – hervorgehoben, wie stark sich einzelne Lerner mit ihren Ansprüchen und Anforderungen unterscheiden.[608] Dabei geht es um unterschiedliche Lernstrategien und -präferenzen, ihre Wechselwirkungen mit institutionellen Faktoren, kulturelle und ethnische Diversität und nicht zuletzt um Gender-Fragen: Die Diversität der Studierenden – wie Schulmeister die Heterogenität der E-Learning-Zielgruppe an Universitäten bezeichnet – lässt sich demnach beliebig durch neue Variablen ergänzen.[609]

Soll ein E-Learning-Angebot in diesem Sinne bedarfsgerecht gestaltet werden, liegt es nahe, so genannte adaptive Systeme anzubieten, die sich in der einen oder anderen Weise bzw. Tiefe an individuelle Nutzeransprüche anpassen. Doch adaptive Systeme können nicht befriedigen, wie beispielsweise Schulmeister argumentiert: Demnach

- ist Zahl der Variablen und ihrer Interaktionen viel zu hoch, als dass sie je wirklich erfasst werden könnten;
- entbehrt die Passung von Lehrmethoden zu Lernstilen einer vernünftigen Grundlage[610];
- ist die Lücke zwischen theoretischen Annahmen und pragmatischen Entscheidungen nicht durch einfache Deduktion zu schließen, sondern von Werturteilen geleitet.[611]

Schulmeister beschreibt „offene Lernsituationen", die der Diversität der Studierenden am ehesten gerecht werden sollen:

---

605 Vgl. Schulmeister (2001), S.174/166.
606 Seufert/Euler (2005), S.29.
607 Vgl. Schulmeister (2005b).
608 Dies dürfte analog für Verwaltungsmitarbeiter gelten.
609 Vgl. Schulmeister (2004a und b).
610 So gebe es kaum brauchbare Erkenntnisse in der Forschung zur Passung von Lernervariablen und Instruktionsmethoden; vgl. a.a.O., S.8.
611 Vgl. ebd.

„Offene Lernsituationen sind hoch-interaktive Lernumgebungen, in denen dem Lernenden hohe Freiheitsgrade im Umgang mit Lernobjekten eingeräumt werden. Lernende können ihre Lernstrategien am Gegenstand erproben können [sic!], ohne zu einem bestimmten methodischen Stil gezwungen zu sein. Zu solchen Lernumgebungen zählen Konzepte des Entdeckenden Lernens, des Fallbasierten Lernens oder des Problemorientierten Lernens, das Lernen mit „kognitiven Werkzeugen", mit ‚Mind Tools'. In diesem Lernumgebungen hat der Lernende die Chance, mit den Lernobjekten nach eigenen Gesichtspunkten umzugehen, je nach subjektivem Bedarf oder Lerngegenstand die Lernmethode zu variieren"[612].

Für die Gestaltung solcher konstruktivistischen, offenen Lernumgebungen liegen freilich nur Grundsätze vor, die Ausarbeitung konkreter Planungskonzepte obliegt ausdrücklich der Phantasie der Verantwortlichen.[613] Insgesamt ist es wohl nur pragmatisch und für die konkrete Gestaltungspraxis begrüßenswert, dass sich die beiden Positionen aufeinander zuzubewegen scheinen[614]; gewisse instruktionale Elemente erscheinen im Einzelfall weiterhin angemessenen, etwa zum Aufbau grundlegenden Sachwissens. Auch ist zu vermuten, dass Lernende in den meisten Organisationen vor dem Hintergrund der bis heute überwiegenden Lernerfahrungen und -kulturen von einer radikalen Umsetzung konstruktivistischer Modelle überfordert wären. Ein Indiz dafür mag beispielsweise auch der oben erwähnte Wunsch Studierender sein, demzufolge inhaltlich strukturiertes E-Learning begrüßt wird.

Als Ausgangspunkt für die Planung einer Lernumgebung nach dem hier vertretenen didaktischen Grundverständnis, das wirtschaftsdidaktische Positionen einbezieht, kann pragmatisch von einer Kategorienbildung Seuferts und Eulers ausgegangen werden, die hier abschließend dargestellt werden soll. Sie orientiert sich an den angestrebten Lernzielen als maßgebliche didaktische Entscheidungsgröße.[615] Dabei wird explizit auf die methodische Einbindung von Selbstlernphasen zur Förderung des selbstgesteuerten sowie kooperativen bzw. kollaborativen Lernens eingegangen. Als begrifflich-kategorialer Rahmen kommt das in Abschnitt 3.1.5 angeführte didaktische Modell Eulers mit zentralen Ausprägungsformen von E-Learning zur Geltung:

---

612 Schulmeister (2004b), S.9. Vgl. dazu vertiefend Schulmeister (2004a).
613 Vgl. Schulmeister (2002), S.415ff.
614 Dies beobachten Seufert und Euler; vgl. Seufert/Euler (2005), S.30.
615 Vgl. Seufert/Euler (2005), S.37.

Lernziele	Methodische Kernidee Sozialformen	Unterstützung des Lernens mit E-Medien	Unterstützung des Lernens mit E-Communication
Erarbeitung von Wissen	Wissenserarbeitung durch Informationen, (multimedial) aufbereitete Lerninhalte. Lernen im Plenum, Einzellernen zur Erarbeitung von Wissen	*Informations-, Trainingssysteme:* z. B. Guided Tours, Glossare / Lexika, (gering interaktive) WBTs bzw. Hypertext- / mediasysteme 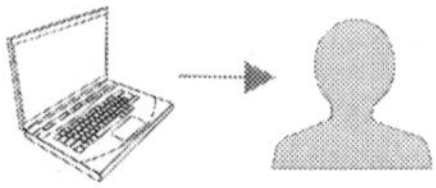	*E-Instruktion, „Lecturing"-Systeme:* z. B. (synchrone) Vorlesung, Übertragung von Vorlesungen an mehreren Standorten („Teleteaching", Videokonferenz) 

Informations-system — Lerner — Instruktor — Lerner

Anwendung von Wissen und Können	Wissensanwendung durch Feedback (durch das Lernsystem und/oder durch Tutoren) Einzel-, Gruppenlernen	*Interaktive Systeme:* z. B. Übungs- und Testsysteme (Feedback durch das System), interaktive „Assignments", z. B. Webquests, multimediale Fallstudie (Feedback durch Tutor) 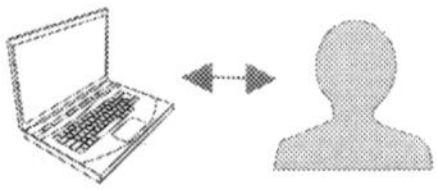	*E-Tutoring, Feedbacksysteme:* Kommunikation des Tutors mit den Lernenden zur Unterstützung der Lernprozesse, z. B. Online-Feedback, prozessbezogene Lernhilfen 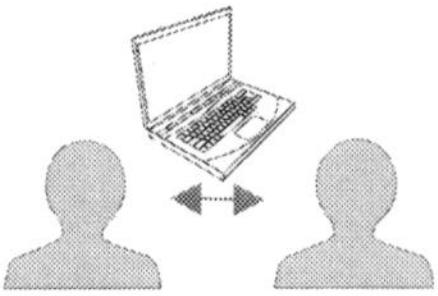

Interaktives System — Lerner — Tutor — Lerner

Austausch und (kritische) Reflexion von Wissen, Lösung komplexer Probleme	Austausch und (kritische) Reflexion von Wissen durch multiple Perspektiven, authentische, komplexe Situationen, experimentelles Lernen, Einzel-, Gruppenlernen	*„Offene" Lernsysteme, Simulationssysteme:* z. B. virtuelle Labore, computer-unterstützte Planspiele, „Micro Worlds" 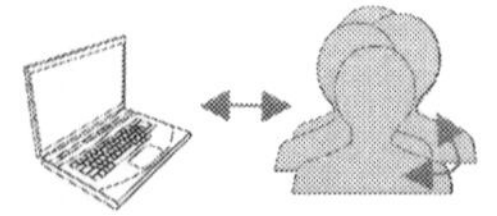	*E-Moderation, E-Coaching, Kollaborationssyteme:* z. B. diskursive Online-Seminare, Rollenspiele, teambasierte Projektarbeiten 

Simulations-system — Lerner — Moderator — Lerner

Abbildung 26: Lernszenarien im Rahmen des E-Learning-gestützten Selbststudiums nach Seufert/Euler (2005), S.38

152

Abschließend sei an dieser Stelle ein konkretes Beispiel Eulers für die in einem universitären Kontext angemessene Verbindung didaktischer Bausteine zu einem Blended-Learning-Gesamtkonzept vorgestellt, das einen guten Ausgangspunkt für eigene Überlegungen darstellt. Der konkrete „Methodenmix" im Rahmen einer Blended-Learning-Konzeption geht hier von vier Ausprägungen aus:

- Verbindung von Offline- und Online-Lernen;
- Verbindung von selbstgesteuertem Lernen mit synchronem E-Learning;
- Verbindung gelenkter mit offenen Lernformen;
- Verbindung von adressatenspezifischen Selbstlernmaterialien mit spezifischen präsenz- und E-Learning-unterstützen Lehrsequenzen.

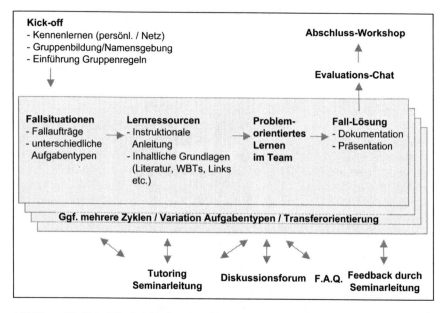

Abbildung 27: Beispielhaftes Design einer Blended-Learning-Veranstaltung zur Förderung kooperativen Selbstlernens nach Euler (2005), S.238

Das Beispiel zeigt, wie kooperatives Selbstlernen mit neuen Medien in einem didaktischen Gesamtkonzept gefördert werden kann, welches Potenziale von E-Learning systematisch aufgreift. Dabei ist ein zentraler didaktischer Grundsatz des vorgestellten Konzepts, „[...] das Lernen in teambezogene Sozialformen einzubetten und durch die Bereitstellung zielgruppenangemessener Problemstellungen die Lernprozesse hochgradig in die Eigenverantwortung der Studierenden zu legen"[616]. Das Beispiel bezieht sich zwar auf die Universitätslehre, allerdings gewinnt die Idee der Förderung kooperativer bzw. kollaborativer Lernprozesse zunehmend auch in der beruflichen (Weiter)Bildung an Bedeutung. So kommt in der Fachdiskussion aktuell vermehrt zur Geltung, dass die Berufswelt zunehmend von komplexen wirtschaftlichen und sozialen Strukturen geprägt ist.[617]

Gleiches sollte natürlich auch für die berufliche Weiterbildung gelten. Bei der Implementierung des neuen öffentlichen Haushalts- und Rechnungswesens geht es darum, im Zuge weit reichender Veränderungsprozesse, die letztlich jede Verwaltungsebene tangieren, praktisch alle Mitarbeiter zur Mitwirkung an einem komplexen Informationssystem zu befähigen. Insofern erscheint die Kooperation der Mitarbeiter – beim Lernen sowie in der späteren Anwendung des Wissens – in der Qualifizierung zum neuen öffentlichen Haushalts- und Rechnungswesen umso förderungswürdiger.

Die angeführten didaktischen Konzepte lassen sich im vorliegenden Zusammenhang nunmehr verschiedentlich berücksichtigen. Für die im vorherigen Abschnitt identifizierte Anforderung, ein WBT anhand seiner Interaktivitätsmerkmale zu beurteilen, stellen Schulmeisters Beispiele für extreme Interaktionsformen, denen negative Effekte auf die Motivation zugeschrieben werden können, hilfreiche Konkretisierungen dar. Es wird somit in dem Fallbeispiel (vgl. Abschnitt 4) abzuwägen sein, ob die Navigation des EL-ÖHR WBTs Benutzer womöglich so sehr einschränkt, dass bei ihnen ein Gefühl der übermäßigen Kontrolle durch das Programm ausgelöst wird. Allerdings wird hier zugleich die oben angeführte, pragmatische Auffassung geteilt, dass ein WBT nicht generell uneingeschränkt negativ beurteilt werden muss, wenn es als hochgradig strukturiertes, gleichsam instruktionalistisches Lernangebot vorliegt. Werden Benutzer in einem WBT durchgehend „geführt", und demonstriert die Gestaltung des Programms die didaktische Annahme, es existiere ein Kanon objektiv existierenden Wissens, so erscheint dieser Ansatz nicht in jedem Fall als ungeeignet. Dies gilt etwa, wenn es darum geht, Verwaltungsmitarbeitern grundlegende Zusammenhänge zu vermitteln oder standardisierte Prozesse zu demonstrieren. Damit soll die in diesem Abschnitt ebenfalls angeführte didaktische Grundauffassung, Lehren müsse vor allem Lernen ermöglichen, keineswegs verworfen werden. Auch werden Präsentationsmedien nicht als Alternativen zu Interaktionsmedien verstanden. Es wird allerdings dafür plädiert, bei der Beurteilung eines WBTs sowohl den didaktischen Kontext (insbesondere das Lehr-/Lernziel und die Vorerfahrungen der Benutzergruppe) besonders zu berücksichtigen, als auch das subjektive Urteil der Benutzer. Eine didaktische Intention, die sich an der Verwirklichung konstruktivistischer Ideale orientiert, ist demnach zweitrangig. Offene Lernsituationen und

---

616 Euler (2005), S.239.
617 Euler/Pätzold/Walzik (2007).

Freiheitsgrade im Umgang mit Lernobjekten werden deshalb weiterhin als didaktisch sinnvolle Ansätze verstanden, um Wissen aktiv erarbeiten bzw. es streckenweise selbstgesteuert „konstruieren" zu lassen. Doch erscheint es nicht grundsätzlich negativ, wenn entdeckendes, fallbasiertes und problemorientiertes Lernen außerhalb von WBTs stattfindet, etwa im Rahmen ergänzender Elemente einer Blended-Learning-Gesamtkonzeption.

3.2 Exkurs: Aktuelle Entwicklungslinien in der Gestaltungspraxis

Dass die fachliche Diskussion zum Thema E-Learning wesentlich von aktuellen Entwicklungen der allgemeinen Internetnutzung bestimmt wird, wurde in der Einleitung dieser Arbeit bereits erwähnt. Im Folgenden soll untersucht werden, welche Gestaltungsgrundsätze sich aus aktuellen Entwicklungen und Diskussionen ableiten lassen.

Einen Überblick aktueller Entwicklungslinien in der Anwendungspraxis von Bildungstechnologien sowie eine vermeintliche Voraussage künftiger Trends verspricht „The Horizon Report".[618] Der seit 2004 jährlich erscheinende Report wird vom *New Media Consortium* herausgegeben, einem internationalen Zusammenschluss von rund 250 Hochschulen und im weiteren Sinne mit Bildung oder Bildungstechnologien befassten Unternehmen.[619]

Der Report benennt jeweils sechs *Key Trends, Critical Challenges* und *Technologies to watch*. Der Fokus liegt dabei auf den Technologien; die einleitend benannten *Trends* und *Challenges* kennzeichnen gleichsam das Umfeld und die Rahmenbedingungen der Anwendungspraxis von Bildungstechnologien.[620] Dabei bezieht sich der Report explizit auf *Higher Education*, es geht also um Hoch-

---

618 Vgl. www.nmc.org/horizon (04.08.2007).

619 Vgl. www.nmc.org/about (04.08.2007). Erstellt wird The Horizon Report von einem Advisory Board des New Media Consortiums auf Grundlage von Gesprächen mit Wissenschaftlern und Praktikern sowie unter Einbeziehung von Recherchen: „Since the launch of the Horizon Project in March 2002, the NMC has held an ongoing series of conversations and dialogs with hundreds of technology professionals, campus technologists, faculty leaders from colleges and universities, and representatives of leading corporations. Each year, an Advisory Board considers the results of these dialogs and also looks at a wide range of articles, published and unpublished research, papers, and websites to generate a list of technologies, trends, challenges, and issues that knowledgeable people in technology industries, higher education, and museums are thinking about" (www.nmc.org/horizon, 07.08.2007).

620 Vgl. New Media Consortium (2007), S.3.

schulen insgesamt.[621] So kommen in den einleitenden *Key Trends* und den *Critical Challenges* überwiegend Entwicklungen und Herausforderungen zur Sprache, die E-Learning nur mittelbar betreffen, und wenn, dann eher auf einer strategischen Ebene, die für das Management von Bildungsinstitutionen relevant ist.

Als "[...] key trends in the practice of teaching, learning, and creativity, [...] identified through a careful analysis of interviews, articles, papers, and published research"[622], gelten demnach:[623]

- *Das Umfeld für Hochschulbildung wandelt sich rasant:* Die Kosten steigen bei zugleich verringerten Budgets, und die Nachfrage nach modernen Services wächst. „Nicht-traditionelle", an Flexibilität interessierte Studierende sowie administrative Vorgaben, die auf Kostensenkungen abzielen, lassen den Bedarf nach E-Learning anwachsen. Immer mehr Studierende arbeiten und sind Pendler. Die höhere Bildung sieht sich einem wachsenden Konkurrenzdruck durch kommerzielle Bildungsanbieter und gestiegenen Ansprüchen Studierender ausgesetzt.
- *Durch die fortschreitende Globalisierung ändert sich die Art, wie gearbeitet, kooperiert und kommuniziert wird:* China, Indien und andere asiatische Länder verfügen über immer mehr gut ausgebildete Fachkräfte, die wesentlich zum globalen Wissen beitragen und verstärkt Innovationen antreiben. Die Globalisierung von Kommunikation, Unterhaltung und Information vermittelt Studierenden erweiterte Eindrücke und Quellen, sie befinden sich gleichsam in einem neuen, sich ständig verändernden Lernumfeld.
- *Mehr und mehr muss davon ausgegangen werden, dass es an Informationskompetenz mangelt:* Während der Internetboom aktuell die Hochschulen erreicht, hat sich die Informationskompetenz von Studienanfängern entgegen allgemeiner Einschätzung nicht verbessert. Dabei werden kritisches Denken, Recherchekompetenz und allgemeine Urteilskraft immer wichtiger, um in Zeiten des *user-created-content*, der Zusammenarbeit und des einfachen Zugangs zu Informationen unterschiedlicher Qualität die Welt zu begreifen.
- *Gängige akademische Auswahlverfahren und die Vergütung von Wissenschaftlern stehen in einem unangemessenen Verhältnis zu neuen Formen der Wissenschaft:* Die Entwicklung hin zu digitalen Veröffentlichungen und stärker interdisziplinären und kooperativen Arbeiten entfernt sich immer weiter

---

621 Vgl. New Media Consortium (2007), S.3.
622 Ebd.
623 Die Reihenfolge, in der die Phänomene (im Horizon Report so wie auch hier) benannt werden, entspricht der ihnen von den Verfassern zugeschriebenen Priorität; vgl. dazu ebd. In der vorliegenden Arbeit folgen Zusammenfassungen, die auf Grundlage einer Übersetzung des Verfassers erstellt wurden. Einzelne Aussagen, die offenkundig nicht auf die Situation in Deutschland zutreffen, werden dabei weggelassen; ein Beispiel hierfür ist die Feststellung im ersten *Key Trend*, die Zahl der Immatrikulationen nähme ab (vgl. ebd.).

von den Standards des traditionellen, wissenschaftlich begutachteten Publizierens (*traditional peer-reviewed paper publication*). Zwar entwickeln sich neue Formen der Begutachtung, die wissenschaftliche Praxis der Spezialisierung und althergebrachte Vorstellungen von akademischem Status stellen jedoch hohe Hürden für die Einführung neuer Ansätze dar. Auch werden Hochschulen immer weniger der wissenschaftlichen Praxis gerecht, so lange traditionelle Verfahren der Anstellung und der Beförderung nicht vereinfacht werden.

- *Die Phänomene der Kollektiven Intelligenz und der mass amateurization*[624] *sprengen die Möglichkeiten von Wissenschaft:* Amateurwissenschaftler bringen sich mit durchdachten, wenn auch nicht immer fachkundigen Stellungnahmen in wissenschaftliche Debatten ein, und Websites wie die *Wikipedia* gelten als Nachschlagewerke für Experten. Hobby-Forscher und Enthusiasten sammeln Daten und betreiben Feldstudien, die vielfach eine Bereicherung darstellen und beeinflussen, womit sich Wissenschaft befasst und wer dies tut. Noch offen ist die Frage, wie kompatibel der „Konsens der Weisen" (*consensus sapientum)* und die „Weisheit der Hochschule" sein werden.

- *Die Auffassung Studierender davon, was Technologie ist und was nicht, unterscheidet sich zunehmend von den entsprechenden Ansichten der Hochschulen:* Von kleinen, flexiblen Software-Tools zu universellen, portablen Geräten mit Internetzugang – Studierende machen heute ganz andere Erfahrungen mit Technologien als Hochschulen, und die Unterschiede zwischen Ihnen und den Hochschulen wachsen schnell. Zum Beispiel sind Mobiltelefone für Studierende ein ganz anderes Instrument als für Hochschulen; sie werden nicht nur zum telefonieren genutzt, sondern zur Speicherung von Musik, Filmen und Fotos, als Mittel der textuellen und verbalen Kommunikation sowie für den Internetzugang. [625]

Der *Horizon Report* benennt schließlich sechs *Technologies to watch* und erläutert, inwiefern diese für das Lehren und Lernen relevant sein sollen. Dabei unterscheidet der Beitrag zeitliche *adoption horizons*, innerhalb derer die Entwicklungen sich durchsetzen sollen. Als aktuelle Trends im E-Learning können demnach *user-created-content* und *social-networking* gelten. Damit werden Themen auf den Bildungsbereich projiziert, die seit etwa 2005 mit Blick auf die allgemeine Entwicklung des Internet und seiner Nutzung unter dem übergeordneten Schlag-

---

624 Der Begriff „mass amateurization" geht zurück auf einen im Jahr 2002 im Internet publizierten Beitrag des Internetaktivisten Clay Shirky mit dem Titel „Weblogs and the Mass Amateurization of Publishing" (vgl. http://shirky.com/writings/weblogs_publishing.html, 07.08.2007). Mit dem Begriff wird die zentrale These des Artikels verbunden. Sie besagt im Kern, Weblogs seien so „effizient" (gemeint ist die einfache Bedienbarkeit bei potenziell hoher publizistischer Reichweite), dass sie den finanziellen Wert des Publizierens vernichteten; vgl. ebd.

625 Vgl. New Media Consortium (2007), S.3ff.

wort *Web 2.0* diskutiert werden.[626] Die damit bezeichnete neuere Entwicklung, erstmals prägnant von dem Verleger Tim O´Reilly charakterisiert, soll im Kern dadurch gekennzeichnet sein, dass Internetnutzern immer wichtiger wird, eigene Inhalte zu veröffentlichen und mit anderen Nutzern zu interagieren.[627]

> „It's all about the audience, and the 'audience' is no longer merely listening. User-created content is all around us, from blogs and photostreams to wikibooks and machinima clips. Small tools and easy access have opened the doors for almost anyone to become an author, a creator, or a filmmaker. These bits of content represent a new form of contribution and an increasing trend toward authorship that is happening at almost all levels of experience"[628].

So hätten einige wenige *Web 2.0-Technologien* die Macht der Medienentwicklung und -veröffentlichung in die Hände derjenigen Leute gelegt, die ehedem noch als das Publikum bekannt waren.[629] Das Publikum von heute ist demnach nicht mehr zufrieden damit, Inhalte nur zu konsumieren; es produziert selbst Inhalte. Gestaltende Nutzeraktivitäten wie das Produzieren, Kommentieren und Klassifizieren von Inhalten im Internet sollen so wichtig wie die eher passiven Tätigkeiten des Suchens, Lesens, Betrachtens und Hörens sein.

Das zweite Phänomen der Internetnutzung, das nach Auffassung des *New Media Consortiums* kurzfristig besondere Bedeutung in der Anwendungspraxis von Bildungstechnologien erlangen soll, ist das *social networking*. Mit dem Begriff sind nicht nur die bereits im Kontext des *user-created-context* angesprochenen Aspekte der online-vermittelten, kooperativen Interaktion angesprochen; es geht vielmehr um die zunehmende Nutzung von Plattformen, die es auf unterschiedliche Weise ermöglichen, sich selbst darzustellen, eigenen (*user-created-*)*content* mit Gleichgesinnten auszutauschen und – meist allein online existierende – Beziehungen zu pflegen.[630]

---

626 Vgl. van Eimeren/Frees (2007).
627 Vgl. O´Reilly (2005) sowie Rosen (2006). Der insgesamt vage, vielfach für Marketing-Zwecke gebrauchte Begriff *Web 2.0* thematisiert neben Phänomenen eines neuen Verständnisses vom Internet auch technologische Aspekte von Websites bzw. der Interaktion von Browsern mit ihnen; Stichworte sind hier Web-Services, AJAX (Asynchronous JavaScript and XML) und RSS (Really Simple Syndication).
628 New Media Consortium (2007), S.6.
629 Im *Horizon Report* heißt es: „A little group of Web 2.0 technologies – tagging and folksonomic tools, social bookmarking sites, and sites that make it easy to contribute ideas and content – is placing the power of media creation and distribution firmly into the hands of 'the people formerly known as the audience' (Rosen, 2006)" – eine Anspielung auf Rosens Beitrag „The People Formerly Known as the Audience" zu den hier beschriebenen Phänomenen; vgl. Rosen (2006).
630 Internationale Beispiele sind MySpace (www.myspace.com), Facebook (www.facebook.com) oder Flickr (flickr.com).

Die Bedeutung der Phänomene des *user-created content* und des *social-networking* für das Lehren und Lernen sieht das *New Media Consortium* darin, dass Lehrkräfte kooperatives Arbeiten fördern können – zwischen ihren Studierenden, aber auch mit Kollegen, Studierenden und Praktikern weltweit. Dafür sind demnach *tools*[631] einzusetzen, mit denen der *content*[632] auch von Studierenden erstellt und mit Meta-Informationen versehen werden kann, damit er indexiert und ausgetauscht werden kann; man spricht hierbei vom *tagging*[633] Die angesprochenen *tools* haben freilich keine Klassenraum-Grenzen – Beispiele und Kommentare sind stets einem breiten Publikum zugänglich.[634]

Es wird argumentiert, dass jene Websites, die es ermöglichen, Bilder, Video, Audio und andere Medien hoch zu laden, Studierenden einen kostengünstigen und risikoarmen Weg bieten, ihre Arbeitsergebnisse zu veröffentlichen und so ihre Kompetenzen zu entwickeln. Indem Studierende die eigenen Arbeitsergebnisse mit denen Anderer vergleichen, sollen sie wertvolle Anhaltspunkte für die

---

631 Gemeint ist die mittlerweile unüberschaubare Vielfalt an Websites zum Hochladen, Sortieren, Kommentieren, Bewerten und Verteilen von Medien und Internet-Linktipps; als Beispiele genannt werden *Flickr* (www.flickr.com), *Odeo* (odeo.com), *YouTube* (www.youtube.com), *Google Video* video.google.com), *Ourmedia* (www.ourmedia.org) und *del.icio.us* (del.icio.us).

632 Gemeint sind die Inhalte für die Veröffentlichung oder den Austausch über das Internet.

633 *Tagging*, auch *collaborative* oder *social tagging*, bezeichnet den Vorgang, Objekte wie Texte, Bilder, Video- oder Audiodateien, aber auch Internet-Lesezeichen zu indexieren, d.h. ihnen Schlagworte (*Tags*) zuzuweisen. Auf diese Weise lassen sich z.B. Verzeichnisse nach Objekten durchsuchen, persönliche Objekt-Sammlungen anlegen und veröffentlichen, Benutzeraktivitäten auswerten und visualisieren, usw. In der Praxis erfolgt das *Tagging* meist zum Zweck der Interaktion mit anderen Nutzern; im deutschsprachigen Raum ist hierbei auch vom „Gemeinschaftlichem Indexieren" die Rede. In der Praxis wird mitunter die formale Klassifizierung, die durch Experten wie etwa Bibliothekare erfolgt, von der individuellen, gleichsam „unkontrollierten" Klassifizierung unterschieden (*Folksomony*); vgl. den Artikel der Wikipedia zum „Gemeinschaftlichen Indexieren" (http://de.wikipedia.org/wiki/Gemeinschaftliches_Indexieren, 08.08.2007).
Anschauliche Beispiele für die praktische Nutzung, bzw. in diesem Fall die Visualisierung von *Tagging*-Aktivitäten, sind die so genannten *tag clouds*. Dabei werden auf einer *Website* jene *tags* angezeigt, die zu den aktuell nachgefragten Inhalten gehören. Die entsprechenden *tags* werden alphabetisch angeordnet, erscheinen jedoch abhängig von ihrer Relevanz in unterschiedlicher Schriftgröße; die *tags* in der *tag cloud* verweisen auf Verzeichnisse der damit versehenen Inhalte. Damit können Websitebesucher aktuelle Website-Aktivitäten identifizieren und bei Interesse ohne Umwege auf entsprechend relevante Inhalte zugreifen (vgl. etwa die *tag cloud* auf der Startseite von www.bibsonomy.org). *Tag clouds* werden im Einzelfall auch auf Grundlage redaktioneller Einschätzungen gewichtet, wie etwa bei SPIEGEL Online (vgl. www.spiegel.de/spiegeldigital/0,1518, 444591,00.html).

634 Vgl. New Media Consortium (2007), S.9.

Einschätzung ihrer eigenen Fähigkeiten erhalten und angeregt werden, neue Ideen und Techniken auszuprobieren.[635]

Ein weiterer Nutzen dieser *tools* für die Bildung könnte demnach darin liegen, dass sie Wissenschaftlern sowie Projekt- und Studiengruppen (online-basiertes) kooperatives Arbeiten ermöglichen, ohne dass zentrale Unterstützungsleistungen in Anspruch genommen werden müssten. Die *tools* sollen die über räumliche Distanzen hinweg stattfindende inter-institutionellen Zusammenarbeit unterstützen können. Weiter wird argumentiert, sie böten sich auch für die Nutzung in Präsenzveranstaltungen an, da sie eine außerhalb des realen Unterrichtsraums weiter nutzbare Arbeitsumgebung darstellen.[636]

Als weiteres Argument für die Verwendung der Online-Tools wird ihre Verfügbarkeit angeführt. Viele seien kostenlos nutzbar und benötigten lediglich einen Web-Browser, auch seien die Benutzeroberflächen einfach gehalten und entsprächen anderen bekannten Anwendungen. Hervorgehoben wird nochmals die räumlich flexible Nutzung über das Internet, die auch Kompatibilitätseinschränkungen in Folge unterschiedlicher Betriebssysteme auf Nutzerseite vermeidet.[637]

Es stellt sich nunmehr die Frage, wie diese Trends im vorliegenden Zusammenhang der Qualifizierung zum neuen öffentlichen Haushalts- und Rechnungswesen zu bewerten sind. Dazu lässt sich zunächst einschränkend festhalten, was bereits einleitend angemerkt wurde: Es handelt sich bei den genannten Trendprognosen des *New Media Consortiums* vor allem um Entwicklungslinien im Bereich der Hochschulbildung. Auch ist zu berücksichtigen, dass die Aussagen des *New Media Consortiums* sich offensichtlich vorwiegend auf US-amerikanische Verhältnisse beziehen. Gleichwohl hat es den Anschein, dass manche der genannten Trends tatsächlich auch das deutschsprachige Internet erfasst haben. Darauf deuten zumindest Nutzungsstatistiken von Online-Angeboten hin. Als beispielsweise das einst von Studierenden gegründete *Networking*-Portal *StudiVZ* im Juli 2007 erstmals in der allgemein anerkannten Statistik der *Informationsgemeinschaft zur Feststellung der Verbreitung von Werbeträgern e.V.* (IVW)[638] verzeichnet wurde, überholte es hinsichtlich der Seitenzugriffe den bisherigen Spitzenreiter, das Internet-Angebot von *T-Online*.[639] So werden mit den Phänomenen des *user-*

---

635 Vgl. a.a.O., S.9f.
636 Vgl. a.a.O., S.10.
637 Vgl. ebd.
638 Die IVW wird von Medienanbietern, Werbungtreibenden und Werbeagenturen getragen und ist nach eigenen Angaben neutral; vgl. www.ivw.eu/index.php?menuid=8 (09.08.2007).
639 Vgl. dazu im Einzelnen die frei zugänglichen Statistiken unter www.ivwonline.de. Es wird unterschieden zwischen *Visits* (Website-Besuche) und *Page-Impressions* (einzelne Seitenaufrufe während der Besuche). Zwar führte T-Online im Juli 2007 mit 279.589.499

created content und des *social networking* längst bedeutsame ökonomische Erwartungen verbunden, wie auch die zur Jahreswende 2006/2007 erfolgte Über-
nahme des Unternehmens *StudiVZ* durch die Holzbrinck-Verlagsgruppe zeigte.[640]

Doch zeigt sich an diesem Beispiel tatsächlich ein generell neues Online-
Nutzungsverhalten? Gscheidle und Fisch sehen es immerhin als empirisch erwie-
sen an, dass die Geschwindigkeit, mit der sich Hard- und Software bzw. die Ver-
bindungstechnik zum Internet entwickelt, auch Veränderungen der Internetnutzung und eine Entwicklung neuer Inhalte begünstigt. Ein Beispiel hierfür seien
die zunehmend vorhandenen multimedialen Anwendungen im Internet, aber auch
das „Mitmach-Netz"[641]. Dass die Entwicklung der technischen Infrastruktur Einfluss auf die Nutzung des Internets hat, habe anhand einer Analyse von For-
schungsergebnissen der Jahre 1997 bis 2006 gezeigt werden können.[642] Dennoch
ist zu konstatieren, dass die Mehrheit der Internetnutzer im Alter zwischen 20
und 29 Jahre es „weniger" oder „gar nicht" interessant findet, sich aktiv mit eigenen Beiträgen am Web beteiligen zu können („sehr interessant": 14%; „etwas
interessant": 27%).[643] In der Altersklasse zwischen 30 und 49 Jahren ist das Interesse noch geringer.[644] So werden mit dem Web 2.0 viele neue Inhalte durch einen kleinen Teil der Internetnutzer geschaffen.[645]

> „Zur aktuellen Entwicklung des ‚Mitmach-Internets' ist vorerst festzuhalten, dass
> einige Angebote, wie Wikipedia oder die Videoportale, innerhalb kurzer Zeit eine
> sehr hohe Bekanntheit und Nutzung erreicht haben. Dieser Erfolg wird aber nicht
> von der Möglichkeit getrieben, aktiv an diesen Webseiten mitarbeiten zu können,
> sondern von der hohen Attraktivität der Inhalte und dem Mehrwert für die Webge-
> meinde. Damit ist für den Durchschnittsonliner das Web 2.0 eher ein großer Fun-
> dus an neuen, kostenfreien und interessanten Inhalten, die von wenigen Nutzern

---

Visits vor StudiVZ mit 95.012.467, als relevant gilt jedoch die Zahl der *Page-Impressions*,
da sich daraus eher die Nutzeraktivität und Verweildauer ablesen lässt. Hier führte StudiVZ im angegebenen Zeitraum mit 3.077.508.248 vor T-Online mit 2.313.120.934. So
konnte StudiVZ zu dem Zeitpunkt als eine der meistgenutzten Websites Deutschlands gelten; vgl. ebd.

640 Nach Angaben von SPIEGEL Online soll Holzbrinck nahezu 100 Millionen Euro für StudiVZ gezahlt haben; vgl. dazu Stöcker (2007). Stöckers Beitrag bietet im Übrigen auch
eine prägnante Beschreibung bekannter internationaler Community-Websites, allerdings
könnten die angegeben Nutzerzahlen wegen der allgemein schnelllebigen Entwicklungen
im Internet mittlerweile überholt sein.

641 Vgl. Gscheidle/Fisch (2007), S.393.

642 Vgl. ebd.

643 Vgl. Gscheidle/Fisch (2007), S.399.

644 Vgl. ebd.

645 Vgl. a.a.O., S.401.

hergestellt wurden. Es handelt sich quasi um ein klassisches ‚Web 1.0', das aus usergenerierten Inhalten besteht"[646].

Dass es sich bei den Aktiven im Web 2.0 immer noch um eine relativ kleine Nutzergruppe handelt, zeigt auch eine Marktstudie vom Juli 2007.[647] Manche Wissenschaftler läuten vor diesem Hintergrund dennoch bereits das Ende geschlossener, von Lehrpersonen didaktisch und inhaltlich strukturierter Lernplattformen ein[648], die bislang die zentrale Umgebung für das E-Learning darstellen; die Funktion eines virtuellen Kursraumes ist demnach überholt. Künftig sollten die Plattformen vielmehr als virtuelle Ausgangspunkte für die eigenverantwortliche Navigation durch das Internet – gleichsam als virtuelle Häfen – eingesetzt werden.[649] Viel versprechend heißt es:

„Das Next Generation eLearning [...] stellt den Lernenden als Inhaltslieferant und eigenverantwortlichen Akteur für selbstgesteuertes Lernen in den Mittelpunkt und verknüpft informelle mit formellen Lernaktivitäten. [...] Das Potenzial von Next Generation eLearning Umgebungen ist die Förderung einer lernerzentrierten Lernkultur, welche auf eigenverantwortlichem und selbstgesteuertem Lernen basiert, und gleichzeitig eine Brücke zu den neuen Präferenzen und Gewohnheiten der Net Generation schlägt."[650].

Forschungsergebnisse zu den Themen *social-software* usw. liegen indes einstweilen praktisch nicht vor. Zwar werden die Phänomene zunehmend in Zeitschriftenbeiträgen thematisiert, allerdings eher auf der Basis von Einzelfällen und in praxisorientierten Beschreibungen. Wissenschaftlich fundierte Empfehlungen

---

646 A.a.O., S.405.
647 Vgl. "@facts extra. Online-Nutzertypen 2007", S.14f. Auf den ersten Blick mag es dabei überraschen, dass es sich offensichtlich nicht um eine homogen jugendliche oder womöglich „bildungsfremde" Gruppe handelt. Vielmehr repräsentiert die Nutzergruppe „Multi-Interest und User generated Content" demnach gut gebildete, überdurchschnittlich verdienende Erwachsene mittleren Alters mit deutlich über dem Durchschnitt liegendem Interesse an Nachrichten, Politik, Wirtschaft und Börse. Auch an Themen rund um Wissenschaft und Technik sollen sie interessiert sein; vgl. ebd.
648 Gemeint sind die so genannten *Learning Management Systems* wie *WebCT*, *Blackboard* oder *Moodle*.
649 Vgl. Kerres (2006). Entgegenzuhalten ist dieser Forderung nicht nur die bis auf weiteres faktisch geringe Partizipation an den Nutzungsmöglichkeiten eines Web 2.0. Offenbar werden Internetnutzer hinsichtlich ihres Nutzungsverhaltens auch immer konservativer. In den Studien von ARD und ZDF zur Online-Nutzung sinkt seit 2002 die Zustimmung zu der Aussage, man lasse sich „immer wieder gerne" von neuen Seiten und Angeboten anregen (vgl. van Eimeren/Fees (2007), S.367). Analoge Verschiebungen zeigen sich bei ähnlichen Fragen (vgl. ebd.), so dass gefragt werden muss, inwieweit es tatsächlich einem veränderten Internet-Nutzungsverhalten entspricht, wenn – ausgehend von Lernplattformen als Portalen zum Internet – vor allem anhand externer Webseiten gelernt werden soll.
650 Seufert (2007), S.17.

für eine erfolgreiche Anwendung der Applikationen fehlen weitgehend.[651] Schon deshalb dürfte die Frage nach der bedarfsgerechten Gestaltung von Qualifizierungsangeboten zum neuen öffentlichen Haushalts- und Rechnungswesen derzeit kaum von den angesprochenen Themen betroffen sein. Dies bedeutet nicht, dass Möglichkeiten eines didaktischen Einsatzes digitaler *tools* wie (*we*)*blogs* und *wikis* ausgeblendet werden müssen. Wenngleich ein existierendes WBT im Mittelpunkt der vorliegenden Studie steht, stellt sich im Anschluss an seine Analyse die Frage nach einer sinnvollen Gesamtkonzeption. Es geht um ein angemessenes *blended-learning-setting* und in diesem Zusammenhang auch darum, wie eine Lernplattform, auf der das WBT bereitgestellt wird, ansonsten zu gestalten ist.

Bei der Weiterbildung der Verwaltungsmitarbeiter geht es um die Gestaltung eines Lernangebots, das zur Bewältigung künftiger beruflicher Aufgaben befähigt. Auch aus Altersgründen dürften auf Grund vorherrschender klassischer Lerngewohnheiten bei dieser Gruppe kaum „Web 2.0-Erwartungen" vorherrschen, also weniger ein besonderes Interesse daran, selbst Inhalte zu erstellen, diese auszutauschen und zu reflektieren usw. Allenfalls ergeben sich für die Zielgruppe der Studierenden begrenzte Auswirkungen, da sie im Durchschnitt deutlich jünger und internet-affiner sind. Doch auch bei dieser Gruppe sollte von einer grundsätzlichen Trennung der Funktion freizeitbezogener und didaktischer Internetnutzung ausgegangen werden. Orientierte man sich bei der Gestaltung didaktischer Konzepte stark am privaten Nutzungsverhalten, so förderte man eine überhöhte Erwartungshaltung der Lernenden. Lernen wird eben trotz E-Learning weiter Anstrengungen erfordern, und Lerninhalte sollten – zumindest bei einer zielorientierten Qualifizierung zum neuen öffentlichen Haushalts- und Rechnungswesen - weiter von Lehrkräften ausgewählt und strukturiert werden müssen.

3.3 Zusammenfassung und Fazit – allgemeine Erfolgsfaktoren für E-Learning

3.3.1 Makro-Ebene der Bildungspraxis

1.) Vor dem Hintergrund der vielfältigen Gestaltungsmöglichkeiten von E-Learning-Angeboten muss jede Organisation eine spezifische Form des E-Learning entsprechend ihrer Ziele, Maßnahmen und Technologien für sich definieren.[652] Dabei sollten zunächst die inhaltlichen und pädagogisch-didaktischen Ziele unter Berücksichtigung der Rahmenbedingungen ein-

---

651 Vgl. Brahm (2007).
652 Vgl. Hauff (2005), S.320.

bezogen werden, dann das didaktische Design und dann erst das Medium.[653] Dabei ist die Einführung von E-Learning im Einzelfall jeweils an den allgemeinen Zielen der Aus- und Weiterbildung der betreffenden Organisation auszurichten:

> „Erfahrungen aus konkreten eLearning-Projekten in Unternehmen sowie aus einer großen Zahl von Nutzerbefragungen zeigen darüber hinaus, dass soziale, organisatorische und individuelle Voraussetzungen eine sehr große, wenn nicht sogar die entscheidende Rolle für den Erfolg des eLearning-Einsatzes spielen. Lernen ist ein sozialer Prozess, der Kontakte mit anderen Lernenden und dem Dozenten in der Regel voraussetzt. eLearning-Angebote, die dies vernachlässigen, finden nur eine geringe Akzeptanz. Auch die Einbettung des virtuellen Lernens in den Arbeitsplatz, das Lernen im Prozess der Arbeit ist längst nicht so einfach, wie es in vielen Projektbeschreibungen zu lesen ist. Schließlich setzt erfolgreiches eLearning voraus, dass einzelne Lernerinnen und Lerner über die Fähigkeit zum selbstgesteuerten bzw. selbstorganisierten Lernen verfügen und auch die erforderliche Motivation und Disziplin aufbringen.“[654].

2.) Die Planung und Konzeption von E-Learning sollte im Einzelfall die Makro-, Meso oder Mikro-Ebene der Bildungspraxis berücksichtigen. Während auf der Makro-Ebene die Gestaltung von umfangreichen Bildungsprogrammen thematisiert wird, fokussiert die Meso-Ebene eine Lehrveranstaltung oder ein Kursmodul und die Mikro-Ebene die Gestaltung einzelner Lernszenarien bzw. Lernressourcen.[655]

3.3.2 Meso-Ebene der Bildungspraxis

1.) Revolutioniert hat sich durch die neuen Medien und Techniken die Verfügbarkeit von Wissen. Dieser Sachverhalt sagt jedoch noch nichts aus über den Lernprozess und das Aneignen von Wissen. Das große Potenzial von E-Learning – vor allem in seiner Ausprägung als hybrides Lernen, als *blended learning* – kann darin gesehen werden, das gesamte Lehr-/Lern-Setting didaktisch innovativ zu gestalten und überfachliche Kompetenzen zu fördern. Virtuelle Kommunikationstools, digitale Visualisierungen und interaktive Softwares können mit didaktisch umgestalteter, stärker aktivierender Präsenzlehre verzahnt werden, in deren Verlauf immer wieder auf die Aktivitäten und Angebote der Online-Lernumgebung Bezug genommen und diese in die Präsenzlehre einbezogen wird. Sollen Potenziale von

---

653 Vgl. Miller (2001), S.10.
654 eLearning-Anwendungspotenziale (2004), S.9.
655 Vgl. dazu auch die Abbildung 11 oder vertiefend Seufert/Euler (2005), S.6.

E-Learning genutzt werden, sind verschiedene Erfolgsfaktoren zu berücksichtigen.

2.) Erfolgskritisch ist die Nutzung der Innovationspotenziale von E-Learning. Dabei geht es um die grundsätzliche Rechtfertigung dieser neuen Form des Lehrens und Lernens durch einen konkreten Mehrwert. Dies betrifft nicht nur die Entwicklungskosten und den Aufwand für die im E-Learning notwendige Kompetenzentwicklung aller Beteiligten. Insbesondere aus Akzeptanzgründen sollte am Beginn jeder Konzeption von der Überlegung ausgegangen werden, inwieweit durch E-Learning überhaupt bestimmte didaktische Ziele erreicht werden können, die ohnedies nicht oder nur aufwändig erreichbar waren.

3.) Dabei sind spezifische Innovationspotenziale von E-Learning zu erschließen, die sich auf Neuerungen der Organisation, der Inhalte und/oder der Methoden des Lehrens und Lernens beziehen:

I. Anschauliche Präsentation von Lerninhalten durch angemessene multimediale Aufbereitung;

II. Höhere Aktualität der Lerninhalte;

III. Aktive Auseinandersetzung mit den Lerninhalten durch vielfältige Interaktionen;

IV. Neue Kommunikations- und Kooperationsmöglichkeiten für die Interaktion zwischen Lernenden einerseits, und Lehrenden, Tutoren oder Experten andererseits;

V. Neue Kommunikations- und Kooperationsformen unter Lernenden, um kooperatives und kollaboratives Lernen zu fördern;

VI. Förderung des selbstgesteuerten, stärker eigenverantwortlichen Lernens.[656]

4.) Mit digitalen Lernplattformen erweitert sich das didaktische Gestaltungsrepertoire Lehrender, so dass die auf eine sinnvolle didaktische Gesamtkonzeption zielende Planungsphase von hervorragender Bedeutung ist.

5.) Jede E-Learning-basierte Gesamtkonzeption eines Bildungsangebots ist auf der Grundlage einer Analyse des didaktischen Feldes abzuleiten. Wesentlich sind dabei Merkmale der Zielgruppe, die Spezifikation von Lehrinhalten und Lehrzielen, die didaktische Methode (didaktische Transfor-

---

656 Vgl. dazu im Einzelnen Abschnitt 3.1 sowie Seufert/Euler (2005), S.13f.

mation und Strukturierung der Lernangebote), Merkmale der Lernsituation und Spezifikation der Lernorganisation, Merkmale und Funktionen der gewählten Medien und Hilfsmittel.[657]

6.) Als Ausgangspunkt für die Gesamtkonzeption sollte eine Identifikation und Abwägung möglicher Ausprägungen und Einsatzmöglichkeiten von E-Learning-Elementen erfolgen. Dazu gehen aus der Literatur verschiedene Systematisierungen hervor.[658]

7.) In die daran anschließenden Überlegungen sollten die allgemeinen sowie dezidiert auf E-Learning bezogenen lerntheoretische Ansätze, die daraus abgeleiteten Prinzipien und Modelle sowie die konkreten Gestaltungsempfehlungen einbezogen werden.[659]

8.) Dabei bietet sich eine systematische Betrachtung auf verschiedenen Theorieebenen an, die einen unterschiedlichen Grad der Konkretisierung, d.h. eine zunehmende Nähe zur Gestaltungspraxis auf der Makro-, Meso- und Mikro-Ebene aufweisen.[660]

9.) Berücksichtigt man in diesem Sinne systematisch die im Kontext von E-Learning häufig empfohlenen Prinzipien für die Gestaltung von Lernumgebungen[661], so können erhebliche (didaktische) Innovationspotenziale erschlossen werden, die den spezifischen Qualifizierungsanforderungen in Verwaltungen und Universitäten gerecht werden. Folgende Beispiele lassen sich anführen:

I. Das Gestaltungsprinzip der konzeptionellen Förderung des selbstgesteuerten Lernens im Rahmen von E-Learning entspricht der Anforderung, die in Verwaltungen derzeit noch überwiegend traditionelle Lernkultur generell im Sinne des Lebenslangen Lernens weiter zu entwickeln.

II. Das Prinzip der Förderung des kollaborativen bzw. kooperativen Lernens

• entspricht der Anforderung, in Verwaltungen das „arbeitsplatznahe" Lernen der Mitarbeiter voneinander zu unterstützen;

---

657 Vgl. Kerres (2005), S.160.
658 Vgl. dazu im Einzelnen die Abschnitte 3.1.1 bis 3.1.7.
659 Vgl. dazu im Einzelnen Abschnitt 3.1.
660 Vgl. dazu vertiefend Seufert/Euler (2005), S.15.
661 Vgl. Abschnitt 3.1.4.

- kann in Universitäten gezielt daraufhin umgesetzt werden, die von Studierenden der Wirtschaftswissenschaften empfundene Anonymität im Studium zu verringern.

III. Das didaktische Prinzip der problem- resp. handlungsorientierten Gestaltung

- entspricht dem in Verwaltungen erforderlichen Praxistransfer erworbenen Wissens;

- wird der Anforderung gerecht, den Praxisbezug der wirtschaftswissenschaftlichen Lehre an Universitäten zu erhöhen.

10.) Darüber hinaus bietet es sich an, bei der Konzeption von Qualifizierungsangeboten für Verwaltungen und Universitäten von einem bestimmten wirtschaftsdidaktischen Strukturmodell sowie einem davon abgeleiteten Prozessmodell auszugehen.[662] Mit den Modellen liegt ein begrifflich-kategorialer Ordnungsrahmen für die konzeptionelle Planung vor, der z.b. die Ausgangsbedingungen und strategischen Innovationsziele einer Organisation einbezieht, die relevante Funktion sozial-kommunikativer Elemente betont, Formen der didaktischen Unterstützung unterscheidet, die Gestaltungsmöglichkeiten von E-Medien systematisch mit einbezieht und den Praxisbezug in den Mittelpunkt stellt.

11.) Im Kontext der Förderung selbstgesteuerten und problemorientierten Lernens in herausfordernden, "offenen Lernumgebungen" erhalten die tutorielle Betreuung und weitere Formen der Unterstützung (Hilfesysteme, Angebote der Strukturierung von Gruppenarbeiten) eine erfolgskritische Bedeutung.

12.) Nach einem wirtschaftsdidaktischen Verständnis hat das *Lernen*, das vor allem auf den Aufbau von Handlungskompetenzen abzielt, im Mittelpunkt aller didaktischen Überlegungen zu stehen - *Kommunizieren* und *Lehren* sind dezidiert auf das Lernen ausgerichtet. Damit wird anders als in einem Verständnis, nach dem das Lehren im Mittelpunkt stünde, die unterstützende Funktion des Lehrens betont. Entsprechend müssen Lehrende zu einer veränderten Auffassung ihrer Funktion kommen. Ihre Rolle ist nur noch sehr begrenzt die eines Instruktors, sondern die eines Lernbegleiters, Beraters und Mentors.

---

662 Vgl. dazu im Einzelnen Abschnitt 3.1.5.

13.) Generell erfordert die tutorielle Betreuung im E-Learning neben allgemeinen pädagogischen Kompetenzen spezifische kommunikative und technische Kompetenzen. Entsprechend sind Tutoren zu qualifizieren.

14.) Ein geeigneter Ausgangspunkt für die angemessene Gestaltung tutorieller Betreuung und sonstiger Unterstützungselemente ist das 5-Stufen-Modell Salmons.[663]

15.) Unterscheidet man am Beginn konkreter didaktischer Planungen auf der Mikro-Ebene etwa wie Seufert und Euler nach unterschiedlichen Lehrzielen (hier: "Erarbeitung von Wissen", "Anwendung von Wissen und Können" und den "Austausch und die (kritische) Reflexion von Wissen bzw. die Lösung komplexer Probleme"), so sind für diese bereits in der Planungsphase jeweils spezifische Gestaltungsausprägungen vorzusehen. Dafür liegen konkrete Ansatzpunkte vor, die in eigene Überlegungen einbezogen werden sollten (hier: "Methodische Kernidee/Sozialformen", "Unterstützung des Lernens mit E-Medien", "Unterstützung des Lernens mit E-Medien").[664]

3.3.3 Mikro-Ebene der Bildungspraxis

1.) Als zentrale Erfolgsfaktoren für webbasierte Lernangebote werden heute die Ausrichtung an den Voraussetzungen bzw. an den „Lernmerkmalen" wie Vorwissen, vorhandene Kompetenzen usw. anerkannt.

2.) Als gutes Gestaltungsprinzip einer Lernumgebung wird vielfach angegeben, ein komplexes, jedoch zielgruppenangemessenes Problem mit hohem Anwendungsbezug zur Grundlage kollaborativen und kooperativen Lernens zu machen. Damit kann das Ziel verfolgt werden, Motivation aufzubauen und laufend zu erhalten, generell selbstgesteuertes Lernen zu fördern und den Transfer erworbenen Wissens in die Praxis zu verbessern.

3.) Als didaktisch angemessene Präsentationsmedien können mit Euler gelten beispielsweise

    I. filmisch-authentische Darbietungen einer Fallsituation bzw. von Fallbeispielen zur Illustration abstrakter Zusammenhänge;

    II. Lehrclips im Sinne der audio-visuellen Aufzeichnung einer Lehrsequenz;

---

663 Vgl. dazu Abschnitt 3.1.6.
664 Vgl. Seufert/Euler (2005), S.38.

III. Präsentationsfolien mit Animationselementen;

IV. Hypertext als Einstieg oder Zusammenfassung einer Lehreinheit mit Verweisen auf Vertiefungen, visuelle Veranschaulichungen, Übungen u.a.;

V. Hinweise auf aktuelle Fachinformationen.[665]

4.) Als didaktisch angemessene Präsentationsmedien, mit denen Lehrinhalte aktiv erarbeitet, auf Problemstellungen angewendet und erworbenes Wissen reflektiert werden können, lassen sich mit Euler anführen beispielsweise

I. Fragestellungen, die auf die Reproduktion und das Verstehen von Wissen abzielen;

II. Aufgabenstellungen, die auf die Anwendung von Wissen abzielen, also Lernenden die Möglichkeit geben, abstrakte Fachinhalte auf konkrete Situationen anzuwenden;

III. Problemstellungen, die auf die Erbringung kreativer Elemente zur Lösung von Problemen abzielen, da bisher erworbenes Wissen allein zur Problemlösung nicht ausreicht.[666]

5.) Die Qualität von E-Learning-Angeboten für das Selbstlernen mit Standard-Inhalten hängt nach einem konstruktivistischen Verständnis wesentlich von der Interaktivität der Lernobjekte ab. Mit diesem Gestaltungsgrundsatz verbindet sich das didaktische Ziel, Lernende zu eigenen Aktionen herauszufordern, sie zu aktivem Lernen zu veranlassen und aus einer rezeptiven Erwartungshaltung herauszuholen.[667] In diesem Zusammenhang lassen sich extreme Interaktionsformen identifizieren, denen negative Effekte auf die Motivation zugeschrieben werden können.

6.) Bei der Gestaltung von Hypertext bzw. Hypermedia-Systemen sollten ergänzend ergonomische Prinzipien berücksichtigt werden. Mit der DIN EN ISO 9241-110 liegen entsprechende Grundsätze der Dialoggestaltung als Orientierungsraster vor, die dabei unterstützen können, jede notwendige "Mensch-Maschine-Interaktion" optimal am Interesse des Benutzers und seiner Ziele auszurichten.

---

665 Vgl. Euler (2005), S.232.
666 Vgl. a.a.O., S.232f.
667 Schulmeister (2002), S.295.

7.) Nach einem zeitgemäßen Lernverständnis so genannter situierter Ansätze konstruktivistischer Prägung soll die Gestaltung von Lernerfolgskontrollen und Rückmeldungen in digitalen Lernumgebungen und -programmen dezidiert auf ihre Unterstützungsfunktion ausgerichtet werden:

I. Gestaltung von Lernerfolgskontrollen und Rückmeldungen als Angebot zur Selbstkontrolle, nicht automatisch an bestimmten Stellen der Anwendung;

II. keine verpflichtende Bearbeitung;

III. Gestaltung von Lernerfolgskontrollen und Rückmeldungen mit "diagnostischem Wert", der Lernenden ersichtlich und sichtbar gemacht wird;

IV. Fehler bei einer Lernerfolgskontrolle sollten unmittelbar und ohne weitere evaluative Hinweise korrigiert werden;

V. Angebot einer Wiederholung bei Fehlern, jedoch keine automatische Weiterleitung.[668]

---

668 Vgl. Kerres (2001), S.206.

4 Fallbeispiel: EL-ÖHR – E-Learning im neuen öffentlichen Haushalts- und Rechnungswesen

4.1 Projektbeschreibung[669]

4.1.1 EL-ÖHR als Kooperationsprojekt zwischen Hochschule und Praxis

„EL-ÖHR – E-Learning im öffentlichen Haushalts- und Rechnungswesen" ist ein ursprünglich aus Drittmitteln[670] finanziertes universitäres Forschungsprojekt, das am Arbeitsbereich Public Management der Universität Hamburg unter der Leitung von Prof. Dr. Dr. h.c. Dietrich Budäus und der Mitarbeit des Verfassers durchgeführt wurde (Projektlaufzeit: November 2005 bis September 2007).

Vor dem Hintergrund der oben dargelegten Relevanz der Qualifizierung zum neuen öffentlichen Haushalts- und Rechnungswesen, aber auch mit Blick auf jene Vielzahl früherer E-Learning-Projekte an Hochschulen, die nach Ablauf der Projektlaufzeit nicht in die regelhafte Nutzung übergegangen sind, hatte die Nachhaltigkeit der Projektergebnisse im Projekt EL-ÖHR stets eine besondere Bedeutung. Deshalb wurden bereits in der ersten Projektphase Kooperationen angestrebt. Es war das Ziel, Entwicklungsressourcen zu bündeln, mögliche Synergieeffekte zu erschließen und auf möglicherweise vorhandene E-Learning-Ansätze zum neuen öffentlichen Haushalts- und Rechnungswesen aufzubauen. Durch Kooperationen mit der außeruniversitären Praxis und eine frühe Einbindung der Zielgruppen in die Entwicklungsprozesse wurde zudem beabsichtigt, einen hohen Grad der zielgruppenorientierten didaktischen Angemessenheit sowie praktischen Relevanz zu erreichen. Nach der Projektmaxime einer „Praxis geleiteten Theorie und Theorie geleiteten Praxis" sollte so ein bedarfsgerechtes Qualifizierungsangebot zum neuen öffentlichen Haushalts- und Rechnungswesen gestaltet werden.

4.1.2 Kooperationskonzeption und Kooperationspartner

Anfang 2006 kam es nach Recherchen über bereits verfügbare E-Learning-Angebote zum Kontakt mit den kommunalen Studieninstituten Nordrhein-

---

669 Die folgende Projektbeschreibung beruht teilweise auf Erinnerungen und subjektiven Stellungnahmen des Verfassers dieser Arbeit; er war Wissenschaftlicher Mitarbeiter am Arbeitsbereich Public Management der Universität Hamburg unter der Leitung von Prof. Dr. Dr. h.c. Dietrich Budäus und hier verantwortlicher Projektbearbeiter von EL-ÖHR.

670 Gefördert im Rahmen des Hamburger Förderprogramms "Projektförderung E-Learning und Multimedia (2002 - 2004)"; vgl. Schmid/Schulmeister/Swoboda (o.J.).

Westfalens[671], die bereits über ein WBT zum Neuen Kommunalen Finanzmanagement (NKF)[672], das „WBT NKF"[673], verfügten. In Folge erfolgreicher Kooperationsverhandlungen ging der Arbeitsbereich Public Management im Sommer 2006 eine weit reichende, wenn auch zunächst informelle Kooperation mit dem für das NKF WBT verantwortlichen Studieninstitut der Stadt Duisburg ein. Das Studieninstitut unterstützte das Vorhaben, das NKF WBT zu einem „EL-ÖHR WBT" weiterzuentwickeln. So kam es im Januar 2007 zum Abschluss einer Kooperationsvereinbarung zwischen der Universität Hamburg und der Oberhausener Multimediafirma reflact AG; das Unternehmen hatte das NKF WBT in Zusammenarbeit mit den nordrhein-westfälischen Studieninstituten realisiert und verfügte über bestimmte Verwertungsrechte, die es in die Kooperation einbrachte. Die Kooperation mir der reflact AG ermöglichte eine Verwendung der Quelldateien des NKF WBTs.

Das kooperative Vorgehen im Rahmen einer Entwicklungsallianz zwischen Privatwirtschaft und öffentlicher Bildungseinrichtung wurde von den Beteiligten in der Folge als sehr produktiv empfunden, insbesondere aufgrund der Synergien und einem gegenseitigen Wissenstransfer. So zeigte sich der konkrete Nutzen einer verstärkten Interaktion zwischen Wissenschaft und Wirtschaft, wie sie beispielsweise auch der Wissenschaftsrat verstärkt fordert.[674]

Das NKF WBT wurde schließlich inhaltlich überarbeitet und erweitert. Dabei zielte die inhaltliche Überarbeitung im ersten Schritt darauf ab, inhaltliche „Spezifika" des nordrhein-westfälischen NKF weitgehend zu neutralisieren. Außerdem wurde dem WBT ein so genannter Lernbaustein zur Kameralistik, dem klassischen Haushalts- und Rechnungswesen, hinzugefügt. Auch wurde das Glossar vollständig erneuert und erweitert.

Die erste Version des kooperativ entwickelten EL-ÖHR WBTs wurde im November 2006 fertig und Interessenten zu Testzwecken zur Verfügung gestellt. Die Nachfrager rekrutierten sich aus einem sehr weiten Interessenspektrum wie Hochschulen, kommunalen Gebietskörperschaften, Bundesministerien, Rechnungshöfen, Banken und Verbänden – darunter auch aus dem Ausland (Österreich). In der Freien und Hansestadt Hamburg kam es außerdem zu Kooperationen v.a. mit den Projektgruppen Doppik (Einführung der kaufmännischen Buchführung in Hamburg), NHH (Neues Haushaltswesen für Hamburg) und NRV (Neues Ressourcenverfahren) der Finanzbehörde. Dabei wurden die Inhalte an Spezifika der Freien und Hansestadt angepasst.

---

671 Online: www.leitstelle-nrw.de (25.11.2007)
672 Vgl. www.im.nrw.de/bue/25.htm (25.11.2007).
673 Online bereitgehalten unter http://elearning.krzn.de/nkf.htm (07.03.2007). Dazu detailliert Küpper/Lambertz (2006), insbes. S.84-91, sowie Lambertz (2006).
674 Vgl. www.wissenschaftsrat.de/texte/7865-07.pdf (01.11.2007)

Trotz des Ablaufs der Projektlaufzeit im September 2007 besteht die Kooperation zwischen der Universität Hamburg und der reflact AG fort. So ist geplant, 2008 eine technologisch und inhaltlich weiterentwickelte Version des WBTs zu veröffentlichen. Es sollen vor allem Änderungswünsche von Benutzern, eine flexiblere SCORM-Funktionalität zur besseren Integration des WBTs auf Lernplattformen und vereinfachte Möglichkeiten der inhaltlichen Aktualisierung umgesetzt werden. Außerdem ist die Integration eines Lernbausteins zur Kosten- und Leistungsrechnung geplant.

4.1.3 Qualitätskontrolle und Sicherstellung von Praxistauglichkeit der Projektergebnisse durch einen Projektbeirat

Zur Gewährleistung von „verwaltungsgerechter" Praxistauglichkeit und der notwendigen Ausrichtung auf unterschiedliche Zielgruppen des WBTs wurde in der ersten Projektphase auch ein EL-ÖHR-Projektbeirat gegründet. Dafür konnten drei renommierte Persönlichkeiten aus Wissenschaft und Praxis (Kommunale Gemeinschaftsstelle für Verwaltungsmanagement – KGSt; Universität Potsdam; Doppik-Projekt der Freien und Hansestadt Hamburg) gewonnen werden.

4.1.4 Projektseminar zur Einbeziehung Studierender in den Entwicklungsprozess

Parallel zum Aufbau der Kooperationen und des Projektbeirats in der ersten EL-ÖHR-Projektphase wurden Studierende in die konzeptionellen Arbeiten einbezogen. An der Universität Hamburg konnten sie im Sommersemester 2006 an einem Projektseminar „E-Learning im öffentlichen Haushalts- und Rechnungswesen" teilnehmen. Die erste EL-ÖHR-Projektgruppe bestand aus neun Studierenden. Sie beschäftigten sich im Rahmen ihres Studienschwerpunktes mit dem öffentlichen Haushalts- und Rechnungswesen und brachten damit gute Voraussetzungen für eine Mitarbeit in dem Projekt mit.

Zu Beginn des Projektseminars wurden die Studierenden an Grundlagen der Mediendidaktik herangeführt. Die hierbei vermittelten Kenntnisse richteten sich primär auf die Darstellung der didaktischen Potenziale und konkreten Ausprägungen von E-Learning, wie sie auch in der vorliegenden Arbeit dargelegt werden. In einem zweiten Schritt wurden themenspezifische Arbeitsgruppen („Arbeitsgruppe Kameralistik" und „Arbeitsgruppe Doppik / Integrierte Verbundrechnung") für die Bearbeitung von WBT-Lernbausteinen gebildet. Die Arbeitsgruppe Kameralistik beschäftigte sich mit der didaktischen Aufbereitung der Kameralistik, und hier insbesondere mit historischen Grundlagen und der derzeitigen Ausprägung mit ihren Stärken und Schwächen, sowie der Erarbeitung von zusätzlichen Fallbeispielen.

Das Projektseminar wurde in das Lehrprogramm der Fakultät Wirtschafts- und Sozialwissenschaften integriert. Die an dem Projekt beteiligten Studierenden konnten durch ihre Mitarbeit an dem Projekt im Rahmen ihres Studiums erforderliche Leistungsnachweise erwerben.

Nach dem Sommersemester 2006 wurde die inhaltliche und didaktisch-konzeptionelle Mitwirkung einer EL-ÖHR-Studierendengruppe verstetigt, erweitert und vertieft. Die Arbeiten in den beiden themenspezifischen studentischen Arbeitsgruppen („Arbeitsgruppe Kameralistik" und „Arbeitsgruppe Doppik / Integrierte Verbundrechnung") wurden abgeschlossen und in das WBT integriert. Im Wintersemester 2006/07 konnten Studierende für eine qualifizierte Mitarbeit an dem Projekt erneut einen Leistungsnachweis erwerben, indem sie an der Vorbereitung des neuen Lernbausteins zur Kosten- und Leistungsrechnung mitwirkten.

4.2 Grundlegende Merkmale des EL-ÖHR Web-based-Trainings (WBT)

Es existiert ein siebenseitiges Informationsblatt, das Interessenten eine Zusammenstellung der wichtigsten Informationen zu dem EL-ÖHR WBT bieten soll.[675] Demnach informiert das WBT umfassend über die Reform des Haushalts- und Rechnungswesens und vermittelt fachliches Grundlagenwissen. Darüber hinaus ermöglicht es, erste berufspraktische Kompetenzen für die Anwendung des neuen öffentlichen Haushalts- und Rechnungswesens aufzubauen und zu erproben.[676] Um „[...] die unterschiedlichen Informations- und Wissensbedarfe zu berücksichtigen, die sich aus den individuellen Tätigkeiten der Verwaltungsmitarbeiter ergeben [...]"[677], bietet das WBT Lernenden die Möglichkeit, sich „aus unterschiedlichen Perspektiven" mit dem Thema zu befassen.[678]

„Beim Einstieg in das WBT lässt sich zunächst ein Intro aufrufen, in dem die Lernenden von einer virtuellen Dozentin in den Seminarraum begleitet werden. Dort schließen sie sich den Fragen und damit der Perspektive eines von vier virtuellen

---

675   Vgl. das Informationsblatt des Projekts EL-ÖHR im Anhang dieser Arbeit; im Folgenden referenziert als EL-ÖHR (2007).
676   Vgl. a.a.O., S.2.
677   A.a.O., S.1.
678   Vgl. ebd.

Seminarteilnehmern an (‚Haushaltssachbearbeiter', ‚Interessierter Ahnungsloser / Student', ‚Sachbearbeiterin in einem Bürgeramt', ‚Führungskraft')“[679].

Nach einer gleichsam multiperspektivischen Problematisierung und thematischen Heranführung im *Intro* des WBTs folgt die konkrete inhaltliche Auseinandersetzung mit dem neuen öffentlichen Haushalts- und Rechnungswesen. Dabei ist das EL-ÖHR WBT in zehn Themenfelder bzw. so genannte Lernbausteine untergliedert, die – wie sich zeigt – linear mit weitgehend vorgegebenen Navigationswegen, und aufeinander aufbauend strukturiert sind. Die Auswahl der Bearbeitungsreihenfolge wird indes den Benutzern überlassen. Folgende Lernbausteine werden dabei behandelt:

1.) Die Kameralistik als klassisches Haushalts- und Rechnungswesen und ihre Schwächen;

2.) Entwicklung und Realisationsstand des neuen öffentlichen Haushalts- und Rechnungswesens in Deutschland mit Bezug zur internationalen Entwicklung;

3.) Ziele und Maßnahmen;

4.) Drei-Komponenten-System,

5.) Planung;

6.) Die Inventur;

7.) Die Eröffnungsbilanz;

8.) Doppelte Buchführung;

9.) Der Jahresabschluss;

10.) Change Management bei der Einführung

Wie auch das Informationsblatt darlegt, sind die problemorientierte Einführung und die spätere Themenauswahl in den Lernbausteinen auf die zuvor gewählte Perspektive abgestimmt. So kann entsprechend beruflicher Anforderungen oder aus spontanem Interesse eine Vorauswahl getroffen werden.[680] Je nach gewählter Perspektive wird im Intro unterschiedlich an Vorwissen angeknüpft. Soweit theoretische Grundlagen behandelt werden, erfolgt durchgehend eine Bezugnahme auf ihre praktische Bedeutung.[681]

Eine Reihe realistischer Beispiele veranschaulichen die Themen und verdeutlichen ihre Relevanz. Unterschiedliche Lernaufgaben (z.B. Multiple Choice, Zuordnungsaufgaben, offene Fragen mit Beispiellösungen als Rückmeldung, Buchungsübungen) erlauben eine sanktionsfreie Erprobung erworbenen Wissens. Außerdem zielt eine strikte Modularisierung in kleine didaktisch aufbereitete

---

679 Ebd.
680 Vgl. EL-ÖHR (2007), S.1.
681 Vgl. a.a.O., S.2.

Wissenseinheiten, die Bereitstellung eines umfassenden Glossars und verschiedener praktischer Arbeitshilfen auf die Förderung des eigenständigen, informellen Lernens innerhalb des Arbeitsprozesses. Das EL-ÖHR WBT umfasst Inhalte, für deren Bearbeitung erfahrungsgemäß etwa 18-22 Stunden aufzubringen sind.[682]

Zentrale Merkmale der Projekt- und Bewertungsstruktur von EL-ÖHR veranschaulicht Abbildung 28.

Abbildung 28: Zentrale Merkmale der Projekt- und Bewertungsstruktur von EL-ÖHR

4.3 Qualitative Beurteilung des WBTs

Zur qualitativen Beurteilung des EL-ÖHR WBT werden im Folgenden die Ergebnisse von Nutzerbefragungen vorgestellt. Dabei werden zunächst Ergebnisse einer Befragung von Verwaltungspraktikern wieder gegeben, die das NKF WBT (s.o.) genutzt haben. Anschließend werden zwei Befragungen herangezogen, die

---

682 Vgl. ebd.

im Rahmen der Evaluationen universitärer Lehrveranstaltungen durchgeführt worden sind. Dabei kam das EL-ÖHR WBT zum Einsatz.

Die Befragungen geben Hinweise auf die Akzeptanz der beiden Zielgruppen und zeigen ihre subjektiven Einschätzungen. Allerdings soll nicht allein die Urteile der Benutzergruppen ein Gesamturteil begründen. Um zu einer differenzierten Bewertung zu kommen, erfolgt danach außerdem eine Bewertung anhand der oben bereits genannten Dialoggrundsätze nach DIN EN ISO 9241-110. Ergänzend dazu kommen Qualitätskriterien aus Kriterienkatalogen für Lernsoftware[683] zur Geltung, soweit diese nicht bereits in den Dialoggrundsätzen enthalten sind. Der hauptsächlich zur Geltung kommende WBT-Kriterienkatalog wurde am Fraunhofer-Institut für Arbeitswirtschaft und Organisation erarbeitet.

Das beschriebene Vorgehen ermöglicht, eine umfassende Qualitätseinschätzung zu erarbeiten, welche die Nutzerperspektive berücksichtigt und zugleich systematisch auf tendenziell objektivierbaren Qualitätskriterien basiert. Gleichwohl ist einschränkend festzuhalten, dass in der Literatur kein Konsens über ein Kriterieninstrumentarium herrscht; vorliegende Kataloge variieren, und so kann man nicht von allgemeingültigen, objektiven Standards in diesem Bereich sprechen.[684] Auch sind Kriterienkataloge grundsätzlicher Kritik ausgesetzt. So wird hervorgehoben, dass die gelegentlich zu allgemeinen Kriterienkataloge zu Unvollständigkeit neigten, streitbare Gewichtungen vornähmen, lerntheoretische Grundlagen vernachlässigten und Ineffizienz förderten, da auch schlecht eingeschätzte Lernprogramme in der Praxis durchaus brauchbar sein könnten.[685] In diesem Zusammenhang stellt sich dann auch wieder die grundsätzliche Frage, inwieweit letztlich allein das Urteil der Nutzer für eine Qualitätseinschätzung ausschlaggebend zu sein hat. Außerdem wird kritisiert, dass die Bildschirmergonomie in vielen Kriterienkatalogen vernachlässigt werde.[686] Alles in allem zeigt sich, dass die hier vertretene Konzeption, die Benutzermeinung mit einer Bewertung anhand WBT-spezifischer und ergonomischer Kriterien zusammenzuführen, einen ebenso angemessenen wie pragmatischen Ansatz darstellt.[687]

---

683   Rickert (2002).
684   Vgl. dazu auch Gottfried/Hager/Scharl (2002), S.4
685   Vgl. a.a.O., S.9.
686   Vgl. Gottfried/Hager/Scharl (2002), S.10.
687   Allerdings ist darauf hinzuweisen, dass für auch Führungskräfte der Verwaltung hätten befragt werden müssen, was hier nicht möglich war.

4.3.1 Evaluationsergebnisse zur Nutzung des WBTs zum Neuen Kommunalen Finanzmanagement (NKF WBT) in der beruflichen Weiterbildung[688]

Die nordrhein-westfälischen Studieninstitute haben 2003 beschlossen, den Einsatz von E-Learning in Bereichen ihrer Aus- und Fortbildung gemeinsam zu erproben. In der Folge wurde das NKF WBT für ein Grundlagenseminar entwickelt; es sollte vorrangig in Fortbildungsveranstaltungen genutzt werden, stand Kommunen aber auch als „Infomodul" kostenlos zur Verfügung.[689]

An der Befragung zum NKF WBT haben insgesamt 14 Verwaltungsmitarbeiter teilgenommen (N=14; weiblich=6, männlich=8). Die geringe Teilnehmerzahl ergibt sich vermutlich aus dem Umstand, dass das WBT von einem insgesamt nicht genau begrenzten Personenkreis genutzt wurde. Der Aufruf zur Teilnahme an der Befragung konnte jedenfalls nur mit erheblichen Einschränkungen gezielt adressiert werden. Das Durchschnittsalter der Befragten betrug rund 42 Jahre.

Die im Jahr 2006 durchgeführte Befragung baute auf geschlossenen und offenen Fragen auf und bezog sich auf fünf Aspekte: Akzeptanz, Qualität des Programms, Praxisbezug der Inhalte, Motivation und Lernerfolg bzw. Lerntransfer. Die geschlossenen Fragen stellten Aussagen dar, für die ein Zustimmungswert auf einer sechsstufigen Skala mit den Extrempolen „trifft voll und ganz zu" sowie „trifft überhaupt nicht zu" individuelle Zustimmungswerte anzugeben war. Zur Methodik ist anzumerken, dass die möglichen Antworten auf den verwendeten Likert-Skalen nur in ihren Extremausprägungen benannt waren, alle dazwischen liegenden Abstufungen dagegen nur durch Zahlen. Vermutlich wäre es sinnvoll gewesen, alle Merkmalsausprägungen explizit zu definieren. Da den Befragten eine Eigendefinition der Antwort-Ausprägungen überlassen blieb, ist zu befürchten, dass die verwendete Skala bei nochmaliger Verwendung zu signifikant anderen Ergebnissen führen könnte (wobei dieser Effekt sicherlich auch mit einer in diesem Sinne umfassend benannten Skala nicht ganz vermieden werden könnte). Somit können die Ergebnisse allein aus methodischen Gründen nur sehr eingeschränkt generalisiert werden. Hinzu kommen der vergleichsweise geringe Rücklauf an Fragebögen und die unbekannte Größe der Grundgesamtheit. Außerdem kann mit Blick auf die Freiwilligkeit der Teilnahme nicht ausgeschlossen werden, dass die Befragungsergebnisse in eine bestimmte Richtung der Zustimmung oder Ablehnung tendieren. So bleibt insgesamt festzuhalten, dass trotz der

---

688 Eine erstmalige Auswertung und Interpretation der Befragungsergebnisse zum NKF WBT erfolgte im Rahmen einer Diplomarbeit am Lehrstuhl Public Management (vgl. Fischer, S., E-Learning für öffentliche Verwaltungen. Evaluation eines Web-based-Trainings zum neuen öffentlichen Haushalts- und Rechnungswesen, Hamburg 2007). Die Daten lagen daher dem Verfasser vor. Soweit nicht anders angegeben, handelt es sich hier um eine grundlegend eigenständige Aufbereitung und Neuinterpretation des Verfassers.

vermutlich eingeschränkten Validität der Datenlage die betreffenden Untersuchungsergebnisse hier dennoch thematisiert werden sollen, da bisher keine entsprechenden Befunde vorliegen. Von daher können nur im Sinne einer Fallstudie, nicht jedoch im Sinne einer repräsentativen Erhebung Anhaltspunkte gewonnen werden. Diese Anhaltspunkte sind insofern wichtig, da ja später die Erhebungen bei Studierenden mit jener der Verwaltungsmitarbeiter verglichen werden.

Die meisten Teilnehmer konnten sich den Angaben zu Folge an ihrem Arbeitsplatz relativ störungsfrei mit dem WBT zu beschäftigen: 13 Teilnehmer waren an einem Arbeitsplatz ohne Publikumsverkehr tätig; neun Personen gaben außerdem an, genug Zeit und Ruhe für die Bearbeitung des WBTs gehabt zu haben.

Zehn Teilnehmer nutzten das NKF WBT aus freiwilliger Motivation zu Informationszwecken, vier Personen im Rahmen einer Pflichtschulung. Über Erfahrungen mit E-Learning verfügten zehn Personen. Auf eine Frage zur grundsätzlichen Einstellung gegenüber E-Learning äußerten elf Teilnehmer, sie seien E-Learning „eher positiv" bis „sehr positiv" eingestellt.

Der erste Abschnitt der Befragung thematisierte Aspekte der Motivation. Dabei wurde die Zustimmung zu drei Aussagen erhoben. Wie Abbildung 29 verdeutlicht, erhielten die getroffenen Aussagen tendenziell positive Zustimmung.

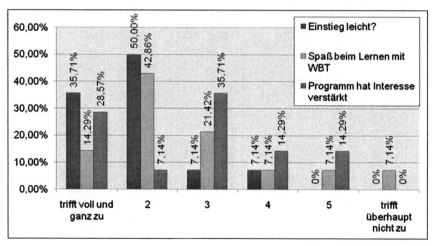

Abbildung 29: Befragungsergebnisse zu Aspekten der Motivation im NKF WBT

---

689   vgl. http://elearning.krzn.de/projektinfo.htm, 26.11.2007.

Die geringste Zustimmung erhält hier die Aussage zur Verstärkung des Interes-
ses. Demnach hat das NKF WBT das Interesse an den Themen zwar tendenziell
verstärkt, die Zustimmung war hier aber geringer als bei den anderen Aspekten.

Im zweiten Befragungsabschnitt wurde nach den Inhalten, dem „Lernen mit dem
Programm", dem „Einsatz von Gestaltungsmitteln" und der „Benutzerfreundlichkeit" gefragt. Ein inhaltlicher „roter Faden" und generell der inhaltliche Aufbau des NKF WBTs wurden positiv bewertet (vgl. Abbildung 30). Auch die
Länge der Bausteine erhält insgesamt viel Zustimmung, wobei eine Person hier
die „5", also annähernd „trifft überhaupt nicht zu", angibt. So gibt ein Teilnehmer auch bei den offen gestellten Fragen dieses Abschnitts als Kritikpunkt an,
die Bausteine seien zu lang. Ähnlich meint ein zweiter Nutzer, dass es zu viele
Seiten pro Themenblock gebe, und eine Person fühlt sich vom „Inhalt erschla-
gen". Ein anderer bemängelt, dass ein Glossar fehle, obwohl tatsächlich eines
vorhanden ist.

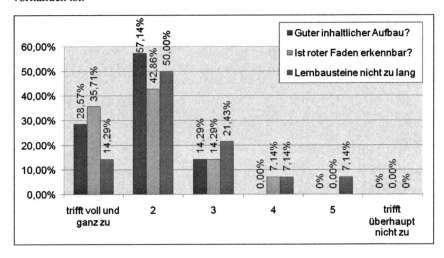

Abbildung 30: Befragungsergebnisse zu inhaltlichen Aspekten des NKF WBT

Die Fragen sowohl zum Einsatz medialer Gestaltungsmittel, als auch zur „Benutzerfreundlichkeit" werden durchweg positiv eingeschätzt, wie auch die Aufbereitung ausgewählter Ergebnisse in Abbildung 31 veranschaulicht. Demnach sind
sowohl die multimediale Gestaltung abwechslungsreich und motivierend, als
auch die Navigation und Orientierungsfunktionen angemessen und hilfreich gestaltet.

Auch die Möglichkeiten, einen individuellen Weg durch das Programm zu wählen, bewerten die Teilnehmer überwiegend positiv. Dies mag erstaunen, weist das WBT doch weitgehend linear angeordnete und insgesamt relativ eng vorgegebene Lernwege auf. Individuelle Auswahlmöglichkeiten bestehen im Prinzip lediglich bei der Reihenfolge der Bausteine, der Entscheidung für eine inhaltliche Perspektive und der Möglichkeit, Übungen und Beispiele optional zu nutzen. Vor dem Hintergrund, dass die meisten Personen über Vorerfahrungen mit E-Learning verfügen, könnte daher vermutet werden, dass manche Benutzer zuvor mit noch „starreren" Programmen konfrontiert waren und die Navigationsmerkmale des WBTs deshalb nicht negativ empfunden werden. In jedem Fall wird deutlich, dass strukturierte E-Learning-Angebote mit sequenzierten Inhalten tatsächlich tendenziell geschätzt werden.

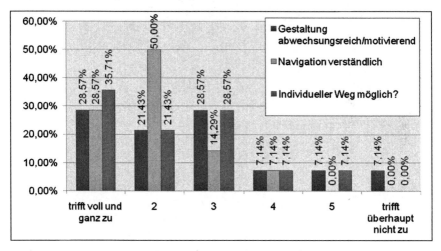

Abbildung 31: Befragungsergebnisse zu Aspekten der Gestaltung und Strukturierung des NKF WBTs

Übungen und Praxisbeispiele zielen allgemein darauf ab, den eigenen Kenntnisstand einzuschätzen und – im Idealfall – Wissen und darüber hinaus gehende Kompetenzen in authentischen Anwendungssituationen zu erproben. In der Befragung erhielt die vorgegebene Aussage, die Übungen und Beispiele im WBT seien hilfreich, deutliche Zustimmung. Auch haben den Befragten die Beispiele offenbar gut gefallen (mit Ausnahme einer Person, die mit einer „4", also sinngemäß „trifft eher nicht zu", geantwortet hat), wie auch Abbildung 32 verdeutlicht. Mehrere Teilnehmer regten in einer offen gestellten Frage in diesem Zusammenhang jedoch an, mehr Übungen in das WBT zu integrieren. Ein Nutzer schlug vor, sie noch durch Abstufungen nach Schwierigkeitsgraden auszudifferenzieren. Ein anderer empfahl, es Nutzern zu ermöglichen, selbstständig Übungen einzupflegen, die sich dann noch mehr an den Spezifika der betroffenen Gebietskörperschaften orientieren könnten.

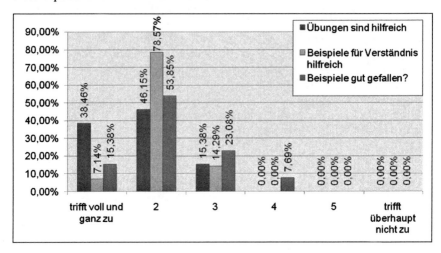

Abbildung 32: Befragungsergebnisse zu Übungen und Beispielen im NKF WBT.

Gleichwohl gibt die Mehrheit der Befragten an, die Übungen seien insgesamt angemessen, wobei ein Teilnehmer sie „zu einfach" findet. In der Tat weist das WBT keine Möglichkeit auf, etwa auf Grundlage eines Eingangstests stark individualisierte Übungen oder Inhalte zu nutzen. Allerdings sind tatsächlich „adaptive" Lernumgebungen auch kaum praktikabel zu entwickeln, insbesondere nicht für stark heterogene Zielgruppen (vgl. Abschnitt 3.1.7).

Praktische Beispiele können die didaktische Funktion haben, einen Ausgangspunkt für den Transfer des theoretischen Wissens in die alltägliche Anwendung zu bieten. Die Beispiele im NKF WBT werden insgesamt überwiegend als praxisnah beurteilt. Die Aussage zum Nutzen der Beispiele für den Transfer des Erlernten in die Praxis erhielt jedoch etwas weniger Zustimmung. Vermutlich schlägt sich hier die in Abschnitt 2 dargelegte Problematik nieder, dass in der Qualifizierung zum neuen öffentlichen Haushalts- und Rechnungswesen nicht nur ein allgemeiner Überblick zu vermitteln ist, sondern vertiefend auf die inhaltlichen Spezifika eingegangen werden muss, die in der Anwendung zu berücksichtigen sind. Inwieweit solche verwaltungsspezifischen Inhalte den Befragten ergänzend zum WBT etwa im Rahmen sonstiger Informationsangebote bereitstanden oder in Schulungen vermittelt wurden, ist nicht bekannt.

Zu der Aussage, es sollten weitere Beispiele eingearbeitet werden, wurde auffällig ausgewogen geantwortet.[690] Hier zeigt sich eine breite Verteilung der Meinungen, wobei immerhin noch rund zwei Drittel der Befragten dahingehend antworten, dass die vorhandenen Beispiele ausreichen.

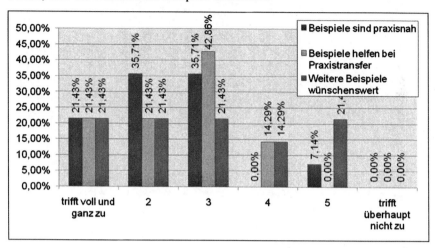

Abbildung 33: Befragungsergebnisse zu Übungen und Beispielen im NKF WBT.

Wie Abbildung 34 zeigt, gehen zwei Drittel der Befragten davon aus, dass die Inhalte des NKF WBTs für ihre Arbeit hilfreich seien. Tendenziell „gut gefallen" hat die Nutzung des WBTs 85% der Befragten.

Deutliche Zustimmung erhielten alle Aussagen zum individuellen Lernfortschritt (man habe viel dazu gelernt, verfüge nach der Bearbeitung über mehr Wissen und habe nun eine bessere Vorstellung von der praktischen Bedeutung des NKF). Siehe dazu im Einzelnen Abbildung 35.

---

690 Diese Aussage könnte allerdings für gewisse Irritationen gesorgt haben, da sie entgegen der sonst verfolgten Konzeption als „kritische" (und nicht als zustimmende) Aussage formuliert worden war.

183

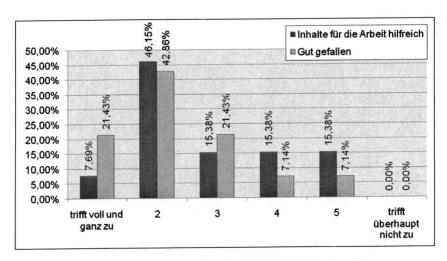

Abbildung 34: Befragungsergebnisse zu Lernförderlichkeit des NKF WBTs

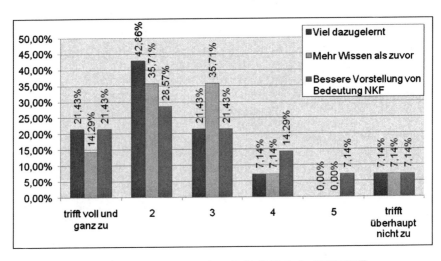

Abbildung 35: Befragungsergebnisse zur Lernförderlichkeit des NKF WBTs.

Auf die grundsätzliche, und im Sinne des WBTs kritisch formulierte Frage, ob die Nutzer die Inhalte besser in einem Buch hätten nachlesen wollen, sind die Antworten weit verteilt. Während tendenziell ca. 55% dem nicht zustimmen

184

würden, sind immerhin fast 45% der Befragten der Meinung, dass sie gerne auf klassische Materialien zurückgreifen würden (vgl. Abbildung 36).

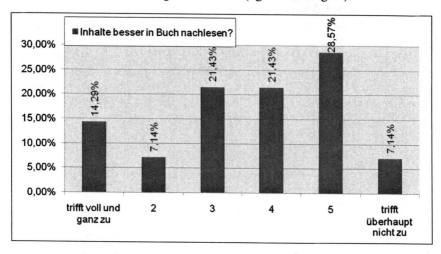

Abbildung 36: Befragungsergebnisse zum medialen Mehrwert des NKF WBTs gegenüber einem Buch

4.3.2 Das EL-ÖHR WBT in der universitären Lehre

4.3.2.1 Kurskonzeption Public Management I: E-Learning als kursunterstützende Transaktionssoftware

Das EL-ÖHR WBT kam im Wintersemester 2006/07 erstmals im Rahmen einer universitären Lehrveranstaltung zur Anwendung. Bei der Lehrveranstaltung handelte es sich um die Vorlesung „Public Management I" an der Fakultät Wirtschafts- und Sozialwissenschaften der Universität Hamburg. An der Veranstaltung nahmen etwa 90 Studierende teil.

Das EL-ÖHR WBT wurde in einen für die Veranstaltung eingerichteten virtuellen Kursraum auf der Lernplattform *WebCT* integriert. Die Online-Lernumgebung diente ansonsten vor allem der organisatorischen Information und Kommunikation mit den Teilnehmern und zur Veröffentlichung statischer Lernmaterialien, etwa Präsentationsfolien aus den Präsenzveranstaltungen. Der E-Learning-Anteil der Veranstaltung war damit darauf beschränkt, kursunterstützende Transaktionssoftware bereitzustellen und zu nutzen (vgl. die Klassifizierung in Abschnitt 3.1.1).

185

Zu Semesterbeginn wurden zunächst andere Themenfelder des Public Management behandelt. Zwar konnte das EL-ÖHR WBT in dieser Phase bereits genutzt werden, ausdrücklich in die Lehre einbezogen wurde es jedoch erst im letzten Semesterdrittel mit der Behandlung des Haushalts- und Rechnungswesens. Die didaktische Verschränkung der E-Learning-Elemente rund um das EL-ÖHR WBT mit der Präsenzveranstaltung erfolgte schließlich, indem den Studierenden die Aufgabe gestellt wurde, sich ergänzend zur Vorlesung im Selbststudium das für die Klausur relevante Wissen zum neuen öffentlichen Haushalts- und Rechnungswesen anzueignen. Zur Einschätzung der Lehrziele standen ergänzend zum EL-ÖHR WBT offene Textaufgaben zur Verfügung. Die Fragen konnten allein mit Hilfe des WBTs gelöst werden.

4.3.2.2 Evaluationsergebnisse Public Management I

Die Befragung zielte vor allem darauf ab, die Akzeptanz der Studierenden für das Lernen mit dem EL-ÖHR WBT zu erheben. Es ging dabei um die allgemeine Akzeptanz von E-Learning, das Qualitätsempfinden hinsichtlich der Inhalte und Funktionen des WBTs sowie die Lernzufriedenheit. Die Befragung hatte eine Rücklaufquote von rund 69% (N=62; weiblich=57,1%, männlich=42,9%). Das Durchschnittsalter der Befragten betrug rund 27 Jahre. Die Einschätzungen der Studierenden wurden nach Abschluss der oben erwähnten vierwöchigen Nutzungsphase erhoben.

Um eine möglichst hohe Aussagekraft der Akzeptanzwerte zu erreichen, wurden die Studierenden einleitend ganz allgemein zu ihrem Kompetenzempfinden beim Umgang mit Computern und zu ihren Vorerfahrungen mit digitalen Lernangeboten befragt. Bei der ersten Frage zeigte sich, dass sich fast alle Befragten mindestens „eher sicher" im Umgang mit Computern bzw. Computeranwendungen fühlen (Abbildung 37). Zwei Drittel der Befragten fühlten sich sogar „sicher" oder „sehr sicher".

Über Vorerfahrungen mit komplexen E-Learning-Angeboten wie WBTs verfügte nur eine Minderheit der Studierenden, was der in Abschnitt 2.3.2 dargelegten aktuellen Gestaltungspraxis von E-Learning an Universitäten tendenziell entspricht. Allerdings hat immerhin rund ein Drittel (37,7%) der Befragten bereits ein solches Angebot genutzt. Nicht-Interaktive lehrveranstaltungsbegleitende Materialien wie Präsentationsfolien und *PDF*-Dokumente wurden dagegen von fast allen Befragten bereits genutzt (95,1%).

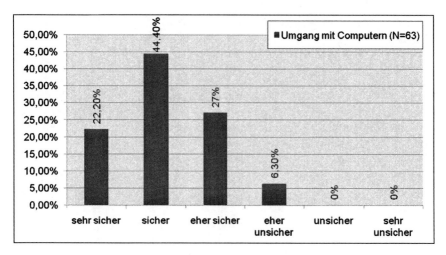

Abbildung 37: Befragungsergebnisse zu der von den Studierenden empfundenen Sicherheit im Umgang mit Computern

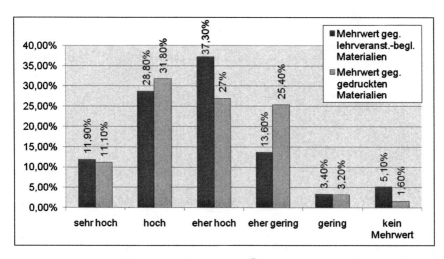

Abbildung 38 Empfundener „Mehrwert" des EL-ÖHR WBTs gegenüber anderen digitalen lehrveranstaltungsbegleitenden Materialien sowie gegenüber gedruckten Materialien

Wie Abbildung 38 zeigt, beurteilten rund 80% der Befragten den Mehrwert des EL-ÖHR WBTs im Vergleich zu sonstigen digitalen Lehrmaterialien (etwa Folienpräsentationen aus der Vorlesung oder PDF-Dokumente) als mindestens „eher hoch". Gegenüber klassischen gedruckten Materialien wurde der Mehrwert allerdings niedriger eingeschätzt (rund 70%). Ungeachtet der insgesamt hohen Wertschätzung für das EL-ÖHR WBT würde also fast ein Drittel der Studierenden womöglich gedruckte Materialien vorziehen. Insgesamt stellt das EL-ÖHR WBT für eine große Mehrheit der Studierenden eine deutliche Bereicherung der Lehre dar (Vgl. Abbildung 39).

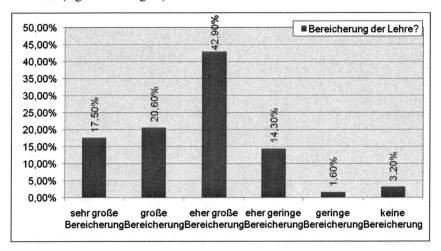

Abbildung 39: Befragungsergebnisse zu dem von Studierenden empfundenen Mehrwert des EL-ÖHR WBTs für die Lehre

Auf die Frage, ob das EL-ÖHR WBT dem gelegentlich mit E-Learning verbundenen Anspruch gerecht wird, Lernangebote zu individualisieren und Nutzern eine flexiblere Ziel- und Inhaltsauswahl zu ermöglichen, antworteten 29 % „in hohem Maße" und 40,3 % „in eher hohem Maße", wie Abbildung 40 zeigt. Auffällig ist allerdings, dass kein Studierender dem „in höchstem Maße" zustimmte.

Trotzdem muss sicherlich nicht angenommen werden, dass die Studierenden andere WBTs kennen, die weitergehende Möglichkeiten der Individualisierung aufwiesen als das EL-ÖHR WBT.[691] Vielmehr darf vermutet werden, dass das Urteil vieler Studierender maßgeblich von einem Vergleich mit sonstigen, allge-

---

691 Vgl. dazu auch die Erläuterungen zur Gestaltungspraxis von E-Learning an Universitäten in Abschnitt 2.3.2.

meinen Online-Angeboten beeinflusst wurde; bekanntlich bieten sich dort häufig weitgehende Möglichkeiten der individuellen Anpassung. Wie das EL-ÖHR WBT bezüglich seiner Möglichkeiten der Individualisierung im Vergleich zu anderen WBTs beurteilt wird, hätte also nur mit einer zusätzlichen Frage erhoben werden können.

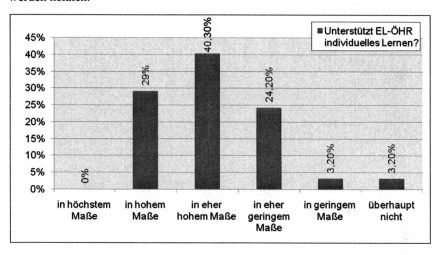

Abbildung 40 Befragungsergebnisse zu dem von Studierenden empfundenen Grad der Individualisierung des Lernangebots durch das EL-ÖHR WBT

Die „interessante Darstellung", die Anschaulichkeit und Verständlichkeit der Inhalte, die praktischen Beispiele bzw. generell der Praxisbezug, die multimediale Aufbereitung (Visualisierung, Vertonung) und die Interaktivität des EL-ÖHR WBTs bewerteten die Befragten ausgesprochen positiv.

Als Verbesserungsvorschläge gaben die befragten Studierenden insbesondere an, dass sie sich ein „digitales Lesezeichen" wünschten. Zudem wäre es aus Sicht mehrerer Studierender angebracht, eine Druckfunktion und mehr Möglichkeiten der Lernerfolgskontrolle in das WBT zu einzubinden.

4.3.2.3 Kurskonzeption Public Management II: E-Learning als medienunter-stütztes, interaktives Lernen

Im Sommersemester 2007 kam das EL-ÖHR WBT im Vertiefungsmodul „Public Management II" zum zweiten Mal zum Einsatz. An dem Kurs nahmen etwa 25 Studierende teil. Auf Grund der geringeren Teilnehmerzahl bot es sich nunmehr

189

an, ein anspruchsvolleres Blended-Learning-Konzept mit tutorieller Begleitung zu erproben und die Online-Anteile enger mit der Präsenzlehre zu verschränken. Die didaktische Gesamtkonzeption des Kurses beruhte auf folgenden Elementen (vgl. Abbildung 41):

1.) *Präsenzveranstaltungen:* Erarbeitung von Wissen (thematische Ergänzung der E-Medien) sowie Austausch und kritische Reflexion von Wissen (Diskussion aller Themen; Präsentation und Diskussion von Expertentexten);

Individuelles E-Learning:

    I. *Erarbeitung Grundlagenwissen und individuelle Spezialisierung mit E-Medien:* EL-ÖHR WBT, Glossar, externe Websites (Tutoren als Ansprechpartner);

    II. *Anwendung von Wissen und Können:* Übungen und Tests des EL-ÖHR WBTs (Feedback durch das System). Beantwortung offen formulierter Fragen über die Lernplattform (Feedback durch Tutoren). Individuelle Erarbeitung und Veröffentlichung eines Expertentextes im Forum (Feedback durch Tutoren);

    III. *Austausch und Reflexion von Wissen:* Allgemeine Diskussion im Forum (Feedback durch Tutoren). Pflicht zur Veröffentlichung konstruktiver Kommentare zu Expertentexten von Kommilitonen.

Kooperatives bzw. kollaboratives E-Learning:

Anwendung sowie Austausch und Reflexion von Wissen und Können: Entwicklung konkreter Argumentations- und Prozessstrategien in virtuellen Gruppenräumen, ausgehend von einer authentischen politischen Auseinandersetzung im Rahmen einer lokalen Reform des öffentlichen Haushalts- und Rechnungswesens (Feedback durch Tutoren)

Lernziele	Methodische Kernidee Sozialformen	Unterstützung des Lernens mit E-Medien	Unterstützung des Lernens mit E-Communication
Erarbeitung von Wissen	Wissenserarbeitung durch Informationen, (multimedial) aufbereitete Lerninhalte. Lernen im Plenum, Einzellernen zur Erarbeitung von Wissen	*Informations-, Trainingssysteme:* **EL-ÖHR WBT, Glossar, externe Websites** 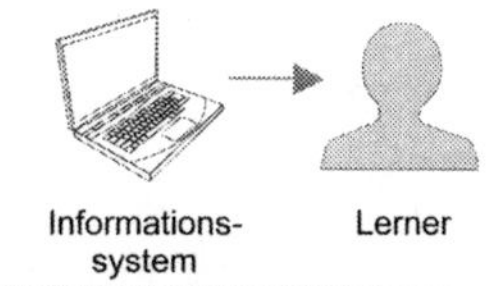	*E-Instruktion, „Lecturing"-Systeme:* **keine (ergänzende Instruktion in Präsenzveranstaltungen)** 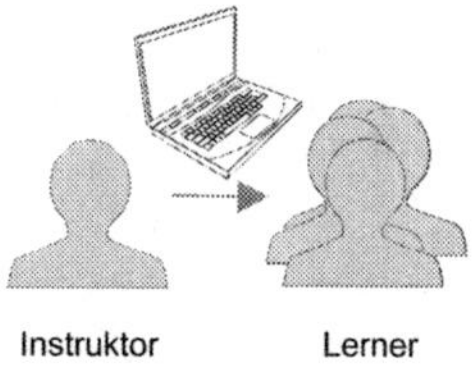

Informationssystem — Lerner   Instruktor — Lerner

Anwendung von Wissen und Können	Wissensanwendung durch Feedback (durch das Lernsystem und/oder durch Tutoren) Einzel-, Gruppenlernen	*Interaktive Systeme:* **Übungen und Tests im EL-ÖHR WBT (Feedback durch das System).** Beantwortung offener Fragen via Lernplattform / Veröffentlichung von Expertentexten im Forum (Feedback durch Tutoren) 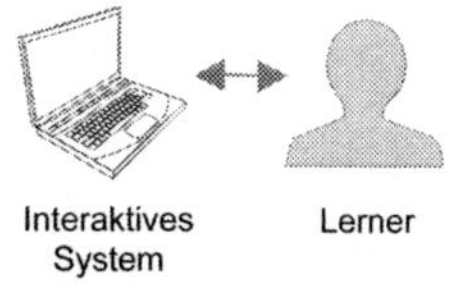	*E-Tutoring, Feedbacksysteme:* **Kommunikation des Tutors mit den Lernenden zur Unterstützung der Lernprozesse, Online-Feedback, prozessbezogene Lernhilfen** 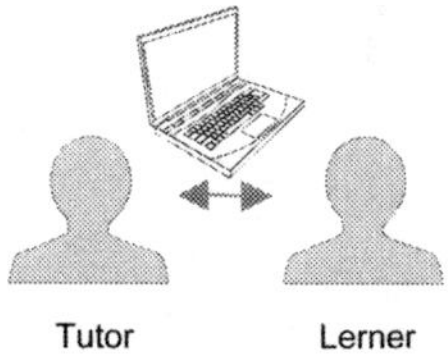

Interaktives System — Lerner   Tutor — Lerner

Austausch und (kritische) Reflexion von Wissen, Lösung komplexer Probleme	Austausch und (kritische) Reflexion von Wissen durch multiple Perspektiven, authentische, komplexe Situationen, experimentelles Lernen, Einzel-, Gruppenlernen	*„Offene" Lernsysteme, Simulationssysteme:* **keine** 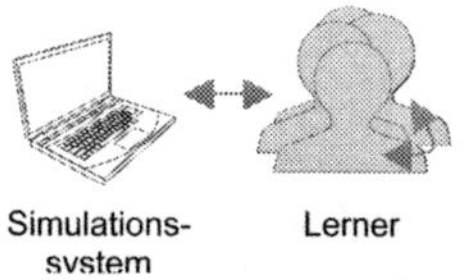	*E-Moderation, E-Coaching, Kollaborationssyteme:* **teambasierte Projektarbeiten. moderierte Diskussion der Expertentexte im Forum** 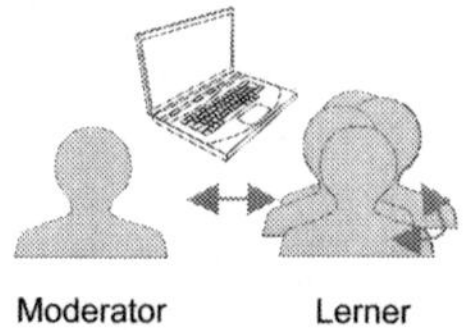

Simulationssystem — Lerner   Moderator — Lerner

Abbildung 41: Lernszenarien im Rahmen des E-Learning-gestützten Selbststudiums mit dem EL-ÖHR WBT in der Veranstaltung Public Management II (Darstellung in Anlehnung an Seufert und Euler)

Das didaktische Design mit der chronologischen Verschränkung von Präsenzlehre und E-Learning-Phasen veranschaulicht Abbildung 42.

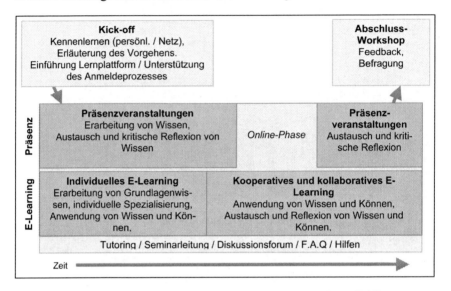

Abbildung 42: Didaktisches Design der Blended-Learning-Veranstaltung Public-Management II

Im Sinne der in Abschnitt 3.1.1 angeführten Kategorisierung kam E-Learning in Public Management II nicht mehr wie im Semester zuvor als „kursunterstützende Transaktionssoftware", sondern als „medienunterstütztes, interaktives Lernen" zur Anwendung. Durch die didaktische Gesamtkonzeption waren die Studierenden mit erheblichen, im Zeitverlauf zunehmenden Anforderungen an ihre Selbststeuerung des Lernens konfrontiert (während der individuellen Lernphase sowie während der Phase des Lernens im Team). Dabei stand es den Studierenden frei, ob Sie ihre Gruppenarbeit kooperativ oder kollaborativ organisierten. Als Entscheidungshilfe stand ihnen allerdings eine unverbindliche Prozesshilfe zur Verfügung, die eine konkrete Arbeitsteilung im Sinne des kooperativen Lernens vorschlug.

4.3.2.4 Evaluationsergebnisse Sommersemester 2007

An der Evaluation der Veranstaltung Public Management II haben 14 der 25 Kursteilnehmer teilgenommen (N=14; weiblich=11, männlich=3). Das Durchschnittsalter der Befragten betrug rund 27 Jahre. Die Befragung zielte vor allem darauf ab, neben der Akzeptanz der Studierenden für das Lernen mit dem EL-

192

ÖHR WBT auch das didaktische Gesamtkonzept zu evaluieren. Es wurden erneut geschlossene und offene Fragen gestellt.

An Aufzeichnungen der Lernplattform zeigten sich erhebliche Unterschiede der Aktivität zwischen den einzelnen Studierenden. Die Gesamtzahl individueller Zugriffe schwankte zwischen 60, 410 im Mittel und max. weit über 1000 Zugriffen pro Person (N=16[692], Standardabweichung $\sigma = 241$). Das Verhältnis von gelesenen (im Mittel 65, Standardabweichung $\sigma = 30$) zu veröffentlichten (im Mittel 5, Standardabweichung $\sigma = 3$) Nachrichten entspricht 13:1.

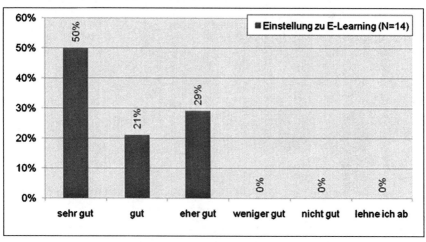

Abbildung 43: Befragungsergebnisse zur generellen Akzeptanz von E-Learning

Knapp 80% der befragten Studierenden gaben an, sie fühlten sich „eher sicher" bis „sehr sicher" im Umgang mit Computern, wobei ein Studierender angab, er fühle sich „sehr unsicher" dabei. Alle Teilnehmer verfügten immerhin über Erfahrungen mit digitalen lehrveranstaltungsbegleitenden Materialien. Vier Studierende gaben Vorerfahrungen mit WBTs an.[693] Ein Studierender gab auch an, über Erfahrung mit virtuellen Seminaren/Tutorien und Vorlesungsaufzeichnungen (Audio/Video) zu verfügen.

---

692 Die Diskrepanz zwischen der Gesamtzahl der Kursteilnehmer (25) und der Anzahl der hier herangezogenen Personen (16) ist darin begründet, dass diejenigen Teilnehmer, die bereits an der Vorlesung Public Management I teilgenommen hatten hier ausgeklammert werden, um die Ergebnisse nicht zu verzerren.

693 Hierbei handelt es sich vermutlich um Studierende, die bereits im Semester zuvor an Public Management teilgenommen hatten. Diese Vermutung liegt nahe, da das Angebot an WBTs an dem Department erfahrungsgemäß gering ist.

Auf die Frage zur generellen E-Learning-Akzeptanz antworteten alle Studierenden positiv, wie Abbildung 43 zeigt.

Das Gesamtkonzept der Veranstaltung fanden über 90% der Befragten „gut" oder „sehr gut" („sehr gut"=36 %; „gut"=57 %; „befriedigend"=7%) Die alternative Form der Leistungserbringung im Rahmen des Blended-Learning-Konzepts beurteilten 29 % als „sehr gut" und 71 % als „gut" (vgl. Abbildung 44).

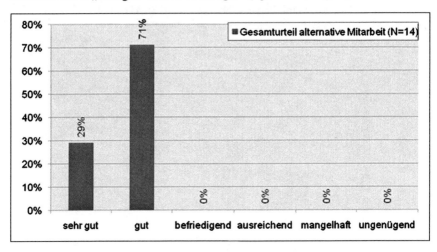

Abbildung 44: Befragungsergebnisse zur Akzeptanz der alternativen Formen von Mitarbeit und Leistungserbringung

Den Antworten auf die offen gestellten Fragen zufolge hat den Studierenden die vorgenommene Verschränkung von Präsenzlehre und Online-Lernen besonders gut gefallen. Zudem hoben sie positiv hervor, dass die laufend zu erbringenden Leistungsnachweise zum einen eine tiefere Auseinandersetzung mit den Inhalten gefördert, und zum anderen ihre Arbeitsbelastung in der klassischen Klausurenphase am Semesterende verringert habe. Des Weiteren wurde die zeitliche und örtliche Flexibilität der Blended-Learning-Konzeption mehrfach positiv bewertet. Alle Studierenden waren der Überzeugung, dass sie durch die Kurskonzeption mehr gelernt haben, als dies unter gewöhnlichen Bedingungen (allein Präsenzlehre) zu erwarten gewesen wäre, wie Abbildung 45 zeigt. Das EL-ÖHR WBT wurde von allen Studierenden als Bereicherung der Lehre angesehen.

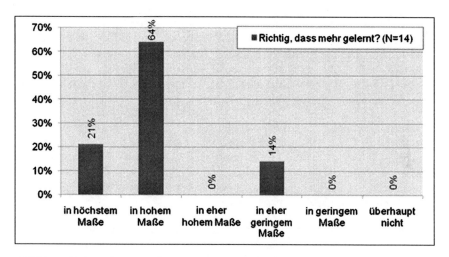

Abbildung 45: **Befragungsergebnisse zur subjektiven Lernwirksamkeit der Blended-Learning-Konzeption mit dem EL-ÖHR WBT**

Die Lernwirksamkeit der einzelnen leistungsrelevanten Kursbestandteile schätzen die befragten Studierenden wie in Abbildung 46 dargestellt ein.

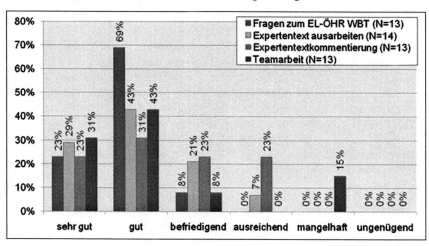

Abbildung 46: **Befragungsergebnisse zur subjektiven Lernwirksamkeit der einzelnen Aufgabenstellungen**

195

Mit der Beantwortung der offen gestellten Fragen zu den Inhalten der WBT-Bausteine ist nach Auffassung der Studierenden der größte Lernfortschritt verbunden. Hier sind die Einschätzungen mit Abstand am positivsten. Dies könnte darauf hindeuten, dass der dahinter stehende didaktische Ansatz einer Wissenserarbeitung durch (E-)Instruktion und grundsätzlich positiver beurteilt wird, als aktivere Formen der Erarbeitung.

Die Ausarbeitung der Expertentexte wurde entsprechend weniger positiv beurteilt. Diese Aufgabe erforderte die größte Eigeninitiative und Selbststeuerung, etwa vergleichbar zu einer kurzen Hausarbeit. Während die Beantwortung der Fragen kaum mehr als die Wiedergabe der WBT-Inhalte erforderte, mussten die Studierenden bei ihren Recherchen zu den Expertentexten gewissermaßen mehr „Unsicherheiten" bewältigen.

Der Aufgabe, Expertentexte anderer zu kommentieren, bescheinigen die Studieren noch weniger Lernwirksamkeit. Didaktisches Ziel war es, dass sich die Studierenden inhaltlich mit den Vertiefungen ihrer Kommilitonen auseinandersetzten und diese nicht nur oberflächlich überlasen. Um hier mehr subjektiven Lernerfolg zu erreichen, könnten die „Experten" ihre Ausarbeitung vielleicht nicht nur im Forum veröffentlichen, sondern auch in einem kurzen Referat mit anschließender Diskussion vorstellen.

Die Lernwirksamkeit der eher als konstruktivistisch einzuordnenden Aufgabe, zunächst allein und dann in Teamarbeit Argumentationspapiere zu erarbeiten, wurde überwiegend positiv beurteilt. Es gibt hier allerdings eine Abweichung: 2 Personen gaben an, dass der Lernerfolg als mangelhaft einzuschätzen sei. Es ist anzunehmen, dass es sich bei diesen Studierenden um Mitglieder einer bestimmten Gruppe handelte, die von Kommunikationsproblemen betroffen war. Tatsächlich wurden von dieser Gruppe mehrere Argumentationspapiere vorgelegt. Vermutlich hätten die Gruppenprozesse noch aktiver moderiert werden müssen. Möglicherweise hätte sich insgesamt positiv ausgewirkt, wenn die Gruppen sich selbständig hätten konstituieren können, anstatt sie durch die Lernplattform auszulosen; womöglich kann die Motivation und Verbindlichkeit zur Kooperation in den Teams so erhöht werden.

Besonders positiv bewerteten die Studierenden die grafische und ergonomische Gestaltung, die Struktur und die Verständlichkeit der Inhalte im EL-ÖHR WBT. Sie schlagen vor, das WBT in folgenden Punkten noch zu verbessern: Zum einen wird angeregt, mehr Abschnitte zu vertonen und mehr Beispiele und Aufgaben zu integrieren. Zum Anderen wäre offenbar hilfreich, wenn das WBT die Studierenden direkt auf die zuletzt bearbeitete Seite brächte, nachdem es erneut aufgerufen wurde, also digitale Lesezeichen einzusetzen.

Auf die Frage, ob sie die Inhalte des WBTs besser in einem Buch nachgelesen hätten, antworteten die Studierenden wie in Abbildung 47 dargestellt.

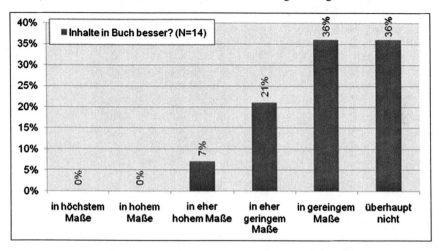

Abbildung 47: Mehrwert des EL-ÖHR WBTs: „Hätten Sie die Inhalte des EL-ÖHR WBTs lieber in einem Buch (sofern verfügbar) nachgelesen?"

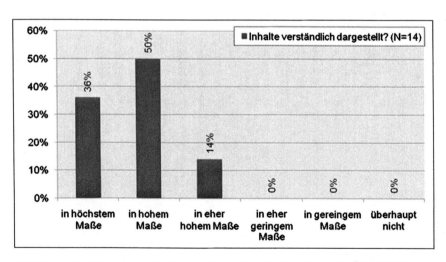

Abbildung 48: Befragungsergebnisse zur Darstellung der Inhalte im EL-ÖHR WBT

197

Das EL-ÖHR WBT scheint also prinzipiell eine Verbesserung des Lernangebots gegenüber der Bereitstellung bzw. Nutzung gedruckter Lehrtexte darzustellen, wie es sich ähnlich auch aus der Evaluation der vorangegangenen Veranstaltung ergab. Analog dazu beantworteten die Studierenden die Frage, ob die Inhalte in EL-ÖHR insgesamt verständlich dargestellt werden, positiv (vgl. Abbildung 48).

Die Präsenzlehre wurde mit einigen Fragen ebenfalls evaluiert. Die Studierenden gaben überwiegend an, dass der Dozent insgesamt „sehr gut" sei und die Inhalte interessant vermittelt habe. Insgesamt beurteilten alle Studierenden den Kurs als „gut" bis „sehr gut". Als negativ wurde allerdings von mehreren Studierenden die zu Semesterbeginn noch relativ offene Kursplanung gesehen. So entstand teilweise die Auffassung, es seien zusätzliche, „überraschende" Aufgabenstellungen auf die Teilnehmer zugekommen, die zu Beginn nicht klar erwähnt worden seien.

4.3.2.5 Gegenüberstellung ausgewählter Ergebnisse aus beiden Veranstaltungen

Die systembedingt vorliegenden Daten zur quantitativen Nutzung des EL-ÖHR WBTs in den beiden Veranstaltungen sind im vorliegenden Zusammenhang wenig aufschlussreich.[694] Es bietet sich jedoch an, ausgewählte Befragungsergebnisse aus den beiden Semestern miteinander abzugleichen. Dabei können signifikante Abweichungen der Meinungsbilder vor dem Hintergrund der grundlegend verschiedenen didaktischen Einbindung des WBTs diskutiert werden.

Die Interaktivität des EL-ÖHR WBT bewerteten die meisten Studierenden positiv, allerdings war die Zustimmung in der ersten Veranstaltung deutlich geringer. So kann vermutet werden, dass mit der didaktischen Anforderung, das WBT zu nutzen, auch die Wertschätzung seines Interaktionspotenzials ansteigt.

---

694 Insgesamt griffen die ca. 115 Studierenden der beiden Semester 1400 Mal auf das Lernprogramm zu. Die Nutzungszeit beläuft sich insgesamt auf 198 Stunden und 46 Minuten. Damit nutzten die Studierenden das WBT durchschnittlich 9 Minuten pro Zugriff. Jeder Studierende hat es durchschnittlich 12 Mal genutzt, wobei zu berücksichtigen ist, dass 7 % der Studierenden der ersten Veranstaltung angaben, das WBT gar nicht genutzt zu haben. Insgesamt hat sich jeder Studierender demnach 108 Minuten mit dem EL-ÖHR WBT beschäftigt. Dabei ist davon auszugehen, dass die Nutzungsdauer bei der Vertiefung im Rahmen von Public Management II signifikant höher ist.

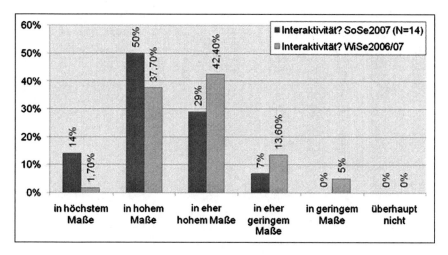

Abbildung 49: Befragungsergebnisse: Geringere Wertschätzung der WBT-Interaktions-potenziale bei geringerer didaktischer Einbindung

In dieselbe Richtung deutet ein Vergleich der Ergebnisse auf die Frage, ob das EL-ÖHR WBT als Bereicherung der Lehre empfunden wurde. In beiden Semestern äußerte sich eine deutliche Mehrheit positiv, allerdings war die Zustimmung in der zweiten Veranstaltung erneut höher. So liegt eine ähnlich lautende Schlussfolgerung nahe, der zufolge das EL-ÖHR WBT bei der Integration in ein Blended-Learning-Konzept bei den Studierenden besser akzeptiert wird, als wenn es nur als unverbindliche Ergänzung zur Vorlesung bereitgestellt wird. Unterschiedliche Motivationsausprägungen und Arbeitsbelastungen im Zusammenhang mit den beiden Kurskonzeptionen könnten allerdings als intervenierende Variablen die Ergebnisse beeinflusst haben.[695] Dennoch kann insgesamt ein Potenzial der Akzeptanzsteigerung bei verbesserter Integration in die Lehre vermutet werden.

---

695 So kann nicht ausgeschlossen werden, dass die 25 Studierenden des Vertiefungskurses Public Management II tatsächlich stärker an den Inhalten interessiert waren, als ihre Kommilitonen im Semester zuvor.

Hinsichtlich des Arbeitspensums ist wiederum zu berücksichtigen, dass für die Veranstaltung Public Management I umfangreiche Literatur zu allen Themenfeldern des öffentlichen Sektors vorlag, die im folgenden Semester nicht mehr zu bearbeiten war. Womöglich empfanden manche Studierende dieser Veranstaltung das EL-ÖHR WBT deshalb vor allem als zusätzliche Belastung. Außerdem wurde in Public Management II nur das neue öffentliche Haushalts- und Rechnungswesen thematisiert.

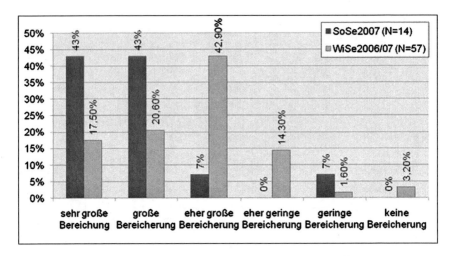

Abbildung 50: Befragungsergebnisse: Höhere Wertschätzung des EL-ÖHR WBTs im Rahmen eines Blended-Learning-Konzepts mit thematischer Fokussierung auf das neue öffentliche Haushalts- und Rechnungswesen

4.3.3 Beurteilung der Software-Ergonomie: Gebrauchstauglichkeit der Dialoggestaltung[696]

Zur qualitativen Beurteilung der ergonomischen Gestaltung des EL-ÖHR WBTs, die als „Gebrauchstauglichkeit" oder „Usability" zu verstehen ist, erfolgt nunmehr eine Analyse auf Grundlage der DIN EN ISO 9241-110. Gebrauchstauglichkeit bezeichnet „[...] das Ausmaß, in dem ein Produkt durch bestimmte Benutzer in einem bestimmten Nutzungskontext genutzt werden kann, um bestimmte Ziele effektiv, effizient und zufriedenstellend zu erreichen"[697]. Die Berücksichtigung der DIN EN ISO 9241 zielt im Einzelnen darauf ab, folgende Nutzungsprobleme zu vermeiden:

- zusätzliche, unnötige Schritte, die nicht als Teil der Arbeitsaufgabe erforderliche sind;
- irreführende Information;
- unzureichende oder zu knappe Information der Benutzungsschnittstelle;
- unerwartete Antwort des interaktiven Systems;
- Einschränkungen beim Navigieren während der Benutzung;

---

696 Nach DIN (2006).
697 A.a.O., S.22.

● Ineffiziente Behebung von Fehlern.[698]

Zu diesem Zweck definiert die DIN EN ISO 9241-110 sieben „Grundsätze der Dialoggestaltung" und zugehörige Empfehlungen, nach denen im Folgenden das EL-ÖHR WBT beurteilt werden soll:

● Aufgabenangemessenheit;
● Selbstbeschreibungsfähigkeit;
● Erwartungskonformität;
● Lernförderlichkeit;
● Steuerbarkeit;
● Fehlertoleranz;
● Individualisierbarkeit.[699]

Aufgabenangemessenheit

Ein interaktives System kann als „aufgabenangemessen" gelten, „[...] wenn es den Benutzer unterstützt, seine Arbeitsaufgabe zu erledigen, d.h., wenn Funktionalität und Dialog auf den charakteristischen Eigenschaften der Arbeitsaufgabe basieren, anstatt auf der zur Aufgabenerledigung eingesetzten Technologie"[700].

Empfohlen wird beispielsweise, dass der Dialog dem Benutzer nur solche Informationen anzeigen sollte, die der erfolgreichen Erledigung seiner Aufgabe dienen.[701] Versteht man als „Aufgabe" allgemein die Nutzung des WBTs zu Lernzwecken, so kann ein insgesamt positives Urteil ausgesprochen werden. Ein Beispiel für die aufgabenangemessene fokussierte Informationsdarstellung ist das *Intro*. Darin informiert die virtuelle Trainerin umgehend und in gebotener Kürze über dass Lehr-/Lernziel des WBTs, ihre eigene didaktische Funktion sowie über die Möglichkeit, direkt auf die Lernbausteine zuzugreifen (und somit das Intro zu überspringen), falls man den Kurs zum wiederholten Male aufruft (vgl. Abbildung 51).

---

698 Vgl. ebd., S.4. „Effektivität" bezeichnet in diesem Sinne die Genauigkeit und Vollständigkeit, mit der Benutzer ein bestimmtes Ziel erreichen können. „Effizienz" ist als der im Verhältnis zur Genauigkeit und Vollständigkeit einzusetzende Aufwand zu verstehen. „Zufriedenstellung" bezeichnet eine positive Einstellung gegenüber der Nutzung des Produktes in Folge der Freiheit von Beeinträchtigungen. Vgl. dazu auch anschaulich www.fit-fuer-usability.de (27.11.2007).
     Vgl. zum begrifflichen Verständnis von „Nutzungskontext", „Dialog", „Dialoganforderung", „interaktives System", „Arbeitsaufgabe" und „Benutzungsschnittstelle" im Einzelnen a.a.O., S.6.
699 Vgl. DIN (2006), S.7-17.
700 A.a.O., S.8.
701 Vgl. a.a.O., S.8f. Ferner sollte [...] die Form der Eingabe und Ausgabe [...] der Arbeitsaufgabe angepasst sein" (ebd.).

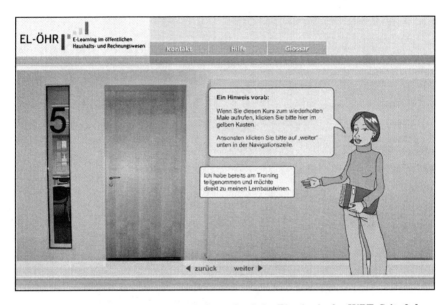

Abbildung 51: Aufgabenangemessene Information beim Einstieg in das WBT. Seite 2 des EL-ÖHR WBTs mit der virtuellen Trainerin

Weitere Beispiele für die aufgabenangemessene Informationsdarstellung sind die Integration allgemeiner Nutzungsinformationen in ein optional aufrufbares „Hilfe"-Fenster und die Möglichkeit, aus den Lernbausteinen heraus die Erläuterungen einzelner Begriffe im Glossar aufzurufen. Allerdings sind die implementierten Verknüpfungen der Begriffe nicht erkennbar hervorgehoben. Dies kann als Defizit aufgefasst werden, vermeidet aber grafische Störungen des Leseflusses. Im Sinne der Norm ist es auch, wenn wie beispielsweise innerhalb der Buchungsübung im Kameralistik-Lernbaustein kontextspezifische Hilfen aufgerufen werden können und entsprechend der Aufgabe nur Ziffern in die Eingabefelder eingegeben werden können.[702] Zu bemängeln wäre allenfalls, dass eine „Sitemap" und eine Suchfunktion fehlen.

Selbstbeschreibungsfähigkeit

Nach der Norm ist ein Dialog in dem Maße selbstbeschreibungsfähig, „[...] in dem für den Benutzer jederzeit offensichtlich ist, in welchem Dialog, an welcher Stelle im Dialog sie sich befinden [sic!], welche Handlungen unternommen werden können und wie diese ausgeführt werden können"[703]. Dabei spielt beispiels-

---

702 Vgl. dazu Abschnitt 4.3.4 in DIN (2006), S.9.
703 DIN (2006), S.10.

202

weise eine Rolle, inwiefern der Benutzer informiert wird, wenn Eingaben erwartet werden, ob er auf ein Benutzer-Handbuch verzichten kann, ob ein Überblick über die nächsten Schritte gegeben wird usw.[704]

Ausgesprochen positiv kann in diesem Sinne hervorgehoben werden, dass Benutzer innerhalb der Lernbausteine ständig Meta-Informationen über ihre aktuelle Position im WBT angezeigt bekommen. Der Informationsbalken am unteren Fensterrand veranschaulicht die relative Position innerhalb des aktuellen Bausteins, seine Nummer (sie ergänzt die Themenüberschrift, die ohnehin laufend angezeigt wird), die gewählte Perspektive und die aktuelle Seitenzahl. Der Selbstbeschreibungsfähigkeit des WBTs dient auch die Form der Kennzeichnung aller gelegentlichen Möglichkeiten, vertiefende Inhalte aufzurufen (z.B. Dokumente, Internet-Links oder Beispiele). Die Verweise darauf sind grafisch abgesetzt und werden durch markante Icons anschaulich symbolisiert, zudem wird das Verweisziel klar benannt. In der separaten „Hilfe" steht ergänzend eine Erläuterung der Symbole bereit. Positiv zu bewerten sind außerdem die im Kontext der Übungen vorhandenen Informationen darüber, welche Eingabeformen jeweils erwartet werden. Selbstbeschreibungsfähigkeit wird in dem WBT auch durch eine spezifische Bezeichnung aller Navigationsknöpfe und Absende-*Buttons* bewirkt.

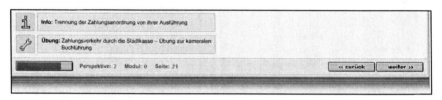

Abbildung 52: Beispiele für die "Selbstbeschreibung" des EL-ÖHR WBTs

Im Intro erhält der Benutzer außerdem Informationen zum didaktischen Vorgehen im WBT und zu den Anforderungen an die Nutzung. Ergänzend kann die kompakte, aussagekräftige Hilfefunktion herangezogen werden. Für die Lernbausteine wird vorab eine Schätzung der Bearbeitungsdauer angegeben, was ebenfalls positiv zu bewerten ist. Für die Übungen wird eine solche Information jedoch nicht explizit angegeben. Eine umfangreiche Übung kann damit überraschend der Zeitplanung des Benutzers zuwider laufen.

Erwartungskonformität

Dieser Grundsatz ist dann erfüllt, wenn ein Dialog „[...] den aus dem Nutzungskontexte heraus vorhersehbaren Benutzerbelangen sowie allgemein anerkannten

---

704   Vgl. ebd..

Konventionen entspricht"[705]. Dem dienen u.a. die Verwendung eines Vokabulars, das dem Benutzer bei der Ausführung der Aufgabe vertraut ist, direkte Rückmeldungen auf Nutzerhandlungen sofern der Benutzer dies typischerweise erwarten könnte, die Formulierung sprachlicher Rückmeldungen in einer konstruktiven und objektiven Art und eine den Erwartungen entsprechende Gliederung der Informationen.

Der im EL-ÖHR WBT verwendete Sprachstil gleicht dem eines seriösen Sachbuchs mit didaktischer Intention.[706] Das fachliche Vokabular entspricht dem Begriffskanon zum neuen öffentlichen Haushalts- und Rechnungswesen, wie er sowohl in der Verwaltungspraxis, als auch in der Fachdiskussion verwendet wird. Die Bezeichnung von online-typischen Navigationselementen entspricht gängigen Gewohnheiten. Damit dürfte bei Verwaltungsmitarbeitern und bei Studierenden insgesamt ein hohes Maß der sprachlichen Erwartungskonformität erreicht werden.

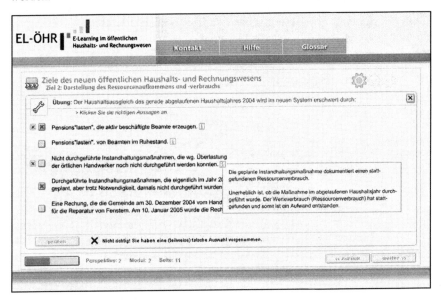

Abbildung 53 „Multiple Choice"-Aufgabe mit Rückmeldung durch das System

705 DIN 2006, S.11.
706 In diesem Zusammenhang muss allerdings eine Ausnahme angeführt werden: In einem im Erzählstil gehaltenen Fallbeispiel im Lernbaustein zur Kameralistik kommt durch die Namensgebung der fiktiven Akteure und einige Bildunterschriften überraschend ein humorvoller Tonfall zur Anwendung.

Im Kontext der Übungen erhalten die Benutzer durchgängig automatisch Rückmeldungen (in Textform und durch Symbole), die insgesamt sicherlich als erwartungskonform beurteilt werden können (vgl. Abbildung 53).

Kommt es beim Aufruf des WBTs bzw. einzelner Bausteine in Folge der erforderlichen Datenübertragung zu Verzögerungen bei der Darstellung, so informieren *Preloader*[707] den Benutzer über den aktuellen Status (vgl. Abbildung 54).

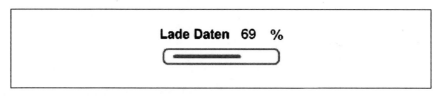

Abbildung 54: Rückmeldung durch "Preloader" im EL-ÖHR WBT

Die im EL-ÖHR WBT vorgenommene lineare Anordnung von insgesamt in Lernbausteinen gegliederten Inhalten kann sicherlich ebenfalls als erwartungskonform bezeichnet werden. Über die inhaltliche Gliederung informieren im Einzelnen auch die virtuelle Trainerin, eine Übersichtsseite am Ende des Intros und die „Hilfe"-Funktion. Ergänzend bietet es sich allerdings an, Lernenden die in dem EL-ÖHR-Informationsblatt enthaltene Baustein-Gliederung bereitzustellen.[708]

Lernförderlichkeit

Die Norm definiert einen Dialog als lernförderlich, „wenn er den Benutzern beim Erlernen der Nutzung des interaktiven Systems unterstützt und anleitet"[709]. Dazu soll geeignete Unterstützung bereit gestellt werden, die den Benutzer mit dem Dialog vertraut macht, ggf. durch Rückmeldungen ein konzeptionelles Verständnis beim Nutzer geschaffen werden, die Möglichkeit bestehen, Dialogschritte ohne nachteilige Auswirkungen neu auszuprobieren, und die Arbeitsaufgabe mit minimalem Lernaufwand ausgeführt werden können.[710]

Die im Abschnitt zur Selbstbeschreibungsfähigkeit des WBTs positiv beurteilten textlichen und sprachlichen Unterstützungselemente können auch hier angeführt werden (vgl. Abbildung 55).

---

707 Dabei veranschaulicht ein grafisch dargestellter Balken den aktuellen Ladestatus. Ergänzend wird ein Prozentwert angezeigt, der in Echtzeit – synchron zum Ladevorgang – aktualisiert wird.
708 Vgl. das Informationsblatt im Anhang.
709 DIN (2006), S.12.
710 Vgl. a.a.O., S.12f.

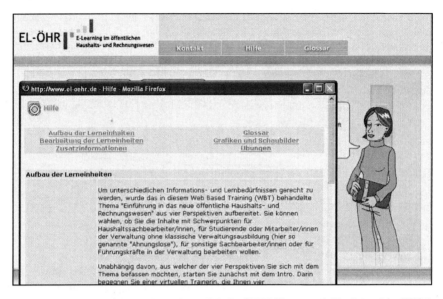

**Abbildung 55: Lernförderlichkeit hinsichtlich der WBT-Nutzung als Funktion der „Hilfe"
im EL-ÖHR WBT**

Direkte Rückmeldungen zum Umgang mit dem Programm sind insbesondere in den Übungen vorhanden, wo sie teilweise über *Icons* angezeigt werden. Ein Ausprobieren der Funktionen ist ohne nachteilige Konsequenzen möglich. Dies ermöglicht z.b. die flexible Steuerbarkeit (s.u.). Lernförderlich ist in diesem Sinne freilich auch die Tatsache, dass Benutzer-Aktivitäten vom EL-ÖHR WBT nicht aufgezeichnet werden und Inhalte so beliebig häufig aufgerufen werden können.

Steuerbarkeit

Nach der Norm ist ein Dialog steuerbar, „[…] wenn der Benutzer in der Lage ist, den Dialogablauf zu starten sowie seine Richtung und Geschwindigkeit zu beeinflussen, bis das Ziel erreicht ist"[711]. Dabei kommt es z.b. darauf an, dass die Geschwindigkeit der Interaktion bzw. die Dialogfortsetzung nicht vom System bestimmt wird. Auch soll ein Wiederaufnahmepunkt für die Fortsetzung des Dialoges nach seiner Unterbrechung bestimmt werden können (oben thematisiert als „Lesezeichen"). Zur Steuerbarkeit gehört auch die Rücknahmefähigkeit von Dialogschritten.

---

711 DIN (2006), S.13.

Die allgemeine Dialogfortsetzung und ihre Geschwindigkeit können im EL-ÖHR frei bestimmt werden, so wie es in linear sequenzierten Programmen oder Hypertexten mit Navigationsfunktion in der Regel möglich ist. Positiv zu bewerten ist in diesem Sinne auch die Freiheit des Benutzers, eine Perspektive auszuwählen und die Reihenfolge der Bausteine zu bestimmen. Individuelle Navigationswege innerhalb der Bausteine erlaubt die lineare Anordnung allerdings nur sehr begrenzt (sieht man einmal ab von der positiv zu bewertenden Entscheidungsfreiheit des Benutzers, ob er die ergänzenden Inhalte wie Übungen, Texte oder Praxisbeispiele aufruft). Zu bemängeln ist dabei auch das technologiebedingte Merkmal, dass nur mit den WBT-spezifischen „Vor"-/"Zurück"-Knöpfen gesteuert werden kann; die Nutzung derselben Knöpfe des Browsers führt dazu, dass die gesamte Browserseite wechselt. Das WBT befindet sich dann nicht mehr im aktuellen Fenster. Zudem verfügt das WBT über keine Funktion eines virtuellen Lesezeichens, so dass der Benutzer beim Neustart weder sehen kann, welche Bausteine er bereits bearbeitet hat, noch auf welcher Seite er im zuletzt bearbeiteten Baustein war.[712] Weiterhin ist zu kritisieren, dass es nicht möglich ist, aus den Lernbausteinen heraus direkt zur Übersichtsseite zurück zu kehren. Insgesamt ergibt sich in diesem Punkt ein allenfalls befriedigendes Urteil.

Fehlertoleranz

Die Norm definiert, dass Fehlertoleranz gegeben ist, „[...] wenn das beabsichtigte Arbeitsergebnis trotz erkennbar fehlerhafter Eingaben entweder mit keinem oder mit minimalem Korrekturaufwand seitens des Benutzers erreicht werden kann"[713]. Der Fehlertoleranz dienen Funktionen der Fehlererkennung und - vermeidung, der Fehlerkorrektur und des „Fehlermanagements". Das System soll z.B. verhindern, dass Benutzerhandlungen zu Systemabbrüchen führen können, Benutzern soll eine Erläuterung zur Verfügung stehen, wenn sich ein Fehler ereignet hat u.ä.[714]

Insgesamt läuft das System erfahrungsgemäß sehr stabil. Auch scheinen alle Interaktionsmöglichkeiten des WBTs eine angemessene Fehlertoleranz aufzuweisen. Besonders positiv zu bewerten ist in diesem Sinne auch das Merkmal, dass kategorisch falsche Eingaben (Ziffern vs. Buchstaben) meist durch entsprechende Programmierung von vornherein ausgeschlossen werden. Sonstige Datenspeicherungen, in deren Folge es zu Fehlern kommen könnte, erfolgen im EL-ÖHR WBT nicht.

---

712 Diese Funktionen sollen allerdings in eine kommende Version des WBTs integriert werden [Anmerkung des Verfassers].
713 DIN (2006), S.14.
714 Vgl. a.a.O., S.14f.

Zu verbessern wäre eventuell die grafische Kennzeichnung der Möglichkeit am Beginn des Intros, direkt zu den Lernbausteinen zu gelangen; Studierende berichteten davon, dies zunächst mehrfach übersehen zu haben und infolge dessen nur umständlich zu den Inhalten gelangt zu sein. Außerdem sollte von Tutoren grundsätzlich vor dem Aufruf des WBTs sichergestellt werden, dass die Benutzer über das erforderliche „Flash"-Zusatzprogramm verfügen und gängige Browsereinstellungen („JavaScript" wird ausgeführt) vorgenommen haben.

Individualisierbarkeit

Ein Dialog ist nach der Norm individualisierbar, „[...] wenn Benutzer die Mensch-System-Interaktion und die Darstellung von Informationen ändern können, um diese an ihre individuellen Fähigkeiten und Bedürfnisse anzupassen"[715]. Gemeint sind damit z.b. Techniken zur Anpassung an charakteristische Benutzerbelange, wo solche typischerweise vorkommen könnten, Auswahlmöglichkeiten zwischen verschiedenen Darstellungsformen, die Anpassung des Umfangs von Erläuterungen entsprechend individueller Vorkenntnisse, die Einbindung eigenen Vokabulars, das Hinzufügen oder Neuordnen von Dialogelementen u.ä.

Hier verfügt das EL-ÖHR WBT eindeutig über Defizite. Individualisierbar sind nur die Bearbeitungsdauer, die inhaltliche „Perspektive" (wobei die Adaption an inhaltliche Benutzeransprüche hier insgesamt nur recht begrenzt und überdies nicht auf Grundlage eines Wissenstests erfolgt), die Reihenfolge der Bearbeitung und die Nutzung ergänzender Inhalte u.ä. Auch ist, anders als bei normalen Websites, im EL-ÖHR WBT technologiebedingt keine Vergrößerung der Darstellung über den Browser möglich.[716]

4.3.4 Ergänzende Beurteilung nach Qualitätskriterien für WBTs

Für die abschließende qualitative Beurteilung sollen ergänzend zu den Befragungsergebnissen und den Einschätzungen zur Gebrauchstauglichkeit entsprechend DIN EN ISO 9241-110 noch einige didaktische sowie funktionale Merkmale betrachtet werden, die auch von typischen Kriterienkatalogen für Lernsoft-

---

715 A.a.O., S.15.
716 So kann die Schriftgröße einer normalen HTML-Seite bekanntlich über die Browser verändert werden (oder auf Windows-Systemen über gleichzeitiges Drücken von „Strg" und „+" bzw. „-"). Im EL-ÖHR WBT ist dies auf den meisten Computern zwar ebenfalls möglich, indem ein Kontextmenü mittels rechter Maus-Taste aufgerufen wird, allerdings muss dieser „Umweg" negativ bewertet werden. Hinzu kommt dann nämlich noch das Problem, dass der Rahmen des WBTs nicht ebenfalls vergrößert wird und so Inhalte abgeschnitten werden.

ware thematisiert werden.[717] Grundlage sind hier in erster Linie ein von der Fraunhofer-Gesellschaft herausgegebener WBT-Kriterienkatalog (Rickert (2002)) und jener von Gottfried/Hager/Scharl (2002), der aus mehreren Katalogen kompiliert wurde. Die Auswahlmotivationen zu einzelnen Blöcken soll nicht weiter diskutiert werden.

Systemvoraussetzungen

Die Systemvoraussetzungen entsprechen weitgehend denen für die Nutzung zeitgemäßer Online-Inhalte. Der verwendete Browser muss JavaScript ausführen dürfen, was durch eine entsprechende Benutzereinstellung erlaubt werden kann.[718] Da praktisch alle Websites JavaScript einsetzen, stellt dieses WBT-Merkmal keine Hürde dar. Etwas Anderes ist die verwendete Flash-Technologie. Nach Angaben des Herstellers verfügten im September 2007 zwar 92,7% der europäischen Anwendercomputer über die für das WBT erforderliche Version 8 des Zusatzprogramms zum Anzeigen von Flash-Inhalten.[719] Im Einzelfall kann es jedoch zu Einschränkungen in der Darstellung kommen, da das Programm nicht automatisch aktualisiert wird und auf manchen Rechnern eben noch frühere Versionen installiert sind. Verfügt ein Benutzer über gar kein Flash-Plugin, dann führt eine automatische Routine des WBTs ihn immerhin zu einem Verweis auf die Möglichkeit, das Programm zu installieren. Doch in diesem Fall ist – wie oben dargelegt wurde – die Gefahr groß, dass die Installation vom Benutzer nicht vorgenommen wird. Zudem besteht in dieser Situation die Möglichkeit, dass es dem Benutzer an dem verwendeten Gerät gar nicht erlaubt ist, Software zu installieren. Beim Lernen von Verwaltungsmitarbeitern am Arbeitsplatz dürften diesbezüglich eher Probleme zu erwarten sein, als bei Studierenden. Positiv an der Flash-Technologie ist, dass alle grafischen Elemente auf jedem Systemen weitgehend gleich aussehen – anders als bei HTML-Seiten.

Um die Multimedialität EL-ÖHR WBTs umfassend zu nutzen, sind außerdem Kopfhörer oder Lautsprecher erforderlich, da die Äußerungen der virtuellen Trainerin durchgängig vertont sind. Die Trainerin erscheint im Intro und gelegentlich in den Lernbausteinen, um dort zu moderieren oder manche Grafiken zu

---

717 Zur Kritik an Kriterienkatalogen vgl. die Ausführungen zu Beginn des Abschnitts 0.
　　Im Folgenden werden nur solche didaktischen Kriterien beurteilt, deren „objektive" Besprechung hier erforderlich scheint. Nicht herangezogen werden Kriterien, zu denen die Benutzer ein Urteil abgegeben haben, welches nach Auffassung des Verfassers nicht ergänzt werden muss. Auch WBT-Merkmale, die im Rahmen der DIN-Norm behandelt wurden, werden hier nicht erneut angesprochen.
718 Probleme könnten sich in Unternehmensnetzen ergeben, die besonders restriktive Benutzereinstellungen vorgeben.
719 Vgl. 　　www.adobe.com/products/player_census/flashplayer/version_penetration.html (27.11.2007).

erläutern. Mit Ausnahme der Grafik-Erläuterungen erscheinen allerdings alle Einlassungen der Trainerin auch als Text auf dem Bildschirm. Dies ermöglicht die WBT-Nutzung ohne Ton, etwa um am Arbeitsplatz andere anwesende nicht zu stören.

Für die Nutzung des EL-ÖHR WBTs sollte eine Breitband-Anbindung vorhanden sein, da bei umfassender Nutzung insgesamt erhebliche Datenmengen übertragen werden müssen. Dass die einzelnen Lernbausteine erst bei ihrem tatsächlichen Aufruf nachgeladen werden, kann positiv beurteilt werden, weil Benutzer so beim Einstieg in das WBT nicht allzu lange warten müssen. Diese modulare Übertragung hat allerdings den Nachteil, dass dauerhaft eine Internetverbindung bestehen muss.- Die vorhandenen *Preloader* (siehe oben) zeigen, wie lange einzelne Ladevorgänge noch andauern, was bei geringer Übertragungsrate im Sinne der Benutzer positiv beurteilt werden kann.

Zur Frage der SCORM-Konformität kann an dieser Stelle zusammenfassend gesagt werden, dass das WBT in der hier analysierten Version dem SCORM-Modell zwar entspricht, die damit verbundenen Möglichkeiten der Interaktion mit Lernplattformen allerdings nicht umfassend genutzt werden. So lassen sich beispielsweise die Lernbausteine nicht separat bereitstellen, da diese nicht als einzelne Lernobjekte vorliegen. So ist auch keine Aufzeichnung von Lernwegen einzelner Benutzer möglich.

Unterstützungsfunktionen

Das EL-ÖHR WBT enthält ein umfangreiches Glossar mit Grafiken und Querverweisen. Glossarbegriffe, die innerhalb der Lernbausteine vorkommen, sind direkt mit dem Glossar verknüpft, was als positiv beurteilt werden kann. Außerdem gibt es eine optionale „Hilfe"-Funktion, die über grundlegende Merkmale der Didaktik, Struktur und Funktionen informiert. Außerdem werden in einem - ebenfalls optional aufrufbaren – „Kontakt"-Fenster Ansprechpartner für technische und inhaltliche Fragen genannt. Auf das Glossar, die „Hilfe"-Funktion und das „Kontakt"-Fenster kann permanent und unabhängig von der aktuell aufgerufenen Seite zugegriffen werden.

Ein Problem, das die Gebrauchstauglichkeit des WBTs für Verwaltungsmitarbeiter erheblich begrenzt, muss darin gesehen werden, dass kein zentraler Zugriff auf praxisnahe Arbeitshilfen (etwa konkrete Anleitungen, Vorlagen/Formulare, Praxisbeispiele) möglich ist. Für den Wissenstransfer in die Praxis und eine bedarfsgerechte WBT-Nutzung aus dem Arbeitsprozess heraus („informelles Lernen") wäre dieses Merkmal wünschenswert (vgl. Abschnitt 2.2). Solche Arbeitshilfen sind zwar vorhanden, allerdings nur innerhalb der Lernbausteine und zudem naturgemäß nicht für alle Verwaltungen zu gebrauchen, da sich hier die heterogenen rechtlichen Regelungen niederschlagen. Immerhin ist es technisch leicht möglich, eine spezifische Zusammenstellung aufgabenangemessener Praxishilfen an privilegierter Stelle in das EL-ÖHR WBT zu integrieren.

Eine gesonderte Druckfunktion weist das EL-ÖHR WBT nicht auf, allerdings können wie üblich über den Browser Ausdrucke erstellt werden. Positiver wäre, wenn am Ende jedes Bausteins auch eine Kompilation der Inhalte herunter geladen werden könnte. Eine weitere Schwäche ist, dass einzelne Inhalte technologiebedingt nicht in die Zwischenablage kopiert werden können.

In der hier beurteilten Programmversion wird der Navigationsweg noch nicht dauerhaft aufgezeichnet. Die in Abbildung 56 gezeigte Markierung bearbeiteter Bausteine wird nach dem Schließen des Programms gelöscht, so dass weder Benutzer noch Tutoren im Nachhinein erkennen können, welche Lernbausteine bereits bearbeitet wurden. Obwohl die Studierenden in den Befragungen ein digitales Lesezeichen anregten, das ebenfalls allein auf Grundlage einer solchen Funktionalität realisierbar wäre, hat diese fehlende Aufzeichnung gleichwohl einen positiven Aspekt: Kein (kritischer) Benutzer muss befürchten, seine Lernaktivität würde kontrolliert. Andererseits obliegt die Verantwortung für den Lernprozess damit allein den Lernenden, und Tutoren fehlen ggf. wertvolle Informationen für eine individuelle Ansprache und Unterstützung.

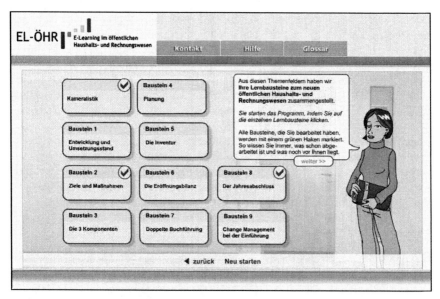

Abbildung 56: Temporäre Aufzeichnung des Lernweges im EL-ÖHR WBT

Medialer Mehrwert

In den Benutzerbefragungen wurde bereits auf den Aspekt des medialen Mehrwerts eingegangen, den die Nutzer überwiegend positiv beurteilten. Dem muss hier allerdings noch hinzugefügt werden, dass das WBT zwar vielfältige Veranschaulichungen sowie Vertonungen bietet, die Interaktionspotenziale, die sich gerade mit der verwendeten *Flash*-Technologie bieten, aber nur wenig ausgeschöpft werden.

Lerntheoretische Einordnung

Überträgt man die lerntheoretischen Ansätze (vgl. Abschnitt 3.1.3) auf denkbare Konzeptionen eines WBTs, so wäre nach dem behaviouristischen Ansatz gewissermaßen die Speicherung und Präsentation objektivierbaren (Sach)Wissens erforderlich. Dieses würde der Lernende sich in eng vorgegebenen Mensch-Maschine-Interkationen aneignen und es in Übungen reproduzieren. Nach dem kognitivistischen Verständnis erfolgte die Erarbeitung von Wissen eher durch aktive Problemlösung in dynamischen, komplexeren Mensch-Maschine-Interaktionen. Nach einem konstruktivistischen Ansatz würde Wissen vom Lernenden selbst und durch das „Verständnis fürs Ganze" in offenen Mensch-Maschine-Interaktionen konstruiert und zugeordnet.[720]

Das EL-ÖHR WBT kann weitgehend einem behaviouristischen Ansatz zugeordnet werden, auch wenn manche Übungsaufgaben und Beispiele, soweit sie eine komplexere und authentischere Herausforderung darstellen als die Multiple-Choice-Aufgaben, einen gewissen kognitivistischen Charakter aufweisen. Nach Eulers Unterscheidung von E-Medien in Präsentations- und Interaktionsmedien stellt das WBT damit ein Präsentationsmedium dar, das nach einem zeitgemäßen didaktischen Verständnis nur *ein* Element einer didaktischen Gesamtkonzeption darstellen sollte (vgl. Abschnitt 3.1.1). In einem solchen Zusammenhang wäre seine Funktion die E-Instruktion, es diente also der individuellen, selbstgesteuerten Erarbeitung von Grundlagenwissen als Ausgangspunkt für problemorientiertes Lernen (vgl. Abschnitt 3.1.7). Vor diesem Hintergrund müssen die vielfältigen Hinweise des angesprochenen Informationsblatts auf mögliche didaktische Einsatzzwecke des WBTs tendenziell als Produktwerbung bewertet werden.

Lehrziele und Inhalte

Die Transparenz der Lehrziele und die Strukturierung der Lerninhalte im EL-ÖHR WBT können positiv bewertet werden, zumal die oben dargelegten Benutzerbefragen diese Einschätzung bekräftigen. Die Lerninhalte und ihre modulare Anordnung werden schon im Intro explizit angegeben, und ergänzend enthält

---

720 Vgl. dazu auch Gottfried/Hager/Scharl (2002), S.6.

das Informationsblatt (vgl. im Anhang) eine detaillierte Gliederung, aus der auch die von der gewählten Perspektive abhängige Differenzierung der Inhalte hervorgeht. Eine unterstützende Funktion haben auch die zahlreichen Einleitungen und Zusammenfassungen im WBT. Allerdings enthält es kein systematisches Angebot der Lernerfolgskontrolle. Übungen stehen nur punktuell zur Verfügung, so dass ihre Funktion vor allem in der Auflockerung des Lernens zu sehen ist.

Vergleicht man die inhaltliche Struktur des EL ÖHR WBTs mit den von der KGSt vorgeschlagenen Lehrplänen und ihrer Zielgruppendifferenzierung[721], so fallen eine Reihe Unterschiede zur Umsetzung im EL-ÖHR WBT auf. Während die KGSt sechs Gruppen mit unterschiedlichem Fortbildungsbedarf identifiziert, unterscheidet das EL-ÖHR WBT nur vier Perspektiven. Hier zeigt sich erneut, dass das EL-ÖHR WBT für eine insgesamt bedarfsgerechte Qualifizierung von Verwaltungsmitarbeitern um weitere Schulungselemente bzw. Lernangebote ergänzt werden muss. Darin wäre also die spezifische rechtliche Ausgestaltung des Haushalts- und Rechnungswesens in der betroffenen Gebietskörperschaft zu vertiefen, der Transfer in die Praxis zu unterstützen, und hierbei insbesondere auf die lokal zu unterscheidenden Zielgruppen einzugehen.

Zur Auswahl der Inhalte ist folgendes festzustellen: Die KGSt baut ihre Lehrplanempfehlungen auf der Vermittlung betriebswirtschaftlichen Grundlagenwissens auf.[722] Neben einer allgemeinen Einführung in die Grundzüge betriebswirtschaftlichen Denkens, Grundlagen des Rechnungswesens und Grundzügen der Kosten- und Leistungsrechnung schlägt die KGSt noch Techniken des Rechnungswesens vor, bevor das Haushalts- und Rechnungswesen folgt. Das EL-ÖHR WBT thematisiert dagegen nur das Haushalts- und Rechnungswesen systematisch, wobei im Zuge dessen manche der Grundlagen – insbesondere Techniken des Rechnungswesens – ebenfalls skizziert werden. Eine Reihe betriebswirtschaftlicher Grundbegriffe erläutert immerhin das Glossar.

Bei der Themenauswahl zum Haushalts- und Rechnungswesen zeigen sich dagegen viele Übereinstimmungen. Im Wesentlichen werden alle im KGSt-Lehrplan[723] angedeuteten Aspekte im EL-ÖHR WBT berücksichtigt. Dabei werden im WBT Aspekte wie *Output, Outcome*, Produkte sowie die konkrete Ausgestaltung der Reform (Lernbaustein „Change Management") eher im WBT thematisiert, während der KGSt-Lehrplan die Kosten- und Leistungsrechnung einbezieht, die erst in der neuen Version des WBTs behandelt wird. Abweichungen ergeben sich außerdem beim Thema Kameralistik, das die KGSt für alle Zielgruppen vorsieht, insbesondere für Führungskräfte und Projektgruppenmit-

---

721 Vgl. Abschnitte 2.2.6 und 2.2.7.
722 Vgl. Abschnitt 2.2.6.
723 Vgl. ebd.

glieder, während das EL-ÖHR WBT hier lediglich die Perspektiven „Sachbearbeiter allgemein" und „Ahnungsloser" berücksichtigt. Weitere Diskrepanzen sind eher marginal und sollen hier nicht weiter ausgeführt werden.

Neben der klaren Modularisierung der Inhalte ist auch der Aufbau im EL-ÖHR WBT schlüssig (Kameralistik als klassisches Informationssystem > Reformbedarf > Reformelemente > Umsetzung). Allerdings wird in der Praxis die gelegentliche Aktualisierung der Inhalte erforderlich, etwa in dem Baustein zum aktuellen Stand der Reformentwicklung.

Während das WBT in seiner jetzigen Form für die umfassende Qualifizierung von Verwaltungsmitarbeitern nicht ausreichend detailliert bzw. spezifisch ist, geht es für den universitären Einsatz im Einzelfall vielleicht sogar zu sehr auf Einzelheiten ein. Hier wird zu kommunizieren sein, welche Inhalte als Moment eines Praxisbezugs der Lehre zu verstehen sind und nicht den Lehrzielen zuzurechnen sind.

Im Sinne der kontextuellen Orientierung im WBT sind die durchgängig angezeigten Überschriften der ersten und zweiten Gliederungsebene positiv zu beurteilen. Neue Themen beginnen jeweils auf einer neuen Seite. Auch die Informationsmenge je Bildschirmseite und die Auflockerung durch visuelle Elemente sind sicherlich angemessen. Als Defizit muss indes bezeichnet werden, dass auf die Zusammenfassungen nicht separat zugegriffen werden kann. Zu kritisieren ist auch das Fehlen von Verknüpfungen zwischen verwandten Informationen in unterschiedlichen Lernbausteinen.

Interaktion

Das EL-ÖHR WBT verfügt über eine Reihe Übungen und Lernaufgaben. Dabei handelt es sich um Multiple-Choice- und Zuordnungsaufgaben, Rechenübungen mit Zahleneingabe und offene Fragen mit Freitext-Eingabefeldern, für die nach dem Absenden Beispiellösungen angezeigt werden. Da jede Form der Aufzeichnung fehlt, wird der Schwierigkeitsgrad nicht an den Wissensstand des Lernenden angepasst.[724] Die Funktion der Übungen ist meist auf die Motivationssteigerung und die Wiederholung von Inhalten beschränkt; teilweise können sie auch der Reflexion dienen, allerdings findet kaum einmal eine Kompetenzerprobung in authentischen, komplexen Szenarien statt.

Ausgesprochen positive Beispiele für herausfordernde Interaktionselemente finden sich dagegen im Intro der Perspektive „Ahnungslos". Hier ist die Höhe bestimmter Zahlenwerte (z.B. aktueller Stand der Staatsverschuldung) vor ihrer

---

724 Wobei erst zu diskutieren wäre, inwieweit so etwas überhaupt didaktisch sinnvoll durch ein virtuelles System erreicht werden könnte.

Nennung durch das System zunächst selbst zu schätzen und durch die Manipulation eines Tortendiagramms (vgl. Abbildung 57) einen Tipp abzugeben, wie sich im Zeitverlauf die Ausgabenstruktur des Bundeshaushalts verändert hat.

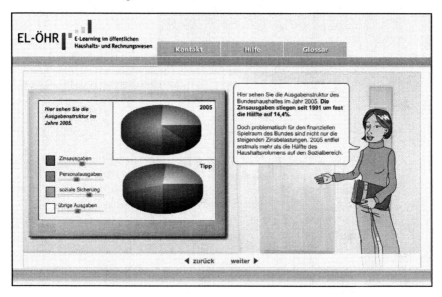

Abbildung 57: Herausforderndes Interaktionselement im EL-ÖHR WBT

Design / Multimedia

Was die grafische Gestaltung angeht, kann mit Blick auf gängige Praxis gesagt werden, dass das EL-ÖHR WBT sich vergleichsweise ästhetisch zeigt. Die Farbwelt ist durchgehend einheitlich, und sie weist angemessene und einheitliche Kontraste auf. Die Lesbarkeit und Kombination der verwendeten Schriftarten kann ebenfalls positiv beurteilt werden. Icons und Buttons werden einheitlich verwendet und sind beschriftet. Alle Elemente sind zwar groß genug, es fehlt jedoch eine Vergrößerungsfunktion (s.o.). Logisch und funktional gleiche Elemente werden in Farbgestaltung und Form gleich gestaltet. Nicht verwandte Elemente werden zudem sowohl farblich unterschieden, als auch räumlich getrennt (Haupttext in der Regel auf der linken Hälfte).

Die im WBT verwendeten Grafiken haben eine kommunikative und erläuternde Funktion, wohingegen Bilder in erster Linie der Kommunikation dienen (z.B. Guide). Die erläuternden Grafiken sind beschriftet und werden noch textlich erläutert. Das EL-ÖHR WBT verzichte auf Videosequenzen[725], bietet aber z.T. animierte Grafiken. Die Audiosequenzen sind klar verständlich gesprochen und tragen zur weiteren Erläuterung der Inhalte bei. Auch dienen sie der Selbsterklärungsfähigkeit des WBT (s.o.). Der Umfang scheint angemessen zu sein. Da die meisten Audiopassagen auch in Textform vorliegen, dienen sie in erster Linie der Motivation, und seltener der Erläuterung. Sie sind allerdings innerhalb des WBTs nicht deaktivierbar, sondern nur über die Audioregelung des Computers.

4.3.5 Zusammenfassung und Fazit

4.3.5.1 Das WBT aus Sicht von Verwaltungspraktikern

1.) Alles in Allem kann trotz der aufgezeigten Datenproblematik davon ausgegangen werden, dass die Akzeptanz für das Lernen mit dem NKF WBT, dem Vorgänger des EL-ÖHR WBTs, bei den befragten Verwaltungsmitarbeitern hoch ist. 85% von ihnen gaben an, es habe ihnen insgesamt gut gefallen. Auch machte das Lernen mit dem WBT einer deutlichen Mehrheit der Befragten Spaß.

2.) Aus Sicht der meisten befragten Verwaltungsmitglieder ermöglicht das WBT einen leichten Einstieg in das neue öffentliche Haushalts- und Rechnungswesen.

3.) Im Vergleich dazu vermag das WBT das Interesse am neuen öffentlichen Haushalts- und Rechnungswesen nur in geringerem Maß zu steigern.

4.) Ausgesprochen positiv bewertete eine deutliche Mehrheit der Verwaltungsmitglieder den inhaltlichen Aufbau und die Länge der Lernbausteine, die Lernwirksamkeit, die Individualisierbarkeit, die Benutzerfreundlichkeit, die multimediale Gestaltung, die Navigation und die Funktionen zur Orientierung im WBT.

5.) Die Übungen wurden von einer Mehrheit als hilfreich angesehen. Auch ihre Anzahl beurteilten insgesamt noch die meisten Teilnehmer als ausreichend; gleichwohl regten mehrere Personen an, diese Elemente um weitere zu ergänzen. Ein interessanter Ansatz dabei könnte der Vorschlag eines Befragten sein, zusätzliche Übungen auch durch Benutzer einpflegen zu lassen; so könnten verwaltungsspezifische Übungen integriert werden, die lokale Ausprägungen der Reformelemente berücksichtigen.

---

725 Nur bei der EL-ÖHR Version für die Stadt Oldenburg erscheinen Videosequenzen.

6.) Trotzdem würde immerhin fast die Hälfte der Verwaltungsmitarbeiter die Inhalte des WBTs lieber in einem Buch nachlesen.

7.) Auffällig ist, dass Verwaltungsmitarbeiter das Fehlen von digitalen Lesezeichen im NKF WBT nicht kritisieren.

4.3.5.2 Das WBT aus Sicht von Studierenden

1.) Die Akzeptanz für das Lernen mit dem EL-ÖHR WBT ist bei den Studierenden ausgesprochen hoch.

2.) Studierende beurteilen den Mehrwert des EL-ÖHR WBTs im Vergleich zu anderen digitalen und gedruckten Materialien als sehr hoch. Für die meisten stellt es eine erhebliche Bereicherung der Lehre dar.

3.) Besonders positiv bewertet werden auch die „interessante Darstellung", die Anschaulichkeit und Verständlichkeit der Inhalte, die praktischen Beispiele bzw. generell der Praxisbezug, die multimediale Aufbereitung (Visualisierung, Vertonung) und ergonomische Gestaltung und die Interaktivität des EL-ÖHR WBTs.

4.) Zu dem Aspekt einer flexiblen Ziel- und Inhaltsauswahl ist die Zustimmung deutlich geringer.

5.) Studierende wünschen sich digitale Lesezeichen für einen flexibleren Wiedereinstieg in das WBT. Außerdem wird vorgeschlagen, mehr Abschnitte zu vertonen und mehr Beispiele und Aufgaben zu integrieren.

6.) Bei der stärkeren didaktisch-konzeptionellen Integration des EL-ÖHR WBTs in die Lehre im Rahmen einer Blended-Learning-Konzeption ("E-Learning als medienunterstütztes, interaktives Lernen") ist die Akzeptanz für das WBT signifikant höher als bei der unverbindlichen Bereitstellung des WBTs ("E-Learning als kursunterstützende Transaktionssoftware").

7.) Die Studierenden schätzten eine enge Verschränkung von Präsenz- und E-Learning. Generell ist ihre Akzeptanz für E-Learning hoch. Sie schätzen daran besonders die Flexibilität beim Lernen und sind von einer höheren Lernwirksamkeit als in klassischen Veranstaltungen überzeugt.

8.) Dabei begrüßen sie auch eine semesterbegleitende, modulare Form der laufenden Leistungserbringung.

9.) Insgesamt zeigt sich eine Präferenz für Instruktionselemente. Sie werden Elementen vorgezogen, die eine stärkere Selbststeuerung erfordern.

4.3.5.3 Zusammenführung der Ergebnisse und Fazit

1.) Zusammenfassend lässt sich sagen, dass die einzelnen Merkmale des EL-ÖHR WBTs, wie auch die seines Vorgängers, des NKF WBTs, von beiden Zielgruppen überwiegend positiv bewertet werden. Dementsprechend fallen auch die Gesamturteile der Nutzergruppen positiv aus.

2.) Beide Zielgruppen schätzen ihren individuellen Lernerfolg bzw. Lernfortschritt durch die Nutzung des WBTs als positiv ein. Entsprechend bescheinigen die Benutzer bescheinigen den WBTs einen deutlichen didaktischen „Mehrwert" und schreiben ihnen eine hohe Lernwirksamkeit zu.

3.) Positiv zu bewerten sind nach der hier vorgenommenen Analyse auch der Umfang und die Gliederung der Inhalte mit den optionalen Vertiefungen, der allgemeine Praxisbezug, die multimediale Gestaltung und die Funktionen der Navigation und zur Orientierung im System.

4.) Aus didaktischer Sicht muss konstatiert werden, dass das EL-ÖHR WBT bestimmte Defizite im Bereich der Individualisierbarkeit von Inhalten und Steuerbarkeit aufweist. Exploratives Lernen ermöglicht das WBT kaum, was insbesondere nach einem konstruktivistischen Lernverständnis zu kritisieren wäre. Auch ist das Programm nur durch die Auswahl einer Perspektive begrenzt inhaltlich individualisierbar, und auch eine Änderung der Schriftgröße ist leider nicht möglich. Dies entspricht obigem Befragungsergebnis, nach dem Studierende den Aspekt einer flexiblen Ziel- und Inhaltsauswahl beim WBT vergleichsweise zurückhaltend beurteilen.

5.) Auffällig ist, dass dennoch beide Zielgruppen dem WBT eine angemessene Unterstützung individualisierten Lernens bescheinigen. Der instruktionale Charakter des WBTs mit der relativ starren, linearen Anordnung der Inhalte wird als angemessen empfunden. Vermutlich zeigt sich hier auch ein pragmatisches Verständnis des Begriffs Individualisierbarkeit; er wird wahrscheinlich vor allem auf die individulisierte Lernsituation (zeitlich/räumlich) bezogen und nicht in einem konstruktivistischen Sinne auf Lehrziele, Inhalte und Steuerbarkeit. In jedem Fall ist interessant, dass nicht nur Verwaltungsmitarbeiter (denen man altersbedingt vielleicht eher traditionell behavioristisch geprägte Lernerfahrungen zuschreiben mag als Studierenden), den instruktionalen Charakter des WBTs schätzen, sondern auch die Studierenden. Die Diskrepanz zwischen dem positiven Urteil der befragten Benutzergruppen und dem Befund aus didaktischer Perspektive kann gewissermaßen als Bestätigung der oben angesprochenen Kritik an Kriterienkatalogen bewertet werden, der zu Folge diese ineffizient seien, da sich auch schlecht bewertete Programme in der Praxis durchaus bewähren könnten.

6.) Die Frage nach dem Mehrwert der WBTs im Vergleich zu klassischen gedruckten Lernmaterialien beurteilen die Benutzergruppen auffällig unterschiedlich: Während Studierende dem EL-ÖHR WBT mehrheitlich eher einen substituierenden Effekt zu gedruckten Materialien bestätigen, sind die Nutzer des NKF WBTs anderer Auffassung. U.U. spielen auch hier unterschiedliche Lernerfahrungen und Mediennutzungsgewohnheiten eine Rolle: Bei den jüngeren Studierenden kann von einer höheren Affinität zur Computernutzung ausgegangen werden.

7.) Mit Blick auf die Verbesserungsvorschläge der Benutzer fällt auf, dass digitale Lesezeichen nur von Studierenden, jedoch nicht von Verwaltungsmitarbeiter angeregt werden – obwohl Lesezeichen (wie in Abschnitt 2.2.3 dargelegt) als zentrale Merkmale einer *für Verwaltungen* bedarfsgerechten Gestaltung bezeichnet werden. Studierenden mag der flexible Zugriff und die funktionale Unterstützung systematischen Arbeitens mit dem WBT wichtiger sein als Verwaltungsmitarbeitern, weil sie notwendiger Weise alle Inhalte durcharbeiten mussten. Die Praktiker wünschen sich eine Möglichkeit, Inhalte mit lokalem Bezug selbst einzupflegen. Ihnen ist das NKF WBT tendenziell zu unspezifisch. Beide Zielgruppen regen an, mehr Übungen einzubauen. Die Studierenden regen zudem eine zusätzliche, in das WBT integrierte Druckfunktion an.

8.) Sowohl nach den Befragungsergebnissen, als auch nach gängigen Qualitätskriterien ist das Fehlen einer integrierten Druckfunktion als Defizit zu bezeichnen, auch wenn die gängige Druckfunktion von Internet-Browsern ihren Zweck im WBT problemlos erfüllt. Vor dem Hintergrund dieses Befunds muss auch tendenziell negativ bewertet werden, dass keine Zusammenfassungen der Inhalte heruntergeladen werden können.

9.) Die fehlende Möglichkeit zur Änderung der Schriftgröße im EL-ÖHR WBT, ein Fehlen kontextueller Verweise zwischen den Lernbausteinen sowie die nicht grafisch markierten Verknüpfungen zum Glossar wären nach gängigen Qualitätsmaßstäben zu kritisieren, werden von den befragten Benutzern aber nicht als problematisch benannt. Beide Benutzergruppen hoben die Audiosequenzen und Übungen positiv hervor.

10.) Unter Berücksichtigung der typischen Qualitätskriterien für Lernsoftware kann eine ganze Reihe einzelner Fragen diskutiert werden. Hier müssen Entscheidungsträger eine individuelle Priorisierung vorzunehmen. Abhängig davon kann ein persönliches Gesamturteil dennoch positiv ausfallen. Dabei sollten die Merkmale des WBTs mit Blick auf die angestrebte didaktische Gesamtkonzeption abgewogen werden. Am besten wird das WBT als E-Learning-Element in einem komplexen Blended-Learning-Setting in der universitären Lehre beurteilt.

11.) In der Analyse der inhaltlichen Aspekte zeigten sich einige Abweichungen zu den von der KGSt empfohlenen Lehrplänen, insbesondere wenn es um allgemeine betriebswirtschaftliche Kenntnisse geht. Die Zielgruppenorientierung wurde im EL-ÖHR WBT pragmatisch umgesetzt, indem größere Zielgruppen zusammengefasst sind. Dies erscheint vor allem auch für eine Nutzung in der universitären Lehre angemessen.

12.) Der Grad der Interaktivität ist relativ gering, sieht man einmal ab von einzelnen Buchungsübungen oder der thematischen Heranführung im Intro der Perspektive „Ahnungslos". Hier sind sie allerdings genau richtig platziert, gerade wenn Lernende für das Thema interessiert und motiviert werden sollen, die zunächst noch davon ausgehen, davon überhaupt nicht betroffen zu sein.

13.) Gerade mit Blick auf die Befragungsergebnisse lässt sich trotz der Schwächen ein positives Gesamtfazit ziehen. Als Präsentationsmedium für die „E-Instruktion", also zum Erarbeiten von standardisiertem Grundlagenwissen, erscheint das EL-ÖHR WBT mit gewissen Abstrichen gut geeignet. Es dürfte sich durch die „niedrigschwellige" und problemorientierte thematische Heranführung gerade zur unverbindlichen Information außerhalb formaler Bildungsmaßnahmen eignen, etwa im Rahmen eines Change Management.

14.) Wägt man die Befunde hinsichtlich der beiden Gruppen Verwaltungsmitarbeiter und Studierende ab, so scheint das WBT für die universitäre Lehre etwas besser geeignet zu sein, als für die erforderliche, umfassende Qualifizierung von Verwaltungsmitgliedern. Letztere müssen sich durch ergänzende Qualifizierungsmaßnahmen noch Anwendungskompetenzen erarbeiten können. In solchen Schulungselementen sind auch örtliche Spezifika des neuen öffentlichen Haushalts- und Rechnungswesens zu berücksichtigen.

5 Fazit: Erfolgsfaktoren für Blended-Learning-Konzepte in Verwaltungen und Universitäten

Im Folgenden werden nunmehr die Ergebnisse dieser Arbeit zusammengeführt, diskutiert und so gleichsam Erfolgsfaktoren für die Planung E-Learning-basierter Qualifizierung zum neuen öffentlichen Haushalts- und Rechnungswesen aufgezeigt. Die Konsequenzen der für die praktische Planung relevanten Ergebnisse werden dabei zu didaktischen Gestaltungsvorschlägen für bedarfsgerechte Blended-Learning-Konzeptionen konkretisiert und dadurch veranschaulicht.

Berücksichtigt werden damit die Befunde

- zu den Anforderungsmerkmalen in Verwaltungen und Universitäten (vgl. die Abschnitte 1.1 und 2);
- zur didaktisch angemessenen Gestaltung von E-Learning unter besonderer Berücksichtigung seiner Innovationspotenziale, die sich auf Neuerungen der Organisation und Methoden des Lehrens beziehen (vgl. Abschnitt 3);
- zur Akzeptanz der Zielgruppen für das Lernen mit dem WBT (vgl. die Abschnitte 4.3.1 und 4.3.2) und zu dessen qualitativen Merkmalen (vgl. die Abschnitte 4.2, 4.3.3 und 4.3.4).

Die Konkretisierung der Befunde zu Gestaltungsvorschlägen für Blended-Learning-Konzeptionen soll ausdrücklich nicht die in der Arbeit dargelegte generelle Anforderung relativieren, im Einzelfall jeder Bildungsplanung von den kontextspezifischen Merkmalen der Zielgruppe, den Lehrzielen und Lehrinhalten, den Präferenzen und Vorerfahrungen mit didaktischen Methoden sowie den Merkmalen der Lernsituation und Lernorganisation auszugehen.[726] Es bleibt auch unbestritten, dass generelle Aussagen zum Wirkungsgrad einer E-Learning-Methode empirisch kaum belegt werden können.[727] Einzelne der Befunde dieser Arbeit – etwa zur Lernkultur, den Vorerfahrungen der Zielgruppe mit E-Learning oder der technischen Ausstattung – können vom realen Kontext einer Verwaltung oder Universität im Einzelfall entscheidend abweichen, womit andere Planungsfaktoren in die didaktische Konzeption einzubeziehen wären. Gleichwohl erscheint es mit Blick auf die Vielzahl empirisch fundierter Ergebnisse dieser Arbeit angemessen, der Praxis im Folgenden bestimmte Gestaltungsvorschläge bereitzustellen. Zwar können bereits die in den Abschnitten 2.2.9 und 2.3.3 zusammengeführten Ergebnisse zum Qualifizierungsbedarf als Grundannahmen in eigene Planungen einbezogen werden, wenn es in der Praxis nur durch aufwändige Erhebungen möglich wäre, kontextspezifische Aussagen zu treffen. Aber mit

---

726 Vgl. Kerres (2005), S.160. Vgl. dazu auch Abschnitt 3.1.1 sowie Tabelle 1 dieser Arbeit.
727 Vgl. Abschnitt 3.1.

den im Folgenden dargelegten Gestaltungsvorschlägen im Sinne didaktischer Erfolgsfaktoren werden darüber hinaus Planungsgrundlagen vorgelegt, welche die Befunde zum Qualifizierungsbedarf mit anerkannten didaktischen Maßgaben zur Gestaltung von E-Learning integrieren. Dieses Vorgehen erscheint auch deshalb gerechtfertigt, weil die Arbeit mit der Beschreibung von Kategorisierungen und praktischen Ausprägungen von E-Learning[728] ebenfalls Ansatzpunkte für den im Einzelfall erforderlichen Anpassungs- bzw. Konkretisierungsbedarf der skizzierten Blended-Learning-Ansätze liefert.

Da die Arbeit gezeigt hat, dass Verwaltungsmitarbeiter und Studierende nicht nur für eine systematische Bedarfsanalyse, sondern wegen weitreichender Unterschiede des Qualifizierungsbedarfs tatsächlich auch bei der Qualifizierungsplanung konzeptionell zu trennen sind, werden hier analog zur Gliederung dieser Arbeit zwei separate didaktische Konzepte skizziert. Die schrittweise Einbeziehung und Diskussion einzelner Bedarfsmerkmale erfolgt dabei in Anlehnung an das Prozessmodell einer wirtschaftsdidaktischen Planung (vgl. Abbildung 23), das in der vorliegenden Arbeit auf E-Learning bezogen wurde. Dementsprechend werden hier zunächst relevante Planungsfaktoren für Verwaltungen und Universitäten betont und darauf aufbauend didaktische Erfolgsfaktoren der Gestaltung konkretisiert.

5.1 Qualifizierung von Verwaltungspraktikern

5.1.1 Relevante Planungsfaktoren

Das wirtschaftsdidaktische Prozessmodell lenkt den Blick vor allem auf die erfolgskritische Bedeutung der Planungsphase.[729] In dieser Phase sind demnach zunächst einige Grundentscheidungen zu treffen. Wie die Arbeit gezeigt hat, ergeben sich in dieser Phase insbesondere im Zusammenhang mit der Klärung der Rahmeneinflüsse, der Erfassung der Lernvoraussetzungen und der Vergegenwärtigung didaktischer Leitvorstellungen spezielle Anforderungen für die Planung von E-Learning-basierter Qualifizierung.[730]

---

728 Vgl. Abschnitt 3.
729 Vgl. Abschnitt 3.3.2 sowie Abbildung 23.
730 Vgl. Abbildung 23 und a.a.O. die „gefetteten" Erweiterungen des Verfassers.

5.1.1.1 Rahmeneinflüsse

Die Analyse der Rahmeneinflüsse muss bei der Planung E-Learning-basierter Qualifizierung eine Identifikation der für E-Learning verfügbaren finanziellen und personalen Ressourcen umfassen.[731] Zu berücksichtigen sind dabei die Kosten für den digitalen *Content* und die Nutzung einer Lernumgebung sowie der Aufwand für die Einrichtung und den Test des E-Learning-Angebots.[732] Auch die in quantitativer wie qualitativer Hinsicht verfügbaren Möglichkeiten einer tutoriellen Begleitung sind in die Planung einzubeziehen. Wie die Arbeit gezeigt hat, sollten in Verwaltungen Online-Lernphasen mit intensiver – und somit zeitaufwändiger – tutorieller Betreuung vorgesehen werden[733]; ausgehend von der derzeitigen „klassisch-dozentenzentrierten" Lernkultur in Verwaltungen[734] müssen die individuellen Anforderungen an die Selbststeuerung beim E-Learning abgemildert werden.[735] Dies gilt insbesondere, wenn im Sinne eines Praxistransfers der Lernergebnisse das didaktische Prinzip des problemorientierten Lernens vorgesehen ist.[736] Außerdem existieren in Verwaltungen generell hohe Anforderungen an die Aufrechterhaltung von Motivation[737], wodurch die Bedeutung der tutoriellen Begleitung weiter steigt. In diesem Zusammenhang können auch dadurch Kosten entstehen, dass Tutoren oder Dozenten zunächst für die Betreuung von E-Learning zu qualifizieren sind.[738]

5.1.1.2 Lernvoraussetzungen

Zu den für E-Learning relevanten Lernvoraussetzungen gehören die in der Verwaltung vorhandene technische Ausstattung sowie die Online-Anwendungskompetenz der Mitarbeiter[739]; die Akzeptanz für E-Learning wird wegen ihrer erfolgskritischen Bedeutung[740] hier ebenfalls als Lernvoraussetzung aufgefasst.

Mit Blick auf die Ergebnisse dieser Arbeit lässt sich festhalten, dass gerade in größeren Verwaltungen eine eingehende Analyse der vorhandenen IT-Ausstattung am Beginn der Planung stehen sollte.[741] Für die Nutzung eines E-Learning-

---

731 Vgl. ebd.
732 Vgl. Abschnitt 2.2.1.
733 Vgl. Abschnitt 2.2.9.2.
734 Vgl. Abschnitt 2.2.4.
735 Vgl. Abschnitt 2.2.9.2.
736 Vgl. die Abschnitte 3.1.4 und 3.1.5.
737 Vgl. Abschnitt 2.2.9.2.
738 Vgl. Abschnitt 3.3.2.
739 Vgl. Abbildung 23.
740 Vgl. Abschnitt 2.2.4.
741 Vgl. Abschnitt 2.2.3.

Angebots mit dem EL-ÖHR WBT benötigen die Mitarbeiter Arbeitsplatzrechner mit (Breitband-)Internetanbindung, welche die Ausführung von *JavaScript* und *Flash* erlauben.[742] Wünschenswert, um unterschiedlichen Benutzerpräferenzen zu entsprechen, ist ferner die Möglichkeit, die Sprachaufzeichnungen des WBTs zu nutzen.[743] Außerdem stellt sich die Frage, ob eine Lernplattform eingesetzt werden kann, die über die gängigen Kommunikationsmittel (E-Mail, Forum, Chat usw.) und Autorenwerkzeuge (*Content*-Editoren, auch für Selbsttests bzw. Lernerfolgskontrollen) verfügt.[744]

Eine für die Qualifizierung von Verwaltungsmitarbeitern vorgesehene Lernplattform sollte gerade für den Anwendungsbereich der organisatorisch und didaktisch motivierten Kommunikation vielfältige und einfach bedienbare Funktionen aufweisen: Die hohen kommunikativen Bedürfnisse von Verwaltungsmitarbeitern während Lernphasen[745] sollten grundsätzlich didaktisch berücksichtigt werden, bieten aber auch die Chance, einen zunächst auf Lerninhalte bezogenen Austausch der Mitarbeiter zu verstetigen und so ein informelles Wissensmanagement zu initiieren. Durch die zunehmend gebotene, außerhalb formaler Lehr-/Lernprozesse stattfindende Wissenskommunikation innerhalb von Verwaltungen[746] sind informelles Lernen der Mitarbeiter voneinander zu fördern und so Arbeitsprozesse weiter zu professionalisieren. In diesem Sinne wäre es beispielsweise ideal, die E-Mail-Funktion einer Lernplattform mit dem entsprechenden Kommunikationssystem der Verwaltung integrieren oder das Forum (vor, während und nach der Qualifizierungsphase) auch über das Intranet zugänglich machen zu können.[747]

Außerdem sollte die Plattform die Aktivitäten der Teilnehmer dokumentieren können, da die Anforderung, die Qualifizierung zum neuen öffentlichen Haushalts- und Rechnungswesen verbindlich zu gestalten[748] entsprechende Kontrollfunktionen bedingt. Lernerfolgskontrollen haben außerdem eine wichtige Moti-

---

742 Vgl. ebd.
743 Für das Lernen am Arbeitsplatz sind neben einer sog. *Soundcard auch* Kopfhörer erforderlich, damit andere nicht gestört werden.
744 Vgl. Abschnitt 3.1.1.
745 Vgl. Abschnitt 2.2.9.2.
746 Vgl. ebd. Vgl. dazu auch anschaulich die „Eckpunkte" des Bundesrechnungshofs zum Einsatz externer Berater, in denen ausdrücklich auf den Bedarf eines internen Wissensmanagements in der Bundesverwaltung hingewiesen wird (www.bundesrechnungshof.de/aktuelles/dateien/eckpunkte_berater.pdf; 19.12.2007). Für die meisten Verwaltungen der Bundesländer, auch auf kommunaler Ebene, dürfte ein ähnlicher Bedarf vorliegen.
747 Also ohne Anmeldeprozedur auf der Lernplattform.
748 Vgl. Abschnitt 2.2.1.

vationsfunktion, soweit Mitarbeitern (auch) auf Grundlage der Dokumentation ihrer Online-Aktivitäten ihr erfolgreicher Abschluss bescheinigt werden soll.[749]

Was die IuK- bzw. Online-Anwendungskompetenz betrifft, hat die Arbeit gezeigt, dass Verwaltungsangestellte relativ viel Erfahrung mit Computeranwendungen besitzen und damit eine wichtige individuelle Voraussetzung für die Nutzung von E-Learning erfüllen.[750] Außerdem nutzen sie das Internet im Vergleich zu anderen Berufsgruppen am häufigsten für berufliche Zwecke.[751] Vorerfahrungen mit E-Learning dürften den meisten Verwaltungsmitarbeitern derzeit allerdings noch fehlen, da empirische Befunde zeigen, dass aktuell von einer geringen Verbreitung entsprechender Lehr-/Lernformen in Verwaltungen ausgegangen werden muss.[752]

Zur Akzeptanz von Verwaltungsmitarbeitern für E-Learning hat die Arbeit sowohl allgemein, als auch in Bezug auf das EL-ÖHR WBT positive Ergebnisse geliefert. Zusammenfassend kann gesagt werden, dass die Akzeptanz für E-Learning-basierte Qualifizierung zum neuen Haushalts- und Rechnungswesen unter Verwaltungsmitarbeitern potenziell hoch ist. Wie sich gezeigt hat, weisen Verwaltungsmitarbeiter eine ausgeprägte Weiterbildungsorientierung auf und sind außerdem stärker als andere Berufsgruppen bereit, computergestützte Weiterbildungsformen zu nutzen.[753] Da auch die Befragungsergebnisse zum WBT insgesamt positiv bewertet werden können, lässt sich insgesamt von einem hohen Akzeptanzpotenzial in Verwaltungen für das Lernen mit dem EL-ÖHR WBT ausgehen.[754] Die Konzeption des WBTs gefällt den befragten Verwaltungsmitarbeitern gut, das Programm ermöglicht ihnen einen leichten Einstieg in die Themen und ihre Motivation wird unterstützt. Positiv bewertet wurden auch der inhaltliche Aufbau und die Länge der Lernbausteine sowie die „Lernwirksamkeit", die Individualisierbarkeit, die Benutzerfreundlichkeit, die multimediale Gestaltung, die Navigation und die Funktionen zur Orientierung im WBT. So kann von einem hohen Eignungsgrad des WBTs für die Einbindung in ein Blended-

---

749 Vgl. Abschnitt 2.2.9.2.
750 Vgl. Abschnitt 2.2.3. Lernerfolgskontrollen sollten auch dafür genutzt werden, die verbindliche, umfangreiche und relativ homogene Qualifizierung zum neuen Haushalts- und Rechnungswesen dafür zu nutzen, ein Bildungscontrolling zu erproben; vgl. Abschnitt 2.2.9.2.
751 Vgl. ebd.
752 Vgl. Abschnitt 2.2.2.
753 Vgl. ebd.
754 Vgl. Abschnitt 4.3.1. Insgesamt scheint diese Aussage gerechtfertigt, obwohl die Befragung die aufgezeigte Datenproblematik aufwies und sich auf den Vorgänger des EL-ÖHR WBTs bezog; vgl. ebd.

Learning-Konzept zum neuen öffentlichen Haushalts- und Rechnungswesen ausgegangen werden.[755]

5.1.1.3 Leitvorstellungen für didaktisches Handeln

Die nach einem wirtschaftsdidaktischen Verständnis relevante Anforderung, in der Planungsphase Leitvorstellungen für didaktisches Handeln zu konkretisieren[756], erfordert im Kontext von E-Learning eine Entscheidung darüber, welches didaktische Innovationspotenzial[757] für die Organisation erschlossen werden soll. In Bezug auf Verwaltungen sollte das Gestaltungsprinzip einer konzeptionellen Förderung des selbstgesteuerten Lernens im Rahmen von E-Learning[758] zur Geltung kommen; es entspricht der Anforderung, die in Verwaltungen überwiegende, traditionell dozentenzentrierte Lernkultur zeitgemäß weiter zu entwickeln.[759] Hierbei geht es zunächst generell darum, die im Sinne eines „Lebenslangen Lernens" künftig vermehrt erforderliche Eigenverantwortung Lernender für ihren individuellen Lernerfolg innerhalb der gesamten „Organisation Verwaltung" zu fördern.[760] Hinzu kommt, dass Verwaltungsmitarbeiter eigenverantwortlich am Arbeitsplatz lernen sollten, da dieses Vorgehen „wirkungsvoll und preiswert"[761] ist. Vor dem Hintergrund der Ressourcenknappheit im öffentlichen Sektor hat eigenverantwortliches Lernen damit die Funktion einer Effizienzsteigerung von Bildungsprozessen[762] und entspricht zugleich der didaktischen Anforderung, Wissen im Sinne des Praxistransfers nicht „auf Vorrat" zu vermitteln.[763]

Der Bedeutung des notwendigen Praxistransfers erworbenen Wissens entspricht auch das didaktische Prinzip der problem- und handlungsorientierten Gestaltung von Qualifizierungsangeboten.[764] Das dritte wesentliche aus der Fachdiskussion hervorgehende Prinzip, die konzeptionelle Förderung des kollaborativen bzw. kooperativen Lernens im Rahmen von E-Learning, kann wiederum mit dem Ziel verfolgt werden, „arbeitsplatznahes" Lernen der Mitarbeiter voneinander zu unterstützen.[765] So zeigt sich, dass tatsächlich alle wesentlichen didaktischen Inno-

---

755 Dabei muss mit Blick auf den örtlichen Qualifizierungsbedarf im Einzelfall beurteilt werden, inwieweit die Inhalte des WBTs den qualitativen Anforderungen genügen (vgl. Abschnitt 2.2.6 und die im Anhang dokumentierte Gliederung).
756 Vgl. Abbildung 23.
757 Vgl. Abschnitt 3.1.
758 Vgl. ebd.
759 Vgl. Abschnitt 3.3.2.
760 Vgl. Abschnitt 2.2.4.
761 Vgl. ebd.
762 Vgl. Abschnitt 2.2.9.1.
763 Vgl. die Abschnitte 1.1 und 2.2.5.
764 Vgl. die Abschnitte 3.1.4 und 3.3.2.
765 Vgl. ebd.

vationsfunktionen, die E-Learning zugeschrieben werden, in Leitvorstellungen für didaktisches Handeln in Verwaltungen einbezogen werden sollten. Ausgesprochen positiv ist in diesem Zusammenhang der Befund, dass Verwaltungsmitarbeiter gemeinsames Lernen mit anderen Teilnehmern schätzen, aber zugleich von Vielen autonomes Lernen befürwortet wird.[766]

5.1.1.4 Lerninhalte und Lehrziele

Die bedarfsgerechte Bestimmung von Lerninhalten für die auf Grund unterschiedlicher beruflicher Aufgaben äußerst heterogene „Zielgruppe Verwaltungsmitarbeiter" ist eine anspruchsvolle Aufgabe. Mögliche Abgrenzungen von Mitarbeitergruppen und entsprechende Lehrpläne wurden in dieser Arbeit auf Grundlage entsprechender Empfehlungen der KGSt dargestellt.[767] Die Unterschiede der Lehrpläne liegen dort vor allem im Umfang und der inhaltlichen Tiefe.[768] Eine verwaltungsspezifische Definition von Lerninhalten für bestimmte Mitarbeitergruppen muss allerdings im Einzelfall erfolgen.

Das Lehrziel liegt generell im Aufbau arbeitspraktischer Kompetenzen. Der in Deutschland insgesamt eklatante Kompetenzmangel bei der Anwendung des neuen Haushalts- und Rechnungswesen muss im Rahmen flächendeckender Qualifizierung bewältigt werden. Ein Lernangebot muss die Mitarbeiter auch aus Motivationsgründen bei der Bewältigung beruflicher Aufgaben konkret unterstützen und somit einen engen Praxisbezug aufweisen.[769]

Damit hat nach der in dieser Arbeit vertretenen Unterscheidung von Lehrzielen in „Erarbeitung von Wissen", „Anwendung von Wissen und Können" und „Austausch und kritische Reflexion von Wissen bzw. Lösung komplexer Probleme"[770] das didaktische Ziel der Wissensanwendung höchste Priorität.

5.1.2 Didaktische Erfolgsfaktoren

Die didaktische und mediale Ausgestaltung eines kontextspezifischen Blended-Learning-Gesamtkonzepts ist im vorliegenden Fall von höchster Bedeutung. Dies gilt zwar ohnehin für jede E-Learning-Konzeption; E-Learning muss grundsätzlich durch einen „Mehrwert" gegenüber klassischen Unterrichtsformen gerecht-

---

766 Vgl. Abschnitt 2.2.9.2.
767 Vgl. Abschnitt 2.2.6.
768 Dabei bietet es sich auch an, die Qualifizierung verschiedener Mitarbeitergruppen zeitlich versetzt durchzuführen; vgl. dazu vertiefend ebd.
769 Vgl. Abschnitt 2.2.9.2.
770 Vgl. Abschnitt 3.3.2 und Seufert/Euler (2005), S.38.

fertigt werden[771], gerade wegen des damit verbundenen veränderten Rollenver-
ständnisses von Lernenden und Dozierenden sowie der mit E-Learning verbundenen Kosten.[772] Im vorliegenden Fall kommt allerdings noch hinzu, dass – trotz
der dargelegten überwiegend positiven Einstellung gegenüber E-Learning und
der deutlichen Zustimmung zum Lernen mit dem WBT – fast jeder zweite der
befragten Verwaltungsmitarbeiter die entsprechenden Inhalte lieber in einem
Buch nachgelesen hätte.[773] Um hohe Akzeptanzwerte für E-Learning-basierte
Qualifizierung mit dem EL-ÖHR WBT zu erzielen, müssen daher ergänzende E-
Learning-Elemente unbedingt einen zusätzlichen didaktischen sowie medialen
Mehrwert aufweisen; durch die Berücksichtigung dieser Anforderung werden
nach dem wirtschaftsdidaktischen Prozessmodell gewissermaßen kritische Ereig-
nisse antizipiert.[774]

Ein in diesem Sinne bedarfsgerechtes Qualifizierungsangebot zu entwerfen und
damit die Innovationspotenziale von E-Learning[775] für die Bildungspraxis Verwaltungen zu erschließen, erfordert die Berücksichtigung der von Verwaltungsmitarbeitern empfundenen WBT-Defizite sowie der allgemeinen Erfolgsfaktoren
von E-Learning. So sollten mit Blick auf die Befunde dieser Arbeit die im WBT
vorhandenen Übungen systematisch ergänzt werden. Hier bietet sich die ergänzende Bereitstellung problemorientiert konzipierter „Interaktionsmedien" an.[776]
Diese sollten einen engen Bezug zu den beruflichen Anforderungen in der einzelnen Verwaltung aufweisen, sich daher an den örtlichen Ausprägungen des
Haushalts- und Rechnungswesens orientieren[777] und verwaltungsspezifische Prozesse bzw. Arbeitsaufgaben aufgreifen. So sollten entsprechende Übungen letztlich auch Anforderungen an die Anwendung von Finanzsoftware konzeptionell
berücksichtigen. Dies kann bedeuten, trotz der grundsätzlich anzuratenden Trennung der inhaltlichen Qualifizierung von der Softwareschulung[778], die entsprechenden Lernangebote doch zu verzahnen bzw. zumindest aufeinander zu beziehen.

---

771 Vgl. die Abschnitte 2.2.9.2 und 3.1, insbesondere 3.1.1.
772 Vgl. Abschnitt 2.2.9.1.
773 Vgl. Abschnitt 4.3.1.
774 Vgl. Abbildung 23.
775 Vgl. Abschnitt 3.1.
776 Vgl. Abschnitt 3.1.1.
777 Damit lässt sich die Anforderung erfüllen, neben gleichsam standardisierten Lerninhalten
zum neuen öffentlichen Haushalts- und Rechnungswesen (wie sie das EL-ÖHR WBT enthält), vertiefende Lerninhalte bereitzustellen, welche die örtlichen Spezifika und individuellen Aufgaben der Mitarbeiter berücksichtigen; vgl. Abschnitt 2.2.8 und die Ausführungen unten zu Lernangeboten für die „Erarbeitung von Wissen".
778 Vgl. Abschnitt 2.2.1.

Nach der hier vertretenen Kategorisierung Eulers für Interaktionsmedien[779] erscheinen vor allem Aufgabenstellungen für Verwaltungen angemessen. Problemorientierte Aufgabenstellungen können den für Verwaltungsmitarbeiter relevanten Wissenstransfer unterstützen, wenn sie ihnen die Möglichkeit geben, erarbeitete Fachinhalte – z.B. des EL-ÖHR WBTs – auf konkrete Situationen anzuwenden. Weisen die Interaktionsmedien in Form von Aufgabenstellungen einen hohem Interaktionsgrad auf, so sind sie zugleich besonders geeignet, als didaktischer Mehrwert empfunden zu werden[780] und so die Akzeptanz signifikant erhöhen. Interaktionsmedien für Verwaltungsmitarbeiter sollten zudem hochgradig modular strukturiert sein, um einen direkten Zugriff auf konkrete berufliche Lösungsansätze zu ermöglichen.

Ergänzend bietet es sich vor dem Hintergrund der oben aufgezeigten Relevanz von Lernerfolgskontrollen an, entsprechende Funktionen der Lernplattformen zu nutzen. Diese sollten allerdings nicht nur Lehrenden Hinweise auf den Lernfortschritt der Teilnehmer geben, sondern aus der Perspektive der Lernenden eine Unterstützungsfunktion aufweisen.[781] Entsprechend sind sie als Angebot zur Selbstkontrolle zu gestalten und müssen tatsächlich einen diagnostischen Wert bieten.[782]

Die dem Lehrziel „Anwendung von Wissen und Können" vorausgehende, teilweise auch mit ihr zu verschränkende „Erarbeitung von Wissen"[783] sollte sowohl in Präsenzveranstaltungen, als auch mit dem EL-ÖHR WBT[784] und ergänzend mit weiteren Informationsangeboten erfolgen. In den Präsenzveranstaltungen und den ergänzenden Informationsangeboten, die etwa im Intranet bereitgestellt werden können, sind die örtlichen Spezifika des Haushalts- und Rechnungswesen einzubeziehen.[785] Außerdem sollten alle das EL-ÖHR WBT ergänzenden Elemente darauf abzielen, die intrinsische Motivation resp. ein Interesse an den Inhalten zu steigern; eine individuelle „Betroffenheit", die über die notwendige Bewältigung beruflicher Anforderungen hinausgeht, vermag das EL-ÖHR WBT Verwaltungsmitarbeitern offenbar nur teilweise zu verdeutlichen.[786] So bietet sich etwa an, die gesamtgesellschaftliche Bedeutung eines künftig verantwor-

---

779 Vgl. Abschnitt 3.1.6.
780 Vgl. ebd. sowie Abschnitt 2.2.9.3.
781 Vgl. Abschnitt 3.1.6.
782 Vgl. ebd.
783 Vgl. Abbildung 58.
784 Positiv zu beurteilen ist in diesem Zusammenhang der Befund, dass Verwaltungsmitarbeiter dem WBT eine gute Unterstützung beim Einstieg in das Thema bescheinigen; vgl. Abschnitt 4.3.5.1.
785 Vgl. Abschnitt 2.2.9.1.
786 Vgl. Abschnitt 4.3.5.1.

tungsvolleren Umgangs mit öffentlichen Ressourcen darzustellen, auf den das neue Haushalts- und Rechnungswesens abzielt.

Die didaktische Gestaltung des Lehrziels „Austausch und Reflexion von Wissen" sollte den Wunsch von Verwaltungsmitarbeitern nach kooperativem Lernen aufgreifen. Hier wird vorgeschlagen, etwa in computergestützten Planspielen authentische Aufgabenstellungen einer Mitarbeitergruppe abzubilden und diese kooperativ bewältigen zu lassen. Hier kann die spätere Anforderung zur Nutzung neuer Finanzsoftware einbezogen werden. Auch die wünschenswerte Wissenskommunikation unter Verwaltungsmitarbeitern sollte im Rahmen dieses Lehrziels konzeptionell initiiert werden.

Die Qualifizierung sollte insbesondere bei Mitarbeitern ohne E-Learning-Vorerfahrungen mit einem hohen Präsenzanteil zu beginnen.[787] Gehört selbstgesteuertes und eigenverantwortliches Lernen zu den Leitvorstellungen für didaktisches Handeln, kann dieses tutoriell unterstützt und im Zeitverlauf schrittweise zunehmend gefördert – und erwartet – werden.[788]

Die auf Grundlage der Ergebnisse dieser Arbeit identifizierten Erfolgsfaktoren für E-Learning veranschaulicht zusammenfassend Abbildung 58.

5.2 Qualifizierung von Studierenden

5.2.1 Relevante Planungsfaktoren

5.2.1.1 Rahmeneinflüsse

Der nach dem wirtschaftsdidaktischen Prozessmodell[789] in der Planungsphase von E-Learning zu berücksichtigende Faktor, welche Ressourcen für E-Learning zur Verfügung stehen, muss ähnlich wie in Verwaltungen[790] freilich auch in Universitäten analysiert werden. Allerdings erscheint es bei der Qualifikation von Studierenden didaktisch vertretbar, einen geringeren tutoriellen Aufwand vorzusehen, als in Verwaltungen.

---

787 Vgl. Abschnitt 2.2.9.2.
788 Durch „E-Tutoring" während der Wissensanwendung und „E-Moderation" während des Austauschs und der Reflexion; vgl. Abbildung 58 und Abschnitt 2.2.9.2. sowie im Einzelnen Abschnitt 3.1.1.
789 Vgl. Abbildung 23.
790 Vgl. Abschnitt 5.2.1.1.

Lernziele	Methodische Kernidee Sozialformen	Unterstützung des Lernens mit E-Medien	Unterstützung des Lernens mit E-Communication
Erarbeitung von Wissen	Wissenserarbeitung durch Informationen, (multimedial) aufbereitete Lerninhalte. Lernen im Plenum, Einzellernen zur Erarbeitung von Wissen	*Informations-, Trainingssysteme:* **EL-ÖHR WBT, Glossar, verwaltungsspezifische Informationen im Intranet**	*E-Instruktion, „Lecturing"-Systeme:* **keine (ergänzende Instruktion in Präsenzveranstaltungen, v.a. zu Beginn der Qualifizierung)**
		Informationssystem Lerner	Instruktor Lerner
Anwendung von Wissen und Können	Wissensanwendung durch Feedback (durch das Lernsystem und/oder durch Tutoren) Einzel-, Gruppenlernen	*Interaktive Systeme:* **Übungen und Tests im EL-ÖHR WBT (Feedback durch das System), ergänzende problemorientierte, modulare „Interaktionsmedien" (v.a. „Aufgabenstellungen" / arbeitsanaloge Lernaufgaben)**	*E-Tutoring, Feedbacksysteme:* **Kommunikation des Tutors mit den Lernenden zur Unterstützung der Lernprozesse, Online-Feedback, prozessbezogene Lernhilfen**
		Interaktives System Lerner	Tutor Lerner
Austausch und (kritische) Reflexion von Wissen, Lösung komplexer Probleme	Austausch und (kritische) Reflexion von Wissen durch multiple Perspektiven, authentische, komplexe Situationen, experimentelles Lernen, Einzel-, Gruppenlernen	*„Offene" Lernsysteme, Simulationssysteme:* **"Planspiele" analog zu realen Aufgaben einer Mitarbeitergruppe (hier auch Einbeziehung der Finanzsoft-**	*E-Moderation, E-Coaching, Kollaborationssyteme:* **teambasierte Projektarbeiten, Wissenskommunikation**
		Simulationssystem Lerner	Moderator Lerner

Abbildung 58: Didaktische Erfolgsfaktoren für Verwaltungen: Bedarfsgerechte Lernszenarien im Rahmen der E-Learning-gestützten Qualifizierung mit dem EL-ÖHR WBT. Darstellung in Anlehnung an Seufert und Euler (2005), S.38

Allein in Anbetracht der Vorerfahrungen Studierender mit E-Learning und den allgemeinen universitären Anforderungen an eine eigenverantwortliche Studienorganisation kann angenommen werden, dass ihnen stärker als Verwaltungsmitarbeitern von Beginn an selbstgesteuertes Lernen zugemutet werden kann.

Was die ggf. erforderliche Qualifizierung von Tutoren für die Betreuung von E-Learning anbetrifft, dürften mittlerweile an vielen Universitäten entsprechende Angebote existieren, so dass auch hierfür kaum zusätzliche Kosten entstehen sollten.

5.2.1.2 Lernvoraussetzungen

Die E-Learning-spezifischen Lernvoraussetzungen der Online-Anwendungskompetenz, der Vorerfahrungen mit E-Learning und der vorhandenen technischen Ausstattung sind bei Studierenden ausgesprochen positiv zu bewerten, zumal sich hier wesentlich klarere Befunde belegen lassen, als bei Verwaltungsmitarbeitern.[791] Diese positiven Voraussetzungen betreffen insbesondere die Wirtschaftswissenschaften resp. die BWL der Universitäten.[792]

Ähnlich ist es mit der Akzeptanz für E-Learning. Es kann von einer grundsätzlichen Offenheit BWL-Studierender gegenüber E-Learning ausgegangen werden, auch wenn diese den Nutzen von „Lernsoftware" für den eigenen Lernfortschritt im Vergleich zu anderen didaktischen Elementen der Lehre noch als relativ gering beurteilen.[793] Dieses verhaltene Urteil ist vermutlich in der derzeitigen, die Potenziale von E-Learning nur sehr begrenzt erschließenden E-Learning-Praxis der Universitäten begründet, womöglich auch in der vorrangigen Bedeutung, die Studierende bis aus Weiteres der Verbesserung anderer Studienaspekte beimessen.[794] Tatsächlich fordern Studierende der BWL trotz ihrer zurückhaltenden Einstellung gegenüber „Lernsoftware" ausdrücklich die vermehrte Anwendung von Multimedia in der Lehre.[795]

Vor dem Hintergrund der empirischen Befunde zur Akzeptanz kann das EL-ÖHR WBT bei der Qualifizierung von Studierenden konsequenter als zentrales Lernmedium eingesetzt werden, als bei Verwaltungsmitarbeitern. Dies gilt trotz des Befunds, nach dem Studierende E-Learning-Angebote im Allgemeinen weniger für die systematische Erarbeitung von Grundlagenwissen schätzen (worauf das WBT abzielt), als für die Wiederholung von Lerninhalten, für Lernfortschritts-

---

791 Vgl. die Abschnitte 2.3.1.2 bis 2.3.1.4 und 2.3.2.
792 Vgl. ebd.
793 Vgl. Abschnitt 2.3.2.
794 Vgl. ebd.
795 Vgl. ebd.

messungen und für gezielte Recherchen.[796] Tatsächlich war die Akzeptanz der Studierenden für das Lernen mit dem WBT in beiden evaluierten Lehrveranstaltungen sehr hoch[797], wenngleich eine Gegenüberstellung der Evaluationen den eben genannten Befund tendenziell bestätigt: Als die didaktische Gesamtkonzeption der ersten Lehrveranstaltung E-Learning lediglich als „kursunterstützende Transaktionssoftware"[798] vorsah und das Grundlagenwissen zum Haushalts- und Rechnungswesen allein mithilfe des WBTs erarbeitet werden sollte, war die Akzeptanz deutlich geringer (wenngleich immer noch hoch) als in der zweiten Lehrveranstaltung; dort kam E-Learning als „medienunterstütztes, interaktives Lernen" zur Anwendung (Grundlagenwissen wurde systematisch in der Vorlesung behandelt und war ergänzend mit dem WBT und externe Online-Ressourcen zu vertiefen), und so wurde das WBT positiver beurteilt.[799]

5.2.1.3 Leitvorstellungen für didaktisches Handeln

Bei der Qualifizierung Studierender für das neue öffentliche Haushalts- und Rechnungswesen sollten insbesondere die Prinzipien der Förderung des kollaborativen bzw. kooperativen Lernens sowie der problemorientierten Gestaltung[800] handlungsleitend sein.[801] Dabei ist die Förderung gemeinschaftlicher Lernprozesse konzeptionell daraufhin auszurichten, die von Studierenden empfundene Anonymität im Studium zu verringern. Eine problemorientierte Gestaltung zielt hier allerdings weniger als bei Verwaltungsmitarbeitern darauf ab, einen unmittelbaren Wissenstransfer zu begünstigen und Anwendungskompetenzen aufzubauen, als vielmehr auf die notwendige Steigerung des Praxisbezugs in den Wirtschaftswissenschaften.[802]

5.2.1.4 Lerninhalte und Lehrziele

Studierende müssen das öffentliche Haushalts- und Rechnungswesen nicht unmittelbar in einem beruflichen Kontext anwenden. Deshalb ist es nicht erforderlich, Ihnen bestimmte örtliche Spezifika eines Reformkonzepts zu vermitteln, wie es bei Verwaltungsmitarbeitern notwendig ist.[803] Mit Blick auf die Anforderun-

---

796 Vgl. ebd.
797 Vgl. ebd.
798 Vgl. Abschnitt 3.1.1.
799 Vgl. Abschnitt 4.3.2.5.
800 Vgl. Abschnitt 3.1.4.
801 Vgl. Abschnitt 3.3.2.
802 Vgl. Abschnitt 3.1.4.
803 Gleichwohl sollte freilich eine Abgrenzung und Gegenüberstellung dieser in der Praxis zur Anwendung kommenden Konzepte erfolgen.

gen an die Lerninhalte müssen die „Standardinhalte" des EL-ÖHR WBTs daher nicht durch kontextspezifische „Interaktionsmedien" zum Haushalts- und Rechnungswesen ergänzt werden. Dieser Hinweis trifft allerdings nicht zu, wenn die notwendige Einbettung des Haushalts- und Rechnungswesens in ein Lehrangebot „Public Management" erfolgt und entsprechend angrenzende Themen ebenfalls E-Learning-basiert vermittelt werden sollen[804]; diese Themenfelder deckt das EL-ÖHR WBT nicht ab. Insgesamt muss es das Lehrziel sein, den Reformbedarf und in diesem Sinne die Gesamtzusammenhänge und die Wirksamkeit des neuen Haushalts- und Rechnungswesen zu vermitteln.[805]

5.2.2 Didaktische Erfolgsfaktoren

Die Vielzahl empirischer Befunde zu den Einstellungen Studierender und die Evaluationen der Integration des EL-ÖHR WBTs in die Lehre erlauben konkretere Gestaltungsempfehlungen für Blended-Learning in Universitäten, als für Verwaltungen. Gleichwohl muss die Eignung der folgenden Empfehlungen im Einzelfall besonders kritisch abgewogen werden; zu berücksichtigen sind im Einzelfall die systemimmanente Gestaltungsvielfalt von E-Learning an Universitäten und die Notwendigkeit, didaktische Konzeptionen maßgeblich an den individuellen Kompetenzen bzw. Präferenzen der Lehrenden auszurichten.[806]

In Anbetracht der oben dargelegten Befunde zur Akzeptanz kann das EL-ÖHR WBT in einer Blended-Learning-Gesamtkonzeption zwar durchaus als zentrales E-Medium zur Erarbeitung von Wissen bereitgestellt werden, insgesamt sollte es jedoch durch weitere didaktische Elemente zur Wissensaneignung ergänzt werden. So bietet sich beispielsweise eine Blended-Learning-Konzeption an, in der

- alle Grundlagen systematisch zunächst in Präsenzveranstaltungen thematisiert werden („Instruktion"), und
- mit dem „Präsentationsmedium" EL-ÖHR WBT wiederholt und vertieft werden können („E-Instruktion").

Damit behielte das EL-ÖHR WBT seine zentrale Funktion der Instruktion von Grundlagenwissen, zugleich erfolgte die Erarbeitung von Grundlagenwissen jedoch nicht allein durch individuelles E-Learning. In diesem Sinne wären die Präsenzlehre und das Lernen mit dem WBT im gesamten Semesterverlauf freilich konzeptionell aufeinander zu beziehen.

---

804 Vgl. Abschnitt 2.3.1.
805 Vgl. dazu auch die Ausführungen zur generellen Notwendigkeit eines universitären Forschungs- und Ausbildungsschwerpunktes Public Management a.a.O.
806 Vgl. Abschnitt 2.3.2.

Der E-Learning-Anteil des Blended-Learning ließe sich so auch stärker für die bedarfsgerechte Förderung kooperativen und kollaborativen Lernens nutzen. Hier sollte – unter Berücksichtig der entsprechenden Wünsche von Studierenden der BWL[807] – der Praxisbezug durch vermehrte Beispiele und Konkretisierungen im Mittelpunkt stehen, auch wenn das EL-ÖHR WBT bereits eine ganz Reihe entsprechender Bezüge herstellt. Ähnlich wie für die didaktische Gestaltung der Qualifizierung von Verwaltungsmitarbeitern wird hier ein Planspiel-Element vorgeschlagen. Das Planspiel sollte nach der Erarbeitung und ersten (virtuellen) Anwendung von Wissen durchgeführt werden, möglichst umfassend die Aufgabenfelder moderner Verwaltungsführung abdecken und zum Austausch und zur Reflexion herausfordern. Dabei sollten die Gruppen nicht eingeteilt werden, sondern sich selbst formieren.[808]

Außerdem sollte berücksichtigt werden, dass die Übungen im EL-ÖHR WBT kaum für die von Studierenden gewünschte selbstgesteuerte Lernerfolgsmessung ausreichen: Im Idealfall können Studierende

- während der erstmaligen Auseinandersetzung mit einem Thema – die in den Präsenzveranstaltungen stattfindet – durch Kommunikation mit dem Dozenten und Kommilitonen sicherstellen, dass sie den didaktisch intendierten Zugang zu einem Thema gewinnen konnten, und
- während der Vertiefung und Wiederholung von Inhalten mit dem EL-ÖHR WBT
  o auf die darin enthaltenen Übungen sowie
  o auf ergänzende Angebote der Lernerfolgsmessung auf der Lernplattform zugreifen.

Die unabhängig von einer didaktischen Gesamtkonzeption insgesamt ausgesprochen hohe Akzeptanz der Studierenden für das WBT[809] spricht freilich dafür, dieses auch dann in die universitäre einzubeziehen, wenn es nicht im Kontext eines didaktisch anspruchsvollen Blended-Learning verwendet werden kann. Dies gilt insbesondere, weil die Forderungen Studierender nach inhaltlicher Qualität von E-Learning-Angeboten den Befragungen zufolge durch das WBT befriedigt werden.

Die vergleichsweise geringe Akzeptanz der Studierenden in den beiden evaluierten Blended-Learning-Lehrveranstaltungen für alle stärker „herausfordernden" Elemente der Leistungserbringung[810] führt hier bewusst nicht dazu, diese nicht mehr zu empfehlen. Es wird im Sinne angemessener didaktischer Leitvorstellun-

---

807   Vgl. Abschnitt 2.3.1.1.
808   Vgl. Abschnitt 4.3.2.
809   Vgl. Abschnitt 4.3.2.
810   Vgl. ebd.

gen davon ausgegangen, dass selbstgesteuertes, reflektierendes Lernen grundsätzlich gefördert werden sollte.

Wird Studierenden bei der E-Learning-basierten Qualifizierung stärker als Verwaltungsmitarbeitern von Anfang an selbstgesteutes Lernen abverlangt[811], so erhalten Unterstützungsfunktionen und die Strukturierung der Angebote eine herausragende Bedeutung. Dem entspricht die vorgesehene Implementierung digitaler „Lesezeichen" in das EL-ÖHR WBT, zumal sie von Studierenden ausdrücklich gewünscht werden. In diesem Sinne sollten auf der Lernpattform auch ergänzende Zusammenfassungen bereitgestellt werden.[812]

Damit sieht der Gestaltungsvorschlag für Blended-Learning-Konzeptionen in der universitären Lehre folgende Elemente vor:

1.) Präsenzveranstaltungen: Erarbeitung von Grundlagenwissen (systematische Behandlung von Grundlagenwissen) sowie Austausch und kritische Reflexion von Wissen (Diskussion aller Themen; Präsentation und Diskussion von Expertentexten);

2.) Individielles E-Learning:

    I. Erarbeitung von Grundlagenwissen und individuelle Spezialisierung mit E-Medien: EL-ÖHR WBT, Glossar, externe Websites (Tutoren als Ansprechpartner).

    II. Anwendung von Wissen und Können:

        • Übungen und Tests des EL-ÖHR WBTs (Feedback durch das System);

        • ergänzende Angebote der systematischen Lernerfolgsmessung innerhalb der verwendeten Lernplattform (Feedback durch das System)[813];

        • Beantwortung offen formulierter Fragen zu den Inhalten des EL-ÖHR WBTs / Einsendung über die Lernplattform (Feedback durch Tutoren);

---

811 Vgl. Abschnitt 5.2.1.1.
812 Vgl. die Abschnitte 4.3.2 und 2.3.1.1.
813 Mit diesem ergänzenden Element (im Vergleich zur didaktischen Gesamtkonzeption der in Abschnitt 4.3.2.3 evaluierten Veranstaltung Public Management II) wird berücksichtigt, dass Studierende E-Learning-Angebote zur Lernerfolgsmessung besonders schätzen (vgl. Abschnitt 2.3.3).

- individuelle Erarbeitung und Veröffentlichung eines Expertentextes im Forum (Feedback durch Tutoren).

III. Austausch und Reflexion von Wissen:

- Allgemeine Diskussion im Forum (Feedback durch Tutoren);

- Pflicht zur Veröffentlichung „konstruktiver" Kommentare zu Expertentexten von Kommilitonen (Feedback durch Kommilitonen und Tutoren);

- „Planspiel Public Management" (Feedback durch Tutoren).

3.) Kooperatives bzw. kollaboratives E-Learning:

I. Anwendung sowie Austausch und Reflexion von Wissen und Können:

- Entwicklung konkreter Argumentations- und Prozessstrategien in virtuellen Gruppenräumen, ausgehend von einer authentischen politischen Auseinandersetzung im Rahmen einer lokalen Reform des öffentlichen Haushalts- und Rechnungswesens (Feedback durch Tutoren[814]).

Die damit auf Grundlage der Ergebnisse dieser Arbeit identifizierten didaktischen Erfolgsfaktoren für E-Learning zum neuen öffentlichen Haushalts- und Rechnungswesen in Universitäten veranschaulicht zusammenfassend Abbildung 59.

---

814 Hier ist enge Begleitung erforderlich, um produktive Fortschritte zu unterstützen, wie sich auch in den Evaluationen gezeigt hat.

Lernziele	Methodische Kernidee Sozialformen	Unterstützung des Lernens mit E-Medien	Unterstützung des Lernens mit E-Communication
Erarbeitung von Wissen	Wissenserarbeitung durch Informationen, (multimedial) aufbereitete Lerninhalte. Lernen im Plenum, Einzellernen zur Erarbeitung von Wissen	*Informations-, Trainingssysteme:* **EL-ÖHR WBT, Glossar, externe Websites, Zusammenfassungen**	*E-Instruktion, „Lecturing"-Systeme:* **keine (ergänzende Instruktion in Präsenzveranstaltungen)**
		Informationssystem Lerner	Instruktor Lerner
Anwendung von Wissen und Können	Wissensanwendung durch Feedback (durch das Lernsystem und/oder durch Tutoren) Einzel-, Gruppenlernen	*Interaktive Systeme:* **Übungen und Tests im EL-ÖHR WBT und auf der Lernplattform (Feedback durch das System). Beantwortung offener Fragen via Lernplattform / Veröffentlichung von Expertentexten im Forum (Feedback durch Tutoren)**	*E-Tutoring, Feedbacksysteme:* **Kommunikation des Tutors mit den Lernenden zur Unterstützung der Lernprozesse, Online-Feedback, prozessbezogene Lernhilfen**
		Interaktives System Lerner	Tutor Lerner
Austausch und (kritische) Reflexion von Wissen, Lösung komplexer Probleme	Austausch und (kritische) Reflexion von Wissen durch multiple Perspektiven, authentische, komplexe Situationen, experimentelles Lernen, Einzel-, Gruppenlernen	*„Offene" Lernsysteme, Simulationssysteme:* **"Planspiel Public Management"**	*E-Moderation, E-Coaching, Kollaborationssyteme:* **teambasierte Projektarbeiten. moderierte Diskussion der Expertentexte im Forum**
		Simulationssystem Lerner	Moderator Lerner

Abbildung 59: Didaktische Erfolgsfaktoren für Universitäten: Bedarfsgerechte Lernszenarien im Rahmen der E-Learning-gestützten Qualifizierung mit dem EL-ÖHR WBT. Darstellung in Anlehnung an Seufert und Euler (2005), S.38

5.3 Ausblick

Die hier vorgestellten Empfehlungen für die Gestaltung E-Learning-basierter Qualifizierung zum neuen öffentlichen Haushalts- und Rechnungswesen mit dem EL-ÖHR WBT stellen einen empirisch fundierten Ausgangspunkt für kontextspezifische Überlegungen dar. Vor dem Hintergrund der möglichen Gestaltungsvielfalt von E-Learning muss jede Organisation eine eigene Form des E-Learning entsprechend ihrer Ziele, Maßnahmen und Technologien für sich definieren. Die Arbeit hat jedoch gezeigt, dass eine – an den allgemeinen Zielen der Aus- und Weiterbildung der betreffenden Organisation ausgerichtete – Einbeziehung von E-Learning in die notwendige Qualifizierung im neuen Haushalts- und Rechnungswesen generell erfolgen muss, wenn die erheblichen Innovationspotenziale nicht ignoriert werden sollen.

Der eklatante Mangel entsprechender Anwendungskompetenzen in Verwaltungen und das geradezu als „sträflich" zu bezeichnende Defizit universitärer Ausbildung und Forschung zum neuen öffentlichen Haushalts- und Rechnungswesen erfordern flächendeckend erhebliche Anstrengungen, um bedarfsgerechte, E-Learning-basierte Angebote in hinreichender Quantität bereitzustellen. Dabei muss gerade in Verwaltungen systematisch Vertrauen in neue Lernmethoden aufgebaut werden; wie die Arbeit gezeigt hat, ist die Ausgangssituation dafür gut.

Es ist keine neue Erkenntnis mehr, dass die Akzeptanz für E-Learning erfolgskritisch ist. Die Arbeit hat konkretisiert, wie in der künftigen Qualifizierungspraxis Akzeptanz gewonnen werden kann: Zunächst müssen Lernende durch offene Kommunikation bereits in den Einführungsprozess einbezogen werden. Dann sind das Vorwissen der Zielgruppe und die Qualifikation im Umgang mit E-Learning in die Planung einzubeziehen. Schließlich müssen motivational-emotionale Faktoren, organisationale Rahmenbedingungen und die technische Ausstattung bereits bei der Planung berücksichtigt werden.

In öffentlichen Verwaltungen ist es außerdem notwendig, lernförderliche Rahmenbedingungen zu schaffen und E-Learning konzeptionell mit den vorhandenen Weiterbildungsangeboten zu verschränken. In diesem Sinne stellt die Entwicklung einer grundlegenden E-Learning-Konzeption und die dafür erforderliche Bereitschaft zur strategischen Positionierung – im Einzelfall womöglich auch gegenüber kritischer Stimmen von Personalvertretungen – eine wesentliche Voraussetzung für erfolgreiches E-Learning dar. An einer Einbeziehung zeitgemäßer Medien in die Aus- und Weiterbildung führt mittelfristig kein Weg vorbei. Dies gilt für Verwaltungen umso mehr, da hier im Zusammenhang mit dem Haushalts- und Rechnungswesen ein stetiger Weiterbildungsbedarf abzusehen ist.

So wie der Kostenfaktor der Qualifizierung kein Argument für den derzeit teil-weise noch erlaubten „Umweg" über die erweiterte Kameralistik darstellt, so wenig sollte – trotz der Ressourcenknappheit im öffentlichen Sektor – die generell anzustrebende Kostenneutralität das alleinige Entscheidungsmerkmal pro oder contra E-Learning sein. Die möglichen „organisationalen Mehrwerte" durch E-Learning, etwa die konzeptionelle Initiierung eines internen Wissensmanagements, können im Einzelfall höhere Kosten rechtfertigen, zumal diese sich im Zuge der wiederholten Anwendung E-Learning-basierter Qualifizierung verringern dürften.

Die Universitäten müssen die von mehreren Seiten artikulierten Ansprüche an einen höheren Praxisbezug der Forschung und Lehre ernst nehmen. E-Learning bietet hierfür deutlich erweiterte Gestaltungsoptionen, mit denen zugleich die Betreuungssituation verbessert, die Anonymität im Studium verringert und dringend erforderlich didaktische Impulse gesetzt werden können. Die Wünsche von Studierenden der Wirtschaftswissenschaften lassen sich auch wegen der ausgesprochen positiven individuellen Voraussetzungen dieser Zielgruppe ideal mit E-Learning aufgreifen. Dabei müssen zukünftig auch die günstigen Chancen auf dem Weiterbildungsmarkt für entsprechende Angebote erschlossen werden.

Vor dem Hintergrund des in der Arbeit angesprochenen rasanten Wandels des Umfelds für Bildung stellen sich zum Schluss dieser Arbeit allerdings noch einige ebenso grundsätzliche wie weit reichende Fragen, die künftig womöglich jede Überlegung für und wider E-Learning beeinflussen werden. So muss generell beachtet werden, dass die „Halbwertszeit" von Wissen sich ganz massiv verkürzt. Zudem hat sich zwar die Verfügbarkeit von Wissen über die neuen Technologien grundlegend verändert – das Internet stellt quasi eine „Weltbibliothek" zur Verfügung –, geändert hat sich aber bisher nicht der Erwerb von Wissen durch das Individuum. Im Gegenteil: Die ubiquitäre Verfügbarkeit über eine „Weltbibliothek" scheint das personale Aneignen von Wissen künftig quasi überflüssig zu machen; möglicherweise ist in Zukunft lediglich die Fähigkeit gefordert, sich die notwendigen Informationen jederzeit über die „Weltbibliothek" zu beschaffen. Das hieße unter Umständen, dass die mit Hilfe von E-Learning-Angeboten (wie dem EL-ÖHR WBT) angestrebte Verbesserung der Wissensaneignung ein völlig falscher bzw. zumindest kein zukunftsweisender Ansatz sein könnte – diese ist möglicherweise ein falscher Ansatz.

„Amateurwissenschaftler" erfahren heute tatsächlich immer mehr Beachtung (vgl. das Phänomen *Wikipedia*). Dies bedeutet aber auch, dass die neuen Medien möglicherweise weniger eine Form der „Vergesellschaftung" von verfügbarem Wissen darstellen, als dass sie vielmehr eine Vergesellschaftung von Halb- und Unwissen mit entsprechend medialer Aufbereitung als Grundlage einer virtuellen Welt bewirken. Dann geht es auch nicht mehr um richtig oder falsch, d.h. die klassische Wahrheitsfindung von Wissenschaft (mit einer entsprechenden Transferleistung in individuelles Wissen), sondern eher um den Abbau des gesellschaftlichen Stellenwertes und der Funktion von Wissen. Das Prinzip „Jekami" („jeder kann mitmachen") in der Wissenschaft ist nicht Bestandteil der Realität, sondern wird wichtiger Teil für die Existenz und Einbindung der Individuen in virtuelle Welten. Über das „Mitmachen" findet die Akzeptanz der virtuellen Welt (und deren Illusion) Bedeutung.

Eng verbunden mit der Einbindung in diese „Pseudowissensgenerierung" stellt sich eine Art „Demokratisierung des Produktionsprozesses von Wissen" dar – jeder kann sich entsprechend in diesen Prozess einbringen. Dies bedeutet aber zugleich den Verzicht und den Abbau von Professionalität. Professionalität verlagert sich auf die Medientechnologie, nicht mehr auf die zu transportierenden Wissensinhalte. Nur jener Content wird wichtig und damit beteiligungsinteressant für den Einzelnen, der materiell für eben diesen Einzelnen etwas „bringt", wie beispielsweise Spaß, Profilierung, Geld etc. Demnach würde E-Learning möglicherweise dazu beitragen, dass es nicht mehr um richtig oder falsch (Wahrheit) geht, sondern über eine virtuelle Wissenschaft um die Funktionalität für die Steuerung einer breiten (pseudoindividualisierten) Masse in einer virtuellen Welt.

Quellenverzeichnis

Literatur

Anderson, T./Elloumi, F. (Hrsg.), Theory and Practice of Online Learning, Athabasca 2004.

Baacke, E./Schröter, W., Lernwege zum Electronic Government. Online Arbeiten - Online Lernen (Talheimer Sammlung kritisches Wissen, Bd. 42), Mössingen-Talheim 2003.

Dies., Perspektive Electronic Government, in: Dies. (2003), S.7-11.

Becker, A., Generationengerechte Finanzpolitik, in: Stiftung für die Rechte zukünftiger Generationen (2003), S.243-271.

Berens, W./Budäus, D./Buschor, E. u.a., Hamburger Thesen – Kamerales Haushalts- und Rechnungswesen in einem demokratischen Gemeinwesen nicht mehr vertretbar. 20 Thesen zum notwendigen Wechsel von der Kameralistik zu einer integrierten Verbundrechnung mit outputorientierter Budgetierung, Hamburg 2007.

Blümle, E.-B./Pernsteiner, H./Purtschert, R./Andeßner, R.C. (Hrsg.), Öffentliche Verwaltung und Nonprofit-Organisationen. Festschrift für Reinbert Schauer, Wien 2003.

Bogumil, J./Grohs, S./Kuhlmann, S./Ohms, A., Zehn Jahre Neues Steuerungsmodell. Eine Bilanz kommunaler Verwaltungsmodernisierung, Berlin 2007.

Bok, D., Universities in the Marketplace. The Commercialization of Higher Education, Princeton 2004.

Brahm, T., Social Software und Personal Broadcasting. Stand der Forschung, in: Seufert (2007), S.20-39.

Budäus, D., Notwendigkeit eines Forschungs- und Ausbildungsschwerpunktes „Informations-, Struktur- und Finanzmanagement öffentlicher Verwaltungen (Public Management)" an den wirtschafts- und sozialwissenschaftlichen Fakultäten deutscher Universitäten, in: Schauer/Budäus/Reichard (2006), S.7-18.[815]

---

815 In der Arbeit referenziert als Budäus (2006a).

Ders., Reform des öffentlichen Haushalts- und Rechnungswesens in Deutschland, in: Die Verwaltung, 39/2006, H. 2, S. 187-214.[816]

Ders., Verwaltungsreform zwischen Bürokratiemodell und Institutionenökonomie, in: Schauer (2006), S.19-30.[817]

Ders./Hilgers, D., Reform des öffentlichen Haushalts- und Rechnungswesens in Deutschland – Stand und Perspektiven, in: Schauer (2007), S. 23-60.

BMWA, E-Learning für Mittelstand und öffentliche Verwaltungen. Ein Leitfaden zur erfolgreichen Nutzung und Produktion moderner E-Learning-Angebote, Berlin 2004.

Bundesrechnungshof, Bericht nach § 99 Bundeshaushaltsordnung über die Modernisierung des staatlichen Haushalts- und Rechnungswesens, Bonn 2006 (auch online unter www.bundesrechnungshof.de/veroeffentlichungen/ sonderberichte/bericht_modernisierung_haushalts-rechnungswesen.pdf, 16.05.2007; veröffentlicht auch als Bundestagsdrucksache 16/2400, http:// dip.bundestag.de/btd/16/024/1602400.pdf, 16.05.2007).

Bürg, O./Kronburger, K./Mandl, H., Implementation von E-Learning in Unternehmen – Akzeptanzsicherung als zentrale Herausforderung (Forschungsbericht Nr. 170), München 2004.

Buschor, E., Möglichkeiten und Grenzen des E-Learning, in: Miller (2005), S.208-214.

Busian, A./Drees, G./Lang, M. (Hrsg.), Mensch -Bildung - Beruf. Herausforderungen an die Berufspädagogik. Festschrift für Günter Pätzold zum 60. Geburtstag (Dortmunder Beiträge zur Pädagogik, Bd. 35). Bochum 2004.

Clark, R. C./Kwinn, A., The new virtual Classroom. Evidence-based Guidelines for synchronous E-Learning, San Francisco 2007.

Deutsches Institut für Normung e.V., Grundsätze der Dialoggestaltung. ISO 9241-110:2006 (Deutsche Fassung EN ISO 9241-110:2006 = Dialogue principles = Principes de dialogue), Berlin 2006.

Ehlers, U-D., Qualität im E-Learning aus Lernersicht. Grundlagen, Empirie und Modellkonzeption subjektiver Qualität, Wiesbaden 2004.

---

816 In der Arbeit referenziert als Budäus (2006b).
817 In der Arbeit referenziert als Budäus (2006c).

Ehlers, U.-D./Pawlowski, J. M. (Hrsg.), Handbook on Quality and Standardisation in E-Learning, Berlin/Heidelberg/New York 2006.

Ders./Goertz, L./Hildebrandt, B./Pawlowski, J., Qualität im E-Learning. Nutzung und Verbreitung von Qualitätsansätzen im europäischen E-Learning. Eine Studie des European Quality Observatory, Luxemburg 2005 (auch online unter http://cms.eun.org/shared/data/pdf/qualitaet_im_e-learning_pano rama_dt.pdf, 15.08.2006).

Edwards, A.D.N./Holland, S. (Hrsg.), Multimedia Interface Design in Education (NATO ASI Series/Series F: Computer and Systems Sciences, 76), Berlin/Heidelberg 1992.

Enders, A., Interneteinsatz in der betriebswirtschaftlichen Aus- und Weiterbildung. Strategische Positionierungsmöglichkeiten für Hochschulen, Wiesbaden 2002.

Euler, D., Didaktische Gestaltung von E-Learning-unterstützten Lernumgebungen, in: Ders./Seufert (2005), S.227-242.

Ders./Hahn, A., Wirtschaftsdidaktik, Bern/Stuttgart/Wien 2004.

Euler, D./Pätzold, G./Walzik, S. (Hrsg.), Kooperatives Lernen in der beruflichen Bildung (Zeitschrift für Berufs- und Wirtschaftspädagogik, 21), Stuttgart 2007.

Euler, D./Seufert, S. (Hrsg.), E-Learning in Hochschulen und Bildungszentren. Gestaltungshinweise für pädagogische Innovationen (E-Learning in Wissenschaft und Praxis, 1), München/Wien 2005.

Euler, D./Wilbers, K., Selbstlernen mit neuen Medien didaktisch gestalten (Hochschuldidaktische Schriften, 1), St. Gallen 2002.

Frankenberg, P./Müller-Bölling, D. (Hrsg.), Realität der virtuellen Hochschulen. Multimediale Lehre in Baden-Württemberg, Produkte - Erfahrungen - Perspektiven, Bertelsmann Stiftung, Gütersloh 2004.

Friedrich, H. F./Hron, A./Hesse, F. W., A Framework for Designing and Evaluating Virtual Seminars, in: European Journal of Education, 36(2)/2001, S. 157-174.

Gagné, R. M./Biggs, L. J./Wagner, W. W., Principles of Instructional Design, New York 1988.

Geser, H., Online-Unterricht an Universitäten. Entwicklungschancen, Folgeprobleme und Grenzen, in: Miller (2005), S.115-133.

Gillani, B. B., Learning Theories and the Design of E-Learning Environments, Lanham u.a. 2003.

Haben, M., E-Learning in large german companies - most of the concepts are not effective, in: Computerwoche, 22/2002, S. 12-16.

Hanft, A./Knust/M., Was deutsche Hochschulen von anderen lernen können. Hochschulweiterbildung im internationalen Vergleich, in: Forschung & Lehre (11/2007), S.658-661.

Hasanbegovic, J., Kategorisierungen als Ausgangspunkt der Gestaltung innovativer E-Learning-Szenarien, in: Euler/Seufert (2005), S. 244-261.

Harhoff, D./Küpper, C., Akzeptanz von E-Learning, München 2002.

Hauff, M., E-Learning in der öffentlichen Verwaltung – Bedingungsfaktoren für eine erfolgreiche Implementierung, in: Schulz/Glump (2005), S.319-332.

Hilgers, D., Veränderungstreiber, Reformelemente und aktuelle Anpassungsniveaus des neuen öffentlichen Haushalts- und Rechnungswesens (Public Management – Diskussionsbeiträge, 59/2007, hrsg. v. Dietrich Budäus), Hamburg 2007.

Hyder, K./Kwinn, A./Miazga, R./Murray, M., Synchronous E-Learning. How to design, produce, lead, and promote successful Learning Events, live and online, Santa Rosa 2007.

Ders., Performance Management. Leistungserfassung und Leistungssteuerung in Unternehmen und öffentlichen Verwaltungen, Wiesbaden 2008 [im Druck].

Innenministerkonferenz, Reform des Gemeindehaushaltsrechts. Von einem zahlungsorientierten zu einem ressourcenorientierten Haushalts- und Rechnungswesen, in: Ständige Konferenz der Innenminister und -senatoren der Länder (Hrsg.), Sammlung der zur Veröffentlichung freigegebenen Beschlüsse der 173. Sitzung der Ständigen Konferenz der Innenminister und -senatoren der Länder am 21. November 2003 in Jena (auch online unter www.berlin.de/imperia/md/content/seninn/imk2007/beschluesse/031121imk_173.pdf, 15.05.2007), Berlin 2003, S.19-21.

Jaques, D./Salmon, G., Learning in Groups. A Handbook for face-to-face and Online-Environments, New York 2007.

Kerres, M., Multimediale und telemediale Lernumgebungen. Konzeption und Entwicklung, München, Wien 2001.

Ders., Von der Pionierleistung in den Alltag. Nachhaltige Implementierung mediengestützter Lehre (Wissenschaftsmanagement. Zeitschrift für Innovation, 5, S.17-20), Bonn 2001.

KGSt, Fortbildung für das Neue Haushalts- und Rechnungswesen (KGSt-Bericht 11/2003), Köln 2003.

Dies., Fortbildung im Wandel (KGSt-Bericht 5/2000), Köln 2000.

Dies., Das Neue Steuerungsmodell. Begründung, Konturen, Umsetzung (KGSt-Bericht 5/1993) (auch online unter www.kgst.de/menu_oben/die_kgst/ verwaltungsreform/5_1993.pdf, 17.05.2007), Köln 1993.

Köllinger, P. (Hrsg.), Report E-Learning in Deutschen Unternehmen, Düsseldorf 2003.

Kraemer, W./Sprenger, P., Step by Step. Von der Strategie zur Implementierung, in: Köllinger (2003), S.175-235.

Krickl, O., Wissensmanagement in der öffentlichen Verwaltung, in: Blümle/Pernsteiner/Purtschert/Andeßner (2003), S.285-304.

Küpper, E./Lambertz, T., NKF – Innovation im Rechnungswesen und Innovation in der Qualifizierung, in: Proll/Reckert (2006), S.75-91.

Lambertz, T., NKF: Innovation im Rechnungswesen... und Innovation in der Qualifizierung, in: Behörden Spiegel, Juni 2006. o.S.

Lüder, K., Neues öffentliches Haushalts- und Rechnungswesen. Anforderungen, Konzept, Perspektiven, Berlin 2001.

Ders./Jones, R. (eds.), Reforming governmental accounting and budgeting in Europe, Frankfurt/Main 2003.

Mayes, J.T., The 'M-Word'. Multimedia Interfaces and their Role in Interactive Learning Systems, in: Edwards/Holland (1992), S.1-22.

Miller, D. (Hrsg.), E-Learning. Eine multiperspektivische Standortbestimmung, Bern/Stuttgart/Wien 2005.

Müller-Böling, D., Virtuelle Hochschule Baden-Württemberg: Die Realität eines föderalistischen Großexperiments, in: Frankenberg/Müller-Bölling (2004), S.152-159.

Müller-Osten, A., Der öffentliche Haushalt als Institution parlamentarischer Kontrolle (Hochschulschriften, Bd. 116), Marburg 2007.

Projekt „Kommunale Doppik Rheinland-Pfalz" (Hrsg.), Empfehlungen zu Schulungen, Bildungsinhalten und Zielgruppen sowie Empfehlungen zum Einsatz von E-Learning, in: Dass. (Hrsg.), Schlussbericht Juni 2005 (auch online unter www.rlp-doppik.de/Schlussbericht/, 04.06.2007), o.S.

Proll, R.U./Reckert, K. (Hrsg.): Neues Kommunales Finanzmanagement. Rahmenbedingungen, Hintergründe, Potenziale und Fallstricke der Reform des Gemeindehaushalts (Reihe "Verwaltung aktuell" - Behörden-Spiegel), Köln 2006.

Rinn, U./Meister, D.M. (Hrsg.), Didaktik und Neue Medien. Münster 2004.

Schauer, R. (Hrsg.), Öffentliche und private Organisationen im Wandel. Ehrenpromotion von Univ.Prof. Dr. Dietrich Budäus, Hamburg, Univ.Prof. Dr. Dr. h.c. Norbert Thom, Bern, an der Johannes Kepler Universität Linz am 4. April 2006, Linz 2006.

Ders. (Hrsg.), Die „kommunale Doppik". Theoretische und praktische Überlegungen zur Neuorganisation des kommunalen Rechnungswesens im Lichte internationaler Erfahrungen. Linz 2007

Ders., Die „Kommunale Doppik" – eine Notwendigkeit?, in: Ders. (2007).

Ders./Budäus, D./Reichard, C. (Hrsg.), Public und Nonprofit Management. Arbeitsberichte und Forschungsergebnisse aus Deutschland und Österreich, Linz 2006.

Schulmeister, R., Virtuelle Universität – Virtuelles Lernen. München, Wien 2001.

Ders., Grundlagen hypermedialer Lernsysteme. Theorie – Didaktik – Design, 3. Auflage, München/Wien 2002.

Ders., Lernplattformen für das virtuelle Lernen, München 2003.

Ders., Didaktisches Design aus hochschuldidaktischer Sicht. Ein Plädoyer für offene Lernsituationen, in Rinn/Meister (2004), S.19-49.[818]

Ders., Kriterien didaktischer Qualität im E-Learning zur Sicherung der Akzeptanz und Nachhaltigkeit, in: Euler/Seufert (2005), S.473-492.[819]

Ders., eLearning: Einsichten und Aussichten, München 2006.

Schulz, M./Glump, Heinz (Hrsg.), Fernausbildung ist mehr... Auf dem Weg vom technologischen Potenzial zur didaktischen Innovation, Augsburg 2005.

Schwiering, K., Electronic Government: Ein Konzept zur innovativen Neugestaltung öffentlicher Aufgabenwahrnehmung, Münster 2005.

Seufert, S., E-Learning: Ernüchterung und neue Chancen, in: Berufsbildung 80 (2003), Nr. 57, S. 8-11 (auch als Manuskript online: http://scil.ch/seufert/docs/ernuechterung-chancen-elearning.pdf, 18.06.2007).

Dies., ‚Ne(x)t Generation Learning' – Was gibt es Neues über das Lernen?, in: Dies./Brahm (2007), S.2-19.

Kirkman, G.S., The global Information Technology Report 2001-2002. Readiness for the Networked World, New York/Oxford 2002.

Perelman, L.J., School's Out. A radical new Formula for the Revitalization of America's Educational System, New York 1993.

Pittinsky, M.S. (Hrsg.), The Wired Tower. Perspectives on the Impact of the Internet on Higher Education, Upper Saddle River 2003.

Seufert, S./Euler, D., Learning Design: Gestaltung eLearning-gestützter Lernumgebungen in Hochschulen und Unternehmen (SCIL-Arbeitsbericht 5, Hrsg. v. Dieter Euler und Sabine Seufert), St. Gallen 2005.

Statistisches Bundesamt (Hrsg.), Finanzen und Steuern. Personal des öffentlichen Dienstes, Wiesbaden 2007.

Stiftung für die Rechte zukünftiger Generationen (Hrsg.), Handbuch Generationengerechtigkeit, München 2003.

---

818 In der Arbeit referenziert als Schulmeister (2004a); vgl. dazu auch die Internetquellen des Autors im folgenden Abschnitt.
819 In der Arbeit referenziert als Schulmeister (2005a); vgl. ebd.

Twigg, C., Quality, Cost and Access. The Case for Redesign, in: Pittinsky (2003), S.111-143.

Uhl, V., Virtuelle Hochschulen auf dem Bildungsmarkt. Strategische Positionierung unter Berücksichtigung der Situation in Deutschland, Österreich und England, Wiesbaden 2003.

Venkatesh, V./Davis, F. D., A theoretical extension of the Technology Acceptance Model. Four longitudinal field studies, in: Management Science, 46/2000, S. 186-204.

Wegweiser GmbH/Fraunhofer eGovernment-Zentrum (Hrsg.), Monitoring eGovernment 2004/2005 – Monitoring Verwaltungsmodernisierung und eGovernment, Berlin 2004.

Wegweiser (Hrsg.), Jahrbuch Monitoring eGovernment und Verwaltungsmodernisierung. Deutschland 2006/2007, Berlin 2006.

Wirth, M., Die Lehr- und Lernkultur als Ausgangspunkt und Gestaltungsfeld nachhaltiger E-Learning-Implementierungen, in: Euler/Seufert (2005), S.373-403.

Zimmer, G., Erfolgsfaktoren virtueller Studienangebote, in: Busian/Drees/Lang (2004), S.198-208.

Internetquellen

Aceto, S./Delrio, C./Dondi, C., Evolving E-Learning (Helios Yearly Report, 2005/2006; www.education-observatories.net/helios, 10.12.2006), o.O. 2006.

Bertelsmann-Stiftung, Balanced E-Government. Transfer von Informationen (www.bertelsmann-stiftung.de/bst/de/media/xcms_bst_dms_18423_18424_2.pdf, 21.06.2007), Gütersloh 2002.

BMBF (Hrsg.), Deutsche Weiterbildungsanbieter auf internationalen Märkten. Daten – Fallstudien – Perspektiven (www.bmbf.de/pub/deutsche_weiterbildungsanbieter.pdf, 12.11.2007), Bonn 2003.

Dass., Bekanntmachung von Förderrichtlinien des Bundesministeriums für Bildung und Forschung zum Förderschwerpunkt ʹWirtschaftswissenschaften für Nachhaltigkeitʹ (www.bmbf.de/de/4799.php, 01.11.2007), o.O. 2005a.

Dass. (Hrsg.), Studiensituation und studentische Orientierungen. 9. Studieren-densurvey an Universitäten und Fachhochschulen (www.bmbf.de/pub/ studiensituation_und_studentische_orientierungen_2005.pdf, 23.10.2007), Berlin 2005b.

Dass. (Hrsg.), Berichtssystem Weiterbildung IX. Integrierter Gesamtbericht zur Weiterbildungssituation in Deutschland (www.bmbf.de/pub/ berichtsystem_weiterbildung_neun.pdf, 12.11.2007), Berlin 2006a.

Dass. (Hrsg.), Das Studium Betriebswirtschaftslehre. Eine Fachmonographie aus studentischer Sicht (http://w3.ub.uni-konstanz.de/v13/volltexte/2006/ 1941/pdf/Fachmonographie_BWL.pdf, 02.11.2007), Bonn/Berlin 2006b.

O.V., eLearning-Anwendungspotenziale bei Beschäftigten (Studie im Auftrag von nordmedia - Die Mediengesellschaft Niedersachsen/Bremen mbH und Kompetenzzentrum eLearning Niedersachsen) (www.mmb-institut.de/ 2004/pages/projekte/e_learning/e18.pdf, 19.06.2007), Hannover 2004.

O.V., Electronic Government als Schlüssel zur Modernisierung von Staat und Verwaltung. Ein Memorandum des Fachausschusses Verwaltungsinforma-tik der Gesellschaft für Informatik e.V. und des Fachbereichs 1 der Infor-mationstechnischen Gesellschaft im VDE (www.gi-ev.de/fileadmin/ redaktion/Download/presse_memorandum.pdf, 07.09.2007), Bonn/Frank-furt 2000.

O.V., E-Learning-Potenziale im E-Government in NRW. Eine Studie im Auftrag des Informationsbüros d-NRW (www.egovernmentplattform.de/fleadmin/ user_upload/PDF/E-Learning_Studie_Informationsb_ro_d-NRW_2006. pdf, 20.06.2007), Bochum 2006.

Georgieff, P./ Kimpeler, S./Revermann, C., eLearning in der beruflichen Aus-und Weiterbildung. Sachstandsbericht zum Monitoring eLearning (Hrsg. v. Büro für Technikfolgen-Abschätzung beim Deutschen Bundestag, Ar-beitsbericht Nr. 105), (www.tab.fzk.de/de/projekt/zusammenfassung/ ab105.pdf, 29.08.2007), o.O. 2005.

Gottfried, C./Hager, G./Scharl, W., Kriterienkatalog zur qualitativen Bewertung von Lernsoftware (http://pib-wien.dienstleistungen.ws/esffubb/lektion/ kriterienkata log.pdf, 26.11.2007), o.O. 2002.

Gscheidle, C./Fisch, M., Onliner 2007: Das „Mitmach-Netz" im Breitbandzeital-ter, in: Media Perspektiven, 8/05 (www.daserste.de/service/ardonl0407. pdf, 02.01.2008), S. 393-405.

Hauschildt, T., Chefsache E-Government. Leitfaden für Behördenleiter (www. bsi.bund.de/fachthem/egov/download/1_Chef.pdf, 19.06.2007, auch erschienen in: Bundesamt für Sicherheit in der Informationstechnik (Hrsg.), E-Government-Handbuch, 2006), o.O. 2006.

O.V., Kommunale Doppik Rheinland-Pfalz, Abschlussbericht - Empfehlungen zu Schulungen, Bildungsinhalten und Zielgruppen sowie Empfehlungen zum Einsatz von E-Learning (Ein Gemeinschaftsprojekt des Landes Rheinland-Pfalz und der kommunalen Spitzenverbände) (http://rlp-doppik. m-treuhand.de/Schlussbericht/Folder.2005-07-15.1880081541/ 02%20Abschlussbericht%20E-Learning.pdf, 11.10.2007), o.O. 2005.

O'Reilly, T., What Is Web 2.0. Design Patterns and Business Models for the Next Generation of Software (www.oreillynet.com/pub/a/oreilly/tim/news/ 2005/09/30/what-is-web-20.html, 08.08.2007), o.O. 2005.

O.V., Online-Arbeiten im Virtuellen Rathaus. Gewerkschaftliches Memorandum an das Projekt „Media@Komm" (www.governet.de/alotta/user/governet. de/img/000/001/ 1414.pdf, 08.09.2007), Esslingen 2001.

Reinmann-Rothmeier, G., Mediendidaktik und Wissensmanagement (www. medienpaed.com/02-2/reinmann1.pdf, 18.06.2007), o.O. 2002.

Resnick, M., Rethinking Learning in the Digital Age (http://llk.media.mit.edu/ papers/mres-wef.pdf, 18.03.2008), auch erschienen in: Kirkman (2002), S.32-37.

Rickert, A., WBT-Kriterienkatalog. Qualitätskriterien für die Bewertung von e-Learning-Anwendungen, Version 1.0 (Fraunhofer-Institut für Arbeitswissenschaften und Organisation) (www.pm.iao.fraunhofer.de/produkte/ Kriterienkatalog_IAO.pdf, 20.01.2005), Stuttgart 2002.

Rosen, J., The People Formerly Known as the Audience (http://journalism.nyu. edu/pubzone/weblogs/pressthink/2006/06/27/ppl_frmr.html, 08.08. 2006), o.O. 2006.

Schmid, U./Schulmeister, S./Swoboda, W., E-Learning in Hamburg. Ein Beispiel für eine regionalpolitische Förderstrategie (http://e-learning-hamburg.de/ downloads/schmidschulswob.pdf, 30.08.2007), Hamburg o.J.

Schulmeister, R., Diversität von Studierenden und die Konsequenzen für eLearning (www.izhd.uni-hamburg.de/pdfs/Diversitaet.pdf, 15.10.2007), Hamburg 2004b.[820]

Ders., Didaktisches Design aus hochschuldidaktischer Sicht. Ein Plädoyer für offene Lernsituationen (www.izhd.uni-hamburg.de/pdfs/Didaktisches_Design.pdf, 22.11.2007, auch erschienen in: Bachmair, B./Diepold, P./de Witt, C. (Hrsg.), Jahrbuch Medienpädagogik 4, Wiesbaden 2005, S. 43-53), o.O. 2005b.[821]

Ders., Interaktivität in Multimedia-Anwendungen (www.e-teaching.org/didaktik/gestaltung/interaktiv/InteraktivitaetSchulmeister.pdf, 01.06.2007), o.O. 2005c.[822]

Seufert, S./Brahm, T. (Hrsg.), ‚Ne(x)t Generation Learning': Wikis, Blogs, Mediacasts & Co. - Social Software und Personal Broadcasting auf der Spur (SCIL-Arbeitsbericht 12, hrsg. v. Dieter Euler und Sabine Seufert) (www.scil.ch/ publications/reports/2007-02-euler-seufert-next-generation-learning.pdf, 03.08.2007), St. Gallen 2007.

SevenOne Interactive GmbH (Hrsg.), @facts extra. Online-Nutzertypen 2007 ([Marktstudie eines Tochterunternehmens von ProSiebenSat.1] www.sevenoneinteractive.net/downloads/pods/pID41b5a52ac47d89.66302066/070723__Final_at-facts-extra_NEU-ges.pdf, 10.08.2007), o.O. 2007.

Severing, E., Ein Weltmarkt für Bildung – Herausforderung für Bildungsanbieter, in: BMBF (2003), S.5-11.

Stöcker, C., Community-Millionendeal. Holtzbrinck schnappt sich StudiVZ (www.spiegel.de/netzwelt/web/0,1518,457536,00.html, 09.08.2007), o.O. 2007.

The New Media Consortium (Hrsg.), The Horizon Report. 2007 Edition (www.nmc.org/pdf/2007_Horizon_Report.pdf, 08.08.2007), o.O. 2007.

Van Eimeren, B./Frees, B, Nach dem Boom: Größter Zuwachs in internetfernen Gruppen, in: Media Perspektiven 8/05, S. 362-379 (www.daserste.de/service/ardonl05.pdf, 17.10.2007).

---

820 Der Titel wird wegen eines im selben Jahr erschienenen Beitrags in der Arbeit als Schulmeister (2004b) referenziert; vgl. dazu die im vorigen Abschnitt benannte Literatur des Autors.

821 Siehe die vorige Anmerkung.

822 Siehe die vorige Anmerkung.

253

Dies., ARD/ZDF-Online-Studie 2007. Internetnutzung zwischen Pragmatismus und YouTube-Euphorie, in: Media Perspektiven 8/07, S. 362-378 (www.ard-zdf-onlinestudie.de/fileadmin/Online07/Online07_Nutzung.pdf, 21.10.2007).

Werner, B., Status des E-Learning an deutschen Hochschulen (www.e-teaching. org/projekt/fallstudien/Status_des_ELearning.pdf, 18.10.2007), o.O. 2006.

Willich, J./Minks, K.-H., Die Rolle der Hochschulen bei der beruflichen Weiterbildung von Hochschulabsolventen. Sonderauswertung der HIS-Absolventenbefragungen der Abschlussjahrgänge 1993 und 1997 fünf Jahre nach dem Studienabschluss (www.bmbf.de/pub/his_projektbericht_11_04. pdf, 17.10.2005), Hannover 2004.

Wissenschaftsrat, Empfehlungen zur Stärkung wirtschaftswissenschaftlicher Forschung an den Hochschulen (www.wissenschaftsrat.de/texte/5455-02-1. pdf, 01.11.2007), Saarbrücken 2002.

Ders., Empfehlungen zur künftigen Rolle der Universitäten im Wissenschaftssystem (www.wissenschaftsrat.de/texte/7067-06.pdf, 01.11.2007), Berlin 2006.

Anhang

Im Folgenden wird das Informationsblatt zum EL-ÖHR WBT dokumentiert, auf das im Text mit dem Kurztitel EL-ÖHR (2007) verwiesen wird.

EL-ÖHR: E-Learning im öffentlichen Haushalts- und Rechnungswesen

Vielen Dank für Ihr Interesse an EL-ÖHR, dem Informations- und Qualifizierungsangebot zum neuen öffentlichen Haushalts- und Rechnungswesen auf Basis der Doppik. Das Angebot basiert auf dem EL-ÖHR Web-based-Training (WBT), einem Lernprogramm für die Nutzung per Browser via Intra- oder Internet. Die wichtigsten Informationen zu EL-ÖHR und dem WBT haben wir auf den folgenden Seiten für Sie zusammengestellt.

Inhalte

Im EL-ÖHR WBT werden die folgenden Themenfelder in abgeschlossenen, so genannten Lernbausteinen behandelt:

- Die Kameralistik als klassisches Haushalts- und Rechnungswesen und ihre Schwächen
- Entwicklung und Realisationsstand des neuen öffentlichen Haushalts- und Rechnungswesens in Deutschland mit Bezug zur internationalen Entwicklung
- Ziele und Maßnahmen
- Drei-Komponenten-System
- Planung
- Die Inventur
- Die Eröffnungsbilanz
- Doppelte Buchführung
- Der Jahresabschluss
- Change Management bei der Einführung

Aktuell (Sommer/Herbst 2007) wird die Integration eines Lernbausteins zur Kosten-/Leistungsrechnung vorbereitet. Weitere Details zu den Inhalten entnehmen Sie bitte der Tabelle „Gliederung der Lernbausteine nach Lernperspektiven" weiter unten.

Didaktische Merkmale

Um die unterschiedlichen Informations- und Wissensbedarfe zu berücksichtigen, die sich aus den individuellen Tätigkeiten der Verwaltungsmitarbeiter erge-

ben, bietet das EL-ÖHR WBT die Möglichkeit, verschiedene Perspektiven einzunehmen: Beim Einstieg in das WBT lässt sich zunächst ein Intro aufrufen, in dem die Lernenden von einer virtuellen Dozentin in den Seminarraum begleitet werden. Dort schließen sie sich den Fragen und damit der Perspektive eines von vier virtuellen Seminarteilnehmern an ("Haushaltssachbearbeiter", "Interessierter Ahnungsloser / Student", "Sachbearbeiterin in einem Bürgeramt", "Führungskraft"). Die anschließende, problemorientierte Einführung und die spätere Themenauswahl in den Lernbausteinen sind auf die zuvor gewählte Perspektive abgestimmt (siehe dazu auch die „Gliederung der Lernbausteine nach Lernperspektiven" unten). So kann entsprechend beruflicher Anforderungen oder aus spontanem Interesse eine Vorauswahl getroffen werden.

Alle sind mit unterschiedlichen Fragen zum neuen öffentlichen Haushalts- und Rechnungswesen gekommen.

Um die Fragen zu sehen, klicken Sie bitte die Personen an. Wenn Sie eine Person ausgewählt haben, können Sie mit Hilfe der Navigation weiter fortfahren.

◄ zurück   weiter ►

Insgesamt werden so ein motivierender, problemorientierter Einstieg und ein didaktisch angemessener Ausgleich zwischen Selbst- und Fremdsteuerung der Lernprozesse sichergestellt. Dabei sind im weiteren Verlauf des Lernens mit dem EL-ÖHR WBT jederzeit Perspektivenwechsel möglich. Im Rahmen der didaktischen Gesamtkonzeption einer Qualifizierungsmaßnahme mit dem WBT kann Lernenden zur ergänzenden Orientierung die Auswahl einer bestimmten Perspektive durch eine (reale) Lehrperson vorgegeben werden.

EL-ÖHR   E-Learning im öffentlichen
Haushalts- und Rechnungswesen

© Universität Hamburg, Public Management, Prof. Dr. Dr. h.c. D. Budäus & reflact AG   Blatt 1 von 7

Das EL-ÖHR WBT zielt darauf ab, umfassend über das neue Haushalts- und Rechnungswesen zu informieren, fachliches Grundlagenwissen zu vermitteln, erste berufspraktische Fertigkeiten aufzubauen und diese zu erproben. Je nach gewählter Perspektive wird im Intro unterschiedlich an Vorwissen angeknüpft. Soweit theoretische Grundlagen behandelt werden, erfolgt durchgehend eine Bezugnahme auf ihre praktische Bedeutung. Viele realistische Beispiele veranschaulichen die Themen und verdeutlichen ihre Relevanz. Methodisch vielfältige Lernaufgaben erlauben eine sanktionsfreie Erprobung des erworbenen Wissens. Außerdem zielt eine strikte Modularisierung in kleine didaktisch aufbereitete Wissenseinheiten, die Bereitstellung eines umfassenden Glossars und verschiedener praktischer Arbeitshilfen auf die Förderung des eigenständigen, informellen Lernens innerhalb des Arbeitsprozesses. Das EL-ÖHR WBT umfasst vielfältige Inhalte, für deren Bearbeitung erfahrungsgemäß etwa 18-22 Stunden aufzubringen sind.

Das EL-ÖHR WBT kann zum Einsatz kommen
• zur Förderung der Akzeptanz der Reform durch die unverbindliche Bereitstellung eines umfassenden Informationsangebots,
• zum selbstgesteuerten Wissenserwerb,
• zum kooperativen Lernen und Arbeiten in virtuellen Lernräumen (Lernplattformen / Learning-Management-Systeme) mit oder ohne tutorielle Unterstützung und
• in kombinierten Fortbildungskonzepten (so genanntes „Blended-Learning"), bei denen die didaktischen Vorteile klassischer Medien und elektronischer Komponenten zum Einsatz kommen. Computergestützte Lernformen (im Selbststudium) werden dabei mit Präsenzphasen und Online-Coachings (in Transferphasen) arrangiert.

Warum überhaupt E-Learning?

Folgende generelle Potenziale des computergestützten Lehrens und Lernens können durch den Einsatz des EL-ÖHR WBTs für die Qualifizierung zum öffentlichen Haushalts- und Rechnungswesens genutzt werden:

• Individualisierung bzw. Flexibilisierung des Lehrens und Lernens hinsichtlich der Lernziel- und Inhaltsauswahl, der Lerngeschwindigkeit sowie der zeitlichen und räumlichen Lernorganisation
• Erfolgreichere Aufnahme und Verarbeitung von Inhalten durch anschauliche, multimediale Präsentation (Text, Bild, Ton, Animation, Simulation)
• Vertiefte Auseinandersetzung mit Lerninhalten durch Interaktionsmöglichkeiten und sanktionsfreie Kompetenzerprobung in virtuellen Übungen
• zentrale Aktualisierbarkeit verteilter Inhalte
• schrittweise Förderung eines stärker eigenverantwortlichen, selbst gesteuerten Lernens
• Vermittlung von Medienkompetenz

Weitere Merkmale des EL-ÖHR WBTs

• Optionale Nutzung von Sprachaufzeichnungen per Kopfhörer oder Lautsprecher beim Lernen (das Intro des WBTs sowie im weiteren Verlauf alle Ansprachen der virtuellen Trainerin und Erläuterungen zu Schaubildern sind vertont)
• niedrigschwelliges Angebot durch benutzerfreundliche Programmoberflächen, orientierende Meta-Informationen und das Angebot zur Nutzung konsistent linearer Navigationswege
• Lauffähig in Inter- oder Intranet
• Standardkonform nach E-Learning-Spezifikation SCORM
• nutzt die Adobe Flash-Technologie

Das EL-ÖHR WBT kann inhaltlich auf lokale Kontexte angepasst, um spezifische Inhalte (etwa eine Video-Ansprache eines lokalen Akteurs oder passgenaue Arbeitshilfen) und um Zusatzleistungen (etwa Bereitstellung einer Lernplattform oder Entwicklung von Materialien zur Gewinnung der Aufmerksamkeit der Zielgruppe) ergänzt werden. Ein Fragenkatalog – zur ergänzenden Lernerfolgskontrolle oder als Ausgangspunkt für die Konzeption ergänzender Präsenzschulungen – liegt vor und kann abgerufen werden. Das EL-ÖHR WBT steht Institutionen gegen Lizenzgebühr zur Verfügung. Lizenzen für die Nutzung durch einzelne Interessenten sind derzeit nicht erhältlich.

EL-ÖHR | E-Learning im öffentlichen Haushalts- und Rechnungswesen

© Universität Hamburg, Public Management, Prof. Dr. Dr. h.c. D. Budäus & reflact AG   Blatt 2 von 7

Web-based-Training EL-ÖHR:
Gliederung der Lernbausteine nach Lernperspektiven

	Haushalts-Sachbearbeiter	Ahnungsloser	Sachbearbeiter allgemein	Führungskraft
[Lernbaustein 0:] „Die Kameralistik – das klassische Haushalts- und Rechnungswesen"				
• Einführung		X	X	
• Historische Entwicklung der Kameralistik		X	X	
• Kamerales Haushalts- und Rechnungswesen im Überblick		X	X	
• Aufbau des Haushaltsplans		X	X	
• Der Haushaltskreislauf		X	X	
• Mittelfristige Finanzplanung		X	X	
Lernbaustein 1: „Entwicklung und Umsetzungsstand"				
• Einstieg	X	X	X	X
• Stand der Umsetzung in Deutschland	X	X	X	X
• Der Einführungsprozess	X	X	X	X
• Stand der Umsetzung in Deutschland	X	X	X	X
Lernbaustein 2: „Ziele und Maßnahmen"				
• Einstieg	X	X	X	X
• Übersicht der Ziele	X	X	X	X
• Ziel 1: Output- und am Ressourcenverbrauch orientierte Steuerung	X	X	X	X
• Ziel 2: Darstellung des Ressourcenaufkommens und -verbrauchs	X	X	X	X
• Ziel 3: Darstellung des Vermögens und der Schulden einer Gebietskörperschaft	X	X	X	X
• Ineinandergreifende Ziele: Outputorientierung Ressourcenverbrauch - Vermögensdarstellung	X	X	X	X
• Ziel 4: Einheitlicher Rechnungsstil zwecks Konsolidierung der Kernverwaltung mit den dezentralen Einheiten	X	X	X	X
• Zusammenfassung der Ziele	X	X	X	X
• Allgemeine Zusammenfassung	X	X	X	X

EL-ÖHR E-Learning im öffentlichen Haushalts- und Rechnungswesen

© Universität Hamburg, Public Management, Prof. Dr. Dr. h.c. D. Budäus & reflact AG   Blatt 3 von 7

Lernbaustein 3: „Die drei Komponenten"				
• Einführung in das DKS	X	X	X	X
• Elemente des DKS	X	X	X	X
• Inhaltsübersicht	X	X	X	X
• Bilanz/ Vermögensrechnung	X	X	X	X
→ Detailinformationen zur Bilanz	X	X	X	X
• Ergebnisrechnung	X	X	X	X
• Finanzrechnung	X	X	X	X
→ Übung Finanzrechnung	X	X	X	X
• Zusammenhang Ergebnisrechnung - Bilanz - Finanzrechnung	X	X	X	X
• Haushaltsplanung und -rechnungslegung im DKS	X	X	X	X
• Planungselemente	X	X	X	X
• Elemente des Abschlusses	X	X	X	X
• Allgemeine Zusammenfassung	X	X	X	X
Lernbaustein 4: „Planung"				
• Einführung	X	X	X	X
• Der Haushalt nach Produkten	X	X	X	X
• Elemente des Haushaltsplans	X	X	X	X
• Zusammenfassung	X	X	X	X
• Haushaltsausgleich	X	X	X	X
→ Weitere Übungen zur Haushaltsplanung	X	X	X	
•				
Lernbaustein 5: „Die Inventur"				
• Einführung	X	X	X	X
• Bedeutung und Aufgabe der kommunalen Inventur	X	X	X	X
• Grundsätze ordnungsgemäßer Inventur	X	X	X	X
• Inventurrahmenplan	X	X	X	X

EL-ÖHR E-Learning im öffentlichen Haushalts- und Rechnungswesen

	1	2	3	4
• Durchführung der Inventur	X		X	X
• Zusammenhang Inventur und Bilanz	X	X	X	X
Lernbaustein 6: „Die Eröffnungsbilanz"				
• Einstieg	X	X	X	X
• Bedeutung und Aufgabe der E-Bilanz einer Gebietskörperschaft	X	X	X	X
• Allgemeine Bewertungsmaßstäbe	X	X	X	X
• Praktikable Erfassung und Bewertung von Aktiva	X	X	X	X
• Praktikable Erfassung und Bewertung von Passiva	X	X	X	
• Auswirkung der Bewertung für den Haushaltsausgleich	X			X
• Gesamtfazit	X	X	X	X
Lernbaustein 7: „Doppelte Buchführung"				
• Einführung	X	X	X	X
• Das System der Buchführung im neuen öffentlichen Haushalts- und Rechnungswesen	X	X	X	X
• Abbildung des DKS im Kontenrahmen	X	X	X	X
• Überführung der Bilanz in Bestandskonten	X	X	X	X
• Der Buchungssatz	X	X	X	X
• Der Buchungssatz / Ermittlung und Abbildung in der Finanzrechnung	X	X	X	X
• Veränderung der Bilanz durch Geschäftsvorfälle in einer Gebietskörperschaft → Rechenbeispiele	X X	X	X	X
• Veränderung der Ergebnisrechnung durch Geschäftsvorfälle in der Gebietskörperschaft	X	X	X	X
• Spezielle Buchungen	X	X	X	
• Abschluss → Schlussübung	X X	X	X	

EL-ÖHR E-Learning im öffentlichen Haushalts- und Rechnungswesen

Lernbaustein 8: „Der Jahresabschluss"

Thema					
Einstieg	X	X	X	X	X
Übersicht	X	X	X	X	X
Ziele und Aufgaben	X	X	X	X	X
Vorbereitende Jahresabschlussarbeiten	X	X		X	X
Elemente des Jahresabschlusses	X	X	X	X	X
Konzernabschluss	X	X			X
Abschluss	X	X	X	X	X

Lernbaustein 9: „Change Management bei der Einführung"

Thema					
Einstieg		X		X	X
Übersicht		X		X	X
Veränderungen einer Jahrhundertreform		X		X	X
Die Ausgangslage		X		X	X
Was ist Change Management		X		X	X
Change Management im neuen öffentlichen Haushalts- und Rechnungswesen		X		X	X
Übersicht		X		X	X
Change Verankerung		X		X	X
Anforderungen an einen Change-Manager für das neue öffentliche Haushalts- und Rechnungswesen		X		X	X
Erfolgsfaktor Kommunikation		X		X	X
Gefahren im Einführungsprozess des neuen öffentlichen Haushalts- und Rechnungswesens		X		X	X
Erfolgsfaktor Fortbildung und Personalentwicklung		X			X
Abschluss		X			X

EL-ÖHR
E-Learning im öffentlichen
Haushalts- und Rechnungswesen

EL-ÖHR ist ein Kooperationsprojekt unter der fachlichen Leitung von Prof. Dr. Dr. h.c. Dietrich Budäus am Arbeitsbereich Public Management der Universität Hamburg. Kooperationspartner bei der medialen Entwicklung ist die reflact AG, ein führender Dienstleister im Bereich E-Learning und Wissensmanagement.

Ihr Ansprechpartner: Heiko Witt

Universität Hamburg, Arbeitsbereich Public Management
E-Mail: heiko.witt@wiso.uni-hamburg.de
Telefon: +49- (0)40- 42838- 3030
Rentzelstr. 7, D-20146 Hamburg
www.el-oehr.de

Kooperationspartner: reflact AG

Technologiezentrum I, Essener Str. 3, D-46047 Oberhausen
Telefon: +49- (0)208- 8290- 5870
www.reflact.com

PUBLIC MANAGEMENT

DIENSTLEISTUNGSZENTRUM FÜR
LEHRE, FORSCHUNG UND PRAXIS

reflact

EL-ÖHR | E-Learning im öffentlichen
Haushalts- und Rechnungswesen

Peter Lang · Internationaler Verlag der Wissenschaften

Maria Mesner / Michaela Rieder / Charlotte Zwiauer (Hrsg.)

eLearning beginnen

Die Pilotphase der Universität Wien

Frankfurt am Main, Berlin, Bern, Bruxelles, New York, Oxford, Wien, 2006.
148 S., zahlr. Abb. und Tab.
ISBN 978-3-631-54683-3 · br. € 36.20*

Der Band versammelt Beiträge, die den Einstieg der Universität Wien ins
eLearning beschreiben. Hochschullehrende, Bildungstechnologinnen,
eTutorinnen und eTutoren schildern aus jeweils ihrer Sicht, wie eine der
größten Universitäten im deutschsprachigen Raum in einer Pilotphase zentrale
eLearning-Strategien entwickelte und implementierte. In der ersten Stufe des
Strategieprojektes Neue Medien in der Lehre wurde im Studienjahr 2003/04
als Testlernplattform die Open-Source-Software ILIAS eingesetzt. Im Lauf von
zwei Semestern wurden sowohl der technische Einsatz und die notwendigen
Wartungs- und Unterstützungsmaßnahmen geprobt als auch der sonstige, vor
allem der didaktische Support ausdifferenziert. Die Autorinnen und Autoren
analysieren ihre Erfolge und Probleme, ein abschließender didaktischer
Überblick fasst die Ergebnisse der Pilotphase zusammen.

Aus dem Inhalt: eLearing-Erfahrungen mit Verbundlernen · Der Einsatz von
ePlattformen in einer Massenvorlesung · Interaktiv-interkulturelles Lernen mit
Unterstützung der Lernplattform · eLearning in den Rechtswissenschaften ·
eTutoring · Blended Learning in Einführungslehrveranstaltung · Nutzung einer
Lehrplattform durch Lehramtsstudierende

Frankfurt am Main · Berlin · Bern · Bruxelles · New York · Oxford · Wien
Auslieferung: Verlag Peter Lang AG
Moosstr. 1, CH-2542 Pieterlen
Telefax 00 41 (0) 32 / 376 17 27

*inklusive der in Deutschland gültigen Mehrwertsteuer
Preisänderungen vorbehalten
Homepage http://www.peterlang.de